Nina Horaczek, Sebastian Wiese

INFORMIERT EUCH

Wie du auf dem Laufenden bleibst,
ohne manipuliert zu werden

W0073266

Czernin Verlag, Wien

Gedruckt mit Unterstützung der Stadt Wien MA 7/ Kultur – Wissenschafts- und Forschungsförderung

Aus Gründen der besseren Lesbarkeit wird in diesem Buch bei Personen nicht durchgängig die männliche und weibliche Form angeführt. Gemeint sind selbstverständlich immer beide Geschlechter.

Horaczek, Nina; Wiese, Sebastian: Informiert euch. Wie du auf dem Laufenden bleibst ohne manipuliert zu werden/ Nina Horaczek; Sebastian Wiese
Wien: Czernin Verlag 2018
ISBN: 978-3-7076-0632-4

© 2018 Czernin Verlags GmbH, Wien
Lektorat: Teresa Profanter
Umschlaggestaltung: sensomatic
Autorenfotos: Katharina Gossow
Satz: Mirjam Riepl
Layout: Burghart List
Druck: Christian Theiss GmbH, A-9431 St. Stefan
ISBN Print: 978-3-7076-0632-4
ISBN E-Book: 978-3-7076-0633-1

Inhalt

Vorwort

»Information ist die Währung der Demokratie.« Das wusste schon Thomas Jefferson, dritter Präsident der USA und Verfasser der Unabhängigkeitserklärung der Vereinigten Staaten, vor über 200 Jahren. Ohne Information sind keine freien Wahlen möglich. Aber das ist längst noch nicht alles. Ohne Information lässt sich kein Krieg gewinnen, kein Unternehmen führen, selbst so simple Dinge wie ein Gebrauchtwagenkauf funktionieren ohne Informationen nicht. Wer nicht informiert ist, wird übervorteilt, über den Tisch gezogen und manipuliert.

Noch nie in der Menschheitsgeschichte gab es so viele Informationen wie heute, noch nie war es so leicht, an Informationen zu gelangen. Das Internet schafft Informationszugang für (fast) jeden, jederzeit, an jedem Ort und zu jedem Thema.

Trotzdem fühlen sich viele von uns schlecht oder falsch informiert. Nicht weil wir uns nicht informieren wollen, sondern weil wir täglich einer schier unüberblickbaren Informationsflut ausgesetzt sind, die sich aus Fakten und Wahrheiten, aber auch aus Lügen und Übertreibungen zusammensetzt.

Kein Mensch kann stets jede einzelne Nachricht auf ihre Richtigkeit prüfen, um die Fakten sauber von den Lügen zu trennen. Das nützen manche aus, um uns unbemerkt zu manipulieren, um den Gewinn ihrer Unternehmen zu steigern oder ihre politischen Ideen mit unlauteren Mitteln durchzusetzen. Aber wir sind diesen Manipulatoren nicht hilflos ausgeliefert. Wer weiß, wie Nachrichten entstehen, was seriöse Medien von Fake-News-Schleudern unterscheidet, wie man mit echten Zahlen lügen kann, wie sich Medien finanzieren, welche Daten das Internet über uns sammelt und wie Wahlkampagnen diese Daten für ihre Zwecke verwenden, ist für die Manipulierer und Fake-News-Portale kein leichtes Opfer mehr. Das Bescheidwissen über Medien, soziale Netzwerke oder Datensammler ist eine Schutzimpfung gegen das Virus, mit dem uns die Fake-News-Portale, Datenkraken und Falschinformierer infizieren wollen.

Lasst sie nicht gewinnen, lasst euch nicht für dumm verkaufen. Informiert euch!

1. Was sind Medien?

Immer wieder hört man von »den Medien«, die über ein Ereignis berichten oder über die jemand sich ärgert, weil sie angeblich etwas Wichtiges unter den Tisch fallen ließen. Aber was sind »die Medien« überhaupt?

Medien sind im Grunde eines: Kommunikationsmittel. Der Begriff leitet sich ab vom lateinischen Wort »medium«, das mit »Mitte« und »Mittelpunkt« übersetzt wird.

Heute denken wir beim Begriff Medien gleich an Massenmedien wie Zeitungen, Fernsehen oder Internet. Der Begriff meint aber ursprünglich nichts anderes als einen Vermittler. Medien haben also die Aufgabe, Inhalte zu vermitteln. Das kann auch ein Brief sein, den jemand einer anderen Person schreibt, eine SMS oder WhatsApp-Nachricht oder ein Facebook-Eintrag.

Die ersten Medien, mit denen Menschen Inhalte vermitteln wollten, waren wohl die Felsmalereien der Steinzeit, mit denen die damalige Bevölkerung wichtige Botschaften an andere und an ihre Gottheiten weitergeben wollte. Oder auch die Buschtrommeln, mit denen sie sich über weite Distanzen hindurch Mitteilungen zukommen ließen.

Jene Medien, mit denen eine besonders große Anzahl an Personen erreicht werden soll, werden **Massenmedien** genannt. Darunter fallen Zeitungen, Zeitschriften, Rundfunk (Radio und Fernsehen) und Internet. Sie haben verschiedene Aufgaben: Die Bürger zu informieren, ihnen dadurch die Möglichkeit zu geben, am Geschehen teilzunehmen. Medien geben einen Überblick darüber, was sich auf der Welt tut, sie vermitteln neue Blickweisen und helfen uns, unseren Horizont zu erweitern. Zusätzlich haben Medien eine Kontrollfunktion. Sie decken Missstände auf, bringen Ungerechtigkeiten an die Öffentlichkeit und schauen den Herrschenden kritisch auf die Finger. Dabei hat der Journalismus stets eine zentrale Aufgabe, wie es Rudolf Augstein, Gründer des deutschen Wochenmagazins *Der Spiegel*, einmal kurz und prägnant zusammengefasst hat: Sagen, was ist.

Seit wann gibt es Zeitungen, Radio, Fernsehen und Internet?
Heute ist es selbstverständlich für uns, in der Zeitung zu lesen, was sich auf der Welt tut, im Radio die neuesten Lieder zu hören, in den Fernseher zu starren oder im Internet zu surfen. Dabei ist es noch gar nicht so lange her, dass die Menschen ohne diese Medien

auskommen mussten. Während die Eltern der heutigen Jugendlichen noch ohne Internet groß geworden sind, erlebte die Großelterngeneration sogar noch eine fernsehfreie Kindheit.

Es brauchte einige Voraussetzungen, um die heutigen Massenmedien überhaupt entstehen zu lassen. Da wäre zum einen der Buchdruck. Ohne ihn hätte sich eine breite Öffentlichkeit Bücher und Zeitungen nie leisten können. Lange Zeit war Lesen ein Privileg des Hochadels und der Geistlichkeit. Geistliche Schriften wurden von Mönchen in Klöstern mit der Hand abgeschrieben. Bücher waren kostspielige Kunstwerke, die für die »normalen« Leute weder leistbar noch lesbar waren. Weil die allermeisten Menschen nicht lesen konnten, wurden Nachrichten im Mittelalter von fahrenden Sängern und Spielmännern mündlich weitergegeben.

Es war Johannes Gutenberg, der um 1450 in der deutschen Stadt Mainz den Druck mit beweglichen Lettern erfand und damit eine wahre Medienrevolution auslöste. Bis dahin wurden Texte, die gedruckt werden sollten, spiegelverkehrt in Holztafeln geschnitzt. Danach wurde auf die spiegelverkehrten Buchstaben Farbe aufgetragen und ein Papier darauf abgezogen. Gutenberg hatte die Idee, bewegliche Lettern (Buchstaben) zu gießen und diese einzeln zu Wörtern zusammenzustellen. Er entwickelte eine Druckerpresse, die es ermöglichte, viel schneller und günstiger zu drucken. Seine Erfindung markiert den Beginn der Massenmedien. Das sind Medien, die einen großen Teil der Bevölkerung erreichen können.

Waren es anfangs fast ausschließlich religiöse Schriften wie Gebetsbüchlein oder auch die berühmte Gutenberg-Bibel, die mit dieser neuen Methode gedruckt wurden, so kamen später auch Flugblätter hinzu, aus denen sich regelmäßig erscheinende Zeitungen entwickelten. Der Begriff »Presse« für gedruckte Nachrichten leitet sich auch vom Wort Druckerpresse ab und bezog sich anfänglich noch auf alles, was gedruckt wurde, also auch auf Bücher.

Die älteste **Zeitung**, deren Existenz nachweisbar ist, nannte sich *Relation* und erschien 1605 in Straßburg, gefolgt vom Wolfenbütteler *Aviso* 1609. Die älteste heute noch erscheinende Tageszeitung hat ihren Sitz in der österreichischen Bundeshauptstadt Wien. Es ist die *Wiener Zeitung*, die im August 1703 erstmals als *Wiener Diarium* veröffentlicht wurde und seitdem besteht.

Eine Zeitung erscheint als meist tägliches Periodikum. Viele Tageszeitungen haben unter der Woche eine tägliche Ausgabe und am Wochenende eine Ausgabe für Samstag und Sonntag, oft mit einer speziellen Wochenendbeilage.

Zeitschriften erscheinen auch periodisch, aber häufig im Wochen- oder Zwei-Wochen-, Monats- oder Jahresrhythmus.

Zeitungen bestehen meistens aus losen Blättern, die einzelnen Ressortteile wie Innenpolitik oder Chronik werden »Bücher« genannt. Zeitschriften sind in den überwiegenden Fällen gebunden und oft auch bunt und auf Hochglanzpapier gedruckt.

Unter den Zeitschriften werden wiederum die General-Interest-Zeitschriften und die Special-Interest-Zeitschriften unterschieden. Erstere decken ein großes Themenspektrum ab und richten sich an eine breite Bevölkerungsgruppe, zweitere richten sich gezielt an Leser mit einem ganz bestimmten Interessensgebiet. General-Interest-Produkte sind zum Beispiel Zeitschriften wie *Die Zeit* oder *Der Spiegel*, unter Special-Interest-Publikationen fallen zum Beispiel Automagazine oder Kochzeitschriften.

Neben der technischen Revolution beim Buchdruck brauchte es aber auch eine Revolution im Bildungsbereich, um Bücher und Zeitungen zu Massenmedien werden zu lassen. Denn nur wer lesen kann, braucht auch Bücher. Möglich wurde dies durch eine starke Zunahme der Alphabetisierung in Europa. In Deutschland war das damalige Herzogtum Sachsen-Gotha im heutigen Thüringen das erste, das 1642 eine allgemeine Unterrichtspflicht einführte. Seit 1919 gibt es eine einheitliche Schulpflicht für ganz Deutschland. In Österreich führte Kaiserin Maria Theresia 1774 eine allgemeine Unterrichtspflicht für alle Bürger ab sechs Jahren ein.

Bis zum Ende des 19. Jahrhunderts blieb die gedruckte Presse das einzige Massenmedium. Doch am Weihnachtsabend 1906 gelang dem Kanadier Reginald Aubrey Fessenden die erste **Radiosendung** der Welt. Er sendete damals ein Weihnachtskonzert in den Äther. Die Erfindung des Radios ist ganz eng mit der Erfindung der Telefonie verbunden. Für beides war die elektronische Übertragung von Zeichen Voraussetzung.

In Deutschland begann der Siegeszug des Radios am 29. Oktober 1923. Damals lautete die erste Durchsage: »Achtung, Achtung. Hier ist die Sendestelle Berlin im Vox-Haus, auf Welle 400 Meter. Meine Damen und Herren, wir machen Ihnen davon Mitteilung, dass am heutigen Tage der Unterhaltungsrundfunkdienst mit Verbreitung von Musikvorführungen auf drahtlos telefonischem Wege beginnt.« Das erste deutsche Radio war geboren. Anfangs aber noch mit ziemlich vielen Kinderkrankheiten.

Der Empfang war mies, alle paar Minuten musste man den Sender neu einstellen, nur wer sich eine Genehmigung gekauft hatte, durfte sich überhaupt einen »Detektorempfänger«, wie das Radio anfangs hieß, bestellen, und zum Zuhören musste man sich Kopfhörer aufsetzen. Mit Einführung der Röhrenradios wurde der Empfang besser und das Radio schnell zum Massenmedium. Gab es Anfang 1924 in Deutschland erst 1580 Rundfunk-Gebührenzahler, war es im Dezember 1925 schon eine Million.

In Österreich war das Geburtsjahr des Radios ebenfalls 1924. Damals strahlte die Radio-Verkehrs-Aktiengesellschaft (RAVAG) in Wien ihre erste Sendung aus. Die Nachfolger der beiden ersten Radiostationen kennen wir übrigens noch heute: Aus der Sendestelle Berlin im Vox-Haus wurde später der Norddeutsche Rundfunk, aus der RAVAG der Österreichische Rundfunk ORF.

Vergleichsweise kurz nach der Erfindung des Radios wurde das nächste Massenmedium geboren. Im März 1936 startete in Berlin das erste öffentliche **Fernsehen**. Allerdings war das, was man damals unter Fernsehen verstand, noch weit entfernt von unserer »Glotze«. Nur an fünfzehn öffentlichen, von der Post betriebenen Fernsehstellen konnte das neue Medium anfangs bewundert werden. An jeder Fernsehstelle hatten gerade einmal siebzig Menschen Platz, und Programm wurde nur drei Mal pro Woche für zwei Stunden ausgestrahlt. Als erstes großes Fernsehereignis gelten die Olympischen Spiele, die 1936 im damals nationalsozialistischen Deutschland ausgetragen wurden. Im Zweiten Weltkrieg wurde der Fernsehbetrieb eingestellt. Es dauerte bis 1952, bis in Deutschland wieder Fernsehen ausgestrahlt wurde. Am 25. August 1967 gab es Fernsehen nicht mehr in Schwarz-Weiß, sondern in Farbe. Der erste Mensch, der bunt aus der Röhre lächelte, war übrigens der damalige deutsche Kanzler Willy Brandt. Zu dieser Zeit gab es in Deutschland nur zwei Kanäle, ARD und ZDF. Erst 1984 kamen Privatsender dazu.

Österreich war beim Fernsehen um einiges später dran. Hier startete erst Anfang August 1955 der Fernsehprobebetrieb. Im ersten Monat kam der öffentlich-rechtliche Rundfunk ORF auf nur zwölf Stunden Programm. Damals gab es gerade einmal tausend Fernsehgeräte in ganz Österreich. Ab 1957 hatte der ORF ein Vollprogramm, wobei der Dienstag bis zum Jahr 1959 fernsehfrei blieb. Ab 1961 sendete der ORF auf zwei Sendern, ab 1969 wurde in Farbe ausgestrahlt. Der erste österreichische Privatsender ATV startete überhaupt erst im Jahr 2003.

Da war das **Internet**, das bisher letzte unserer modernen Massenmedien, schon längst erfunden. Das Internet ist ein weltweites Netzwerk von Computern, von denen Daten hin- und hergeschickt werden können. Seinen Ursprung hat das Internet bereits in den 1970er-Jahren in der militärischen Forschung. 1989 erfand der britische Informatiker Tim Berners-Lee im Kernforschungszentrum Cern das www, das World Wide Web. 1993 wurde das www auch der Öffentlichkeit zugänglich gemacht. Schon vor dem www gab es Internet in Form von Mails und Usenet. Aber erst mit dem www war es möglich, einen Text, ein Bild oder ein Video weltweit verfügbar zu machen. Ab dem Jahr 1993 wuchs das Internet rasant. Waren es damals nur 130 Webseiten, so stieg diese Zahl 1997 auf über eine Million. Um einen Durchblick in diesem Informationsdschungel zu ermöglichen, entstanden die ersten Suchmaschinen. Im Oktober 2014 gab es erstmals mehr als eine Milliarde Internetseiten auf der Welt. Dann sank die Zahl ein wenig, bis sie 2016 wieder auf über eine Milliarde kletterte. Die genaue Anzahl der Webseiten kann man sich auch auf der Internetseite internetlivestats.com ansehen. 2017 benutzten etwa 3,7 Milliarden Menschen das Internet. In Deutschland stieg der Anteil der Internet-User von 37 Prozent im Jahr 2001 auf 81 Prozent im Jahr 2017. In Afrika hatten im selben Jahr hingegen nur 30 Prozent der Bevölkerung einen Netzzugang. Für die meisten von uns ist es ganz alltäglich, in der Früh das Smartphone einzuschalten und im Netz zu surfen. Mehr als die Hälfte der derzeit etwa 7,5 Milliarden Menschen auf der Welt ist aber offline unterwegs.

2. Wer ist die vierte Gewalt?

Demokratische Staaten zeichnen sich durch die Gewaltenteilung aus. Neben Gesetzgebung, Justiz und Exekutive gibt es auch noch eine vierte Gewalt: die Medien. Sie haben zwar keine formale Macht, dürfen zum Beispiel keine Gesetze beschließen oder Urteile aussprechen. Aber sie können mit ihrer Berichterstattung die Regierung kontrollieren und auf Missstände aufmerksam machen.

In einem demokratischen Rechtsstaat ist die Gewaltentrennung ein wesentliches Element. Da gibt es die Legislative, das Parlament, das die Gesetze beschließt, die Exekutive, das sind die Regierung und die Verwaltung, die Gesetze ausführen, und die Judikative, die unabhängigen Gerichte, die Recht sprechen und neu erlassene Gesetze auf ihre Rechtskonformität überprüfen.

Wer aber ist die vierte Gewalt? So werden Medien genannt, aufgrund ihrer Kontrollfunktion und weil sie durch ihre Berichterstattung auf Missstände aufmerksam machen und dadurch die öffentliche Diskussion beeinflussen können.

Im Gegensatz zu den anderen drei Gewalten haben Journalisten keine formale Möglichkeit, in rechtliche Prozesse einzugreifen. Sie können weder Gesetze beschließen oder aufheben noch Weisungen geben. Aber sie können mit ihrer Berichterstattung Ungerechtigkeiten aufzeigen, Missstände öffentlich machen, auf Gesetzeslücken hinweisen oder auch Bestechlichkeit von Amtsträgern, auch Korruption genannt, aufdecken.

Journalisten, die sich vor allem damit beschäftigen, durch hartnäckige Recherchen Missstände aufzudecken, nennt man **Investigativjournalisten**. Diese Bezeichnung leitet sich ab von lateinisch »investigare«, auf Deutsch »aufspüren«. Diese Journalisten gehen Hinweisen nach und spüren teilweise nicht öffentlich zugängliche Akten und Dokumente auf, mit denen sie Missstände nachweisen können. Das Material für ihre Recherche bekommen sie oft von ihren Informanten oder graben es selbst aus – weshalb sie ab Anfang der 1920er-Jahre in den USA auch als »muckraker«, auf Deutsch »Dreckwegkehrer« oder »Mistkratzer« bezeichnet werden, also so wie jene Menschen, die mit der Mistgabel den Schmutz aus dem Stall entfernen.

Investigativjournalisten arbeiten meist mit einem Netzwerk von Informanten, die sie mit Insiderinformationen versorgen. So wie wir es aus Filmen kennen, wo der Journalist in einer Tiefgarage von einem Unbekannten ein Kuvert mit brisanten Informationen zugesteckt bekommt, passiert das so gut wie nie. Meist ruft jemand in der Redaktion an oder schickt ein E-Mail oder eine Nachricht in den sozialen Netzwerken. Man trifft einander auf einen Kaffee oder jemand bringt Unterlagen in der Redaktion vorbei. Auch die Motive der Informanten sind nicht immer so heroisch wie in den Hollywood-Filmen. Oft verbergen sich hinter dem Wunsch, Korruption oder sonstige üble Machenschaften an die Öffentlichkeit zu bringen, sehr banale Motive: der Mitarbeiter, der bei einer Beförderung übergangen wurde, die Ehefrau, die wegen einer jüngeren Geliebten verlassen wurde, oder der politische Gegner, der durch Zufall an die geheimen Papiere gelangt ist. Manchmal sind es aber auch Menschen, die nicht mehr mitspielen wollen bei bösen Machenschaften, weil sie es mit ihrem Gewissen nicht mehr vereinbaren können, die sich aber auch nicht trauen, ihre Informationen direkt an die Behörden weiterzugeben.

Eines ist jedenfalls klar: Jeder Informant verfolgt immer auch ein Eigeninteresse. Damit Journalisten nicht instrumentalisiert werden können, müssen sie auch mitbedenken, aus welchem Motiv ihr Informant handelt.

Manche Informanten werden »Whistleblower« genannt. Der Ausdruck stammt aus dem Englischen. Er leitet sich ab von der englischen Redewendung »to blow a whistle«, was so viel heißt wie »jemanden verpfeifen«. Whistleblower sind Personen, die Informationen weitergeben, die zwar als geheim klassifiziert wurden, aber von öffentlichem Interesse sind. Meist sind es Mitarbeiter eines Unternehmens oder einer staatlichen Institution, die diese Informationen heimlich an Journalisten weitertragen.

> •

Berühmte Whistleblower-Fälle

Während des US-Wahlkampfs 1972 erwischte ein Wachmann fünf Einbrecher in der Wahlkampfzentrale der Demokraten. Die Männer wollten gerade Abhörwanzen montieren und Dokumente kopieren. Kurz darauf gewann der republikanische Präsidentschaftskandidat Richard Nixon die Wahl und wurde neuer US-Präsident. Den Journalisten Bob Woodward und Carl Bernstein von der *Washington Post* gelang es durch ihre Recherchen

nachzuweisen, dass der Einbruch Teil einer großen Spionage-
aktion von Nixons Wahlkomitee gegen die Demokraten war.
Es folgte die Einleitung eines Amtsenthebungsverfahrens und
Nixon erklärte seinen Rücktritt. Ihre Informationen hatten die
Journalisten vom damaligen FBI-Chef, dem sie den Decknamen
»Deep Throat« gaben.

Der Fall ging als **Watergate-Skandal** in die Geschichtsbücher
ein, weil sich die Wahlkampfzentrale der Demokraten im
Watergate-Gebäudekomplex in Washington befand. Die
Watergate-Affäre zählt bis heute zu den größten politischen
Skandalen, die von Journalisten aufgedeckt wurden. Die Bedeu-
tung von Watergate zeigt sich auch daran, dass bis heute an
Skandale gerne das Kürzel »gate« angehängt wird.

Ebenfalls weltweite Schlagzeilen machten die Enthüllungen
von **Edward Snowden**. Der amerikanische IT-Experte arbeitete ab 2009 für den US-Geheimdienst National Security
Agency (NSA). Dadurch hatte er Zugriff auf zahlreiche Daten,
die belegten, dass die NSA systematisch ganz im Geheimen
ohne jegliche Kontrolle die weltweite Internetkommunikation
überwacht. Auch Staatschefs wurden ohne deren Wissen von
der NSA überwacht. 2013 übergab er seine Informationen an
Journalisten. Kurz nachdem der Skandal öffentlich wurde, gab
Snowden seine Identität preis. Die USA reagierten mit einem
Haftbefehl wegen Spionage gegen den Whistleblower. Er lebt
seitdem im Exil.

Eine weitere berühmte Whistleblowerin ist die frühere US-
Soldatin **Chelsea Manning**. Sie war im Irak stationiert und
kopierte eine Vielzahl an Dokumenten über den Irak- und den
Afghanistankrieg der US-Streitkräfte. Manning gab diese Dokumente an die Enthüllungsplattform WikiLeaks weiter. Aufgrund
der von ihr an die Öffentlichkeit gebrachten Dokumente
konnten unter anderem Folterungen durch die US-Streitkräfte
im Irak nachgewiesen werden. Manning wurde 2013 in den USA
unter anderem wegen Diebstahls und Spionage zu 35 Jahren
Haft verurteilt, 2017 aber aus dem Gefängnis entlassen.

Journalisten haben das Recht, ihre Informanten zu schützen. In Österreich ist dieses Recht im Mediengesetz unter Paragraph 31 verankert: »Medieninhaber, Herausgeber, Medienmitarbeiter und Arbeitnehmer eines Medienunternehmens oder Mediendienstes haben das Recht, in einem Strafverfahren oder sonst in einem Verfahren vor Gericht oder einer Verwaltungsbehörde als Zeugen die Beantwortung von Fragen zu verweigern, die die Person des Verfassers, Einsenders oder Gewährsmannes von Beiträgen und Unterlagen oder die ihnen im Hinblick auf ihre Tätigkeit gemachten Mitteilungen betreffen.«

In der deutschen Strafprozessordnung steht unter Paragraph 53, dass »Personen, die bei der Vorbereitung, Herstellung oder Verbreitung von Druckwerken, Rundfunksendungen, Filmberichten oder der Unterrichtung oder Meinungsbildung dienenden Informations- und Kommunikationsdiensten berufsmäßig mitwirken oder mitgewirkt haben« vor Gericht die Aussage über ihre Informanten verweigern können, weil sie ähnlich wie zum Beispiel Priester, die die Beichte abnehmen, zu den »Berufsgeheimnisträgern« zählen. Auch der Europäische Gerichtshof für Menschenrechte (EGMR) sieht den Schutz der journalistischen Quellen als wesentlich für die Medienfreiheit.

Das bedeutet aber nicht, dass Journalisten einfach irgendwas schreiben dürfen und damit vor Gericht immer durchkommen. Denn Journalisten sind auch zur Sorgfalt verpflichtet. Sie dürfen nicht einfach irgendwelche Gerüchte, die ihnen ein Informant zugetragen hat, veröffentlichen, sondern müssen mit ihren Informationen sensibel umgehen. Sie sind verpflichtet, ihre Quellen und die Informationen auf ihren Wahrheitsgehalt zu überprüfen, sie dürfen Nachrichten nicht verfälscht wiedergeben und sie müssen stets abwägen, ob das öffentliche Interesse an einer Veröffentlichung tatsächlich höher wiegt als der Persönlichkeitsschutz des von der Veröffentlichung Betroffenen.

Die vierte Gewalt hat also die Macht, mit ihrer Arbeit gesellschaftliche Prozesse auszulösen. Sie trägt dabei aber auch eine ganz besondere Verantwortung, derer sie sich stets bewusst sein sollte.

3. Wie entsteht eine Nachricht?

Ständig erhalten wir Nachrichten aus aller Welt. Aber was ist eigentlich eine Nachricht? Woher bekommen Journalisten ihre Informationen? Und nach welchen Kriterien entscheiden sie, welche Informationen zu einer Nachricht werden und was unberichtet bleibt?

Das Wichtigste: Es muss zuerst einmal etwas passieren. Aber nicht alles, was auf der Welt los ist und was Menschen bewegt, wird auch zur Nachricht. Schließlich passiert bei 7,5 Milliarden Menschen auf der Welt ständig Schönes und Schreckliches, und Zeitungen, Radio oder Fernsehen müssen auswählen, was aus dieser Masse an Ereignissen berichtenswert ist.

So bewegend ein gewisses Ereignis für den Einzelnen sein mag – um damit in die Nachrichten zu kommen, müssen verschiedene Kriterien erfüllt sein. Das erste Date mag für jede und jeden Einzelnen ein einschneidendes Erlebnis gewesen sein, das für immer ins Gedächtnis eingebrannt ist. Da dieses Ereignis aber nur zwei Personen direkt betrifft und auf den Rest der Welt keine Auswirkungen hat (höchstens für einen traurigen Konkurenten, der nicht erhört wurde), lässt sich daraus keine Nachricht stricken. Wenn aber ein ganzes Dorf abbrennt, weil ein verliebter Teenie in Vorfreude auf sein erstes Date vergessen hat, den elterlichen Herd abzudrehen, dann ist das eine Nachricht, weil davon sehr viele Personen betroffen sind. Wenn ein weltweit umjubelter Teeniestar seine neue Liebe erstmals öffentlich präsentiert, wird diese Nachricht auch um den Globus gehen, weil junge Menschen auf der ganzen Welt sich mit ihrem Idol identifizieren. Das nennt man dann den »Nachrichtenwert« oder Englisch »news value«, den ein bestimmtes Ereignis hat. Dieser wird durch verschiedene Faktoren bedingt, hier einige davon:

Die Relevanz	Je stärker es die eigene Zielgruppe betrifft, desto höher ist der Nachrichtenwert.
Die Aktualität	Ein neu eintretendes Ereignis hat einen höheren Nachrichtenwert als eines, das schon länger andauert.
Die Nähe	Je näher ein Ereignis stattfindet, desto höher ist dessen Nachrichtenwert. Die Nähe kann auch eine kulturelle Nähe sein, nicht nur eine räumliche.

Der Status	Je höher der Status der von einem Ereignis betroffenen Person ist, desto höher ist auch der Nachrichtenwert.
Die Dynamik	Je überraschender ein Ereignis, desto höher der Nachrichtenwert. Auch eine besonders große Brutalität eines Ereignisses erhöht dessen Nachrichtenwert.
Die Emotionalisierung	Je mehr ein Ereignis an den Gefühlen der eigenen Zielgruppe rührt, desto eher wird dieses Ereignis zu einer Nachricht.

Kurz gesagt: Alles, was neu ist und einen gewissen Informationswert besitzt, ist aktuell und kann somit zur Nachricht werden. Wobei sich der Informationswert auf die räumliche Nähe (ist hier bei uns passiert), auf die inhaltliche Betroffenheit (hat Auswirkungen auf mein Leben) oder auch auf den Unterhaltungswert (finden wir hier lustig und unterhaltsam) beziehen kann.

Was macht eine Nachricht aus?
Eine **Nachricht** sollte genauso kurz wie informativ sein. Hier wird nur das Nötigste an Fakten hineingepackt. Sie beantwortet die wichtigsten W-Fragen: Wer? Was? Wann? Wo? Warum?

Ein **Bericht** ist ebenso sachlich und faktentreu wie eine Nachricht, bietet aber zusätzlich zu den wichtigsten Informationen auch Hintergrundinformationen und ist länger als eine Meldung. Für einen Bericht sehen sich Journalisten auch vor Ort um, sprechen mit Betroffenen und Experten und versuchen auch eine Einordnung des Geschehens.

Eine weitere journalistische Form ist die **Reportage**. Sie ist ein bisschen so etwas wie die Kür im Journalismus. Eine Reportage berichtet nicht trocken über die Fakten, sondern begleitet Akteure, beobachtet und beschreibt das Geschehen. Eine gut gestaltete Reportage lässt Bilder in den Köpfen entstehen, lässt mitfühlen, mitschmecken, mitleiden. Eine gute Reportage ist wie ein gelungenes Drehbuch, hat einen klaren Aufbau und setzt dramaturgische Mittel ein. Hier werden Fakten, Zitate und Beobachtungen kunstvoll miteinander verwoben.

Dreht sich ein Beitrag nur um eine Person oder eine Sache, so nennt man diese Form ein **Portrait**. Hier wird eine Persönlichkeit nicht nur aus einem Blickwinkel betrachtet, sondern auch sein oder ihr Umfeld, Freunde, Verwandte, Gegner und andere Wegbegleiter einbezogen, um ein möglichst umfassendes Bild entstehen zu lassen.

Dann gibt es noch das **Interview**, in dem eine Person von Journalisten befragt wird und das in einem Frage- und Antwort-Modus erscheint. Ein Gespräch zwischen mehreren Personen, das veröffentlicht wird, nennt sich »**Runder Tisch**«.

Weiters gibt es die sogenannten Meinungsformen: Den **Kommentar**, in dem eine bestimme Meinung unter Abwägung der Gegenargumente dargestellt wird, oder auch die **Glosse**, die kürzer ist und meist auch frecher als der Kommentar. Unter die sogenannten meinungsbildenden journalistischen Textformen fällt auch die **Kolumne**. Die Kolumne vertritt ebenfalls eine Meinung und wird meist von einem Autor verfasst, der regelmäßig in diesem Medium veröffentlicht. Oftmals wird in der Kolumne die Meinung des Kolumnisten mit Persönlichem und Alltagserlebnissen verknüpft.

Wer entscheidet, welches Ereignis zur Nachricht wird?

Was einen Platz in einer Zeitung findet, was zu einem Radio- oder Fernsehbeitrag wird, entscheidet sich meist in einer Redaktionssitzung. Bei Tageszeitungen wird meist am Vorabend und dann noch einmal in der Früh besprochen, welches Thema Blattaufmacher wird, was nur in einem kürzeren Bericht Platz finden wird, wer interviewt werden soll und was zwar auch interessant wäre, aber leider aus Platzmangel nicht vorkommen wird.

Da heute auch klassische Verlagshäuser und Rundfunkanstalten längst ein eigenes Onlineportal haben, hat die Geschwindigkeit, mit der Entscheidungen getroffen werden müssen, stark zugenommen. Neben der Printausgabe muss auch der Onlineauftritt parallel mit Inhalten gefüllt werden. Deshalb gibt es heute häufiger Sitzungen, als dies früher der Fall war. Zu den aktuellen Sitzungen kommen oft auch eigene Wochenplanungssitzungen und ähnliches. In manchen Medien sind die Print- und Onlineredaktionen getrennt, in anderen arbeiten die Journalisten für beide Bereiche.

Meist besprechen sich zuerst die einzelnen Ressorts, was sie an diesem Tag veröffentlichen möchten. Die wichtigsten Informationen dazu bekommen sie von den Nachrichtenagenturen. Dort werden nicht nur zeitnah Nachrichtenmeldungen aus aller Welt veröffentlicht, sondern auch Terminavisos, welche wichtigen Termine in Politik, Wirtschaft, Kultur, Gesellschaft anstehen.

Informationen erhalten Journalisten auch bei Pressekonferenzen. Bei manchen Presseveranstaltungen müssen sich die Journalisten vorher anmelden. Das heißt in der Fachsprache »Akkreditierung«.

Mit diesen Vorschlägen geht je ein Vertreter eines Ressorts in die Redaktionskonferenz. Dort gibt es meist zu Beginn eine kurze »Blattkritik«, in der die Ausgabe des Vortags noch einmal kritisch besprochen wird: Was ist uns gut gelungen? Was weniger gut? Welches Thema haben wir gestern übersehen?

Danach besprechen der Chefredakteur und die Kollegen die einzelnen Themen für die aktuelle Ausgabe, bringen neue Vorschläge ein und kicken vorgeschlagene Themen aus dem Blatt. Meist werden dann auch gleich die Kommentare festgelegt.

Manche Themen sind von außen vorgegeben: Wenn zum Beispiel die Angelobung einer neuen Regierung ansteht, wenn ein wichtiges Unternehmen Konkurs anmeldet, wenn irgendwo eine große Katastrophe passiert ist.

Andere Themen werden von einzelnen Medien selbst gesetzt. Wenn etwa einem Journalisten brisante Unterlagen zugespielt wurden. Das nennt sich dann eine Exklusivgeschichte. Oder es hat jemand in der Redaktion etwas Spannendes gehört oder kennt jemanden, dem etwas zugestoßen ist. Mittlerweile erreichen auch viele Themen über soziale Medien die Redaktionen. Tauschen sich besonders viele Kollegen auf Twitter oder Facebook über ein bestimmtes Thema aus, steigt die Wahrscheinlichkeit, dass es auch in den Redaktionen diskutiert wird.

Dann wird ein sogenannter Seitenspiegel erstellt, in dem festgelegt wird, welcher Artikel wo und wie viel Platz erhält.

Im Laufe einer Produktion muss immer wieder adaptiert werden: Ein Interviewpartner fällt aus, ein neu dazugekommenes Inserat zwingt einen, den Artikel zu kürzen, die Nachrichtenagentur hat eine Eilt!-Meldung ausgeschickt als Zeichen, dass etwas Wichtiges passiert ist. Dann kann ein bereits fertig recherchierter Beitrag auch wieder aus dem Blatt oder aus der Nachrichtensendung fliegen. »Kübeln« nennen das Journalisten, die gewohnt sind, in ihrem Job oft auch leere Kilometer zu rennen.

Oftmals werden Journalisten von besonders kritischen Medienkonsumenten dann mit dem Vorwurf konfrontiert, gewisse Themen bewusst in ihrem Medium nicht zu behandeln. Manch einer sieht darin sogar eine kleinere oder größere Verschwörung. Die Wahrheit ist in den allermeisten Fällen viel simpler: Oft fehlt es einfach an Platz oder an Sendezeit. Oder auch an Personal. Je mehr in den Redaktionen gespart wird, je weniger Korrespondenten es gibt, desto weniger Personal ist da, um journalistische Inhalte herzustellen.

Hinzu kommt, dass jeder Journalist stets persönliche Vorlieben hat. Über manche Themen berichtet man besonders gerne, andere versucht man möglichst den Kollegen zu überlassen, so lange es irgendwie geht. Manchmal entscheidet auch einfach der Zufall, ob ein Ereignis zu einer Nachricht wird. An manchen Tagen passiert auf der Welt so viel Wichtiges gleichzeitig, dass es kaum möglich ist, alles Wesentliche in einer Ausgabe unterzubringen. Da werden Ereignisse, die eigentlich sehr bedeutend sind, nur in den Kurzmeldungen abgehandelt. Ist die Nachrichtenlage hingegen gerade sehr dünn, können auch kleinere, weniger bedeutende Ereignisse schnell zu großen Nachrichten werden.

4. Welche Medienjobs gibt es?

Wer an einen Beruf bei der Zeitung, im Radio oder im Fernsehen denkt, dem fällt als Erstes der Journalist ein. In einem Medienunternehmen gibt es aber auch viele andere Jobs, von denen ein großer Teil nichts mit dem klassischen Journalismus zu tun hat.

Auch Medienunternehmen haben unterschiedliche Bereiche: einen journalistischen, einen unternehmerischen und einen technischen. Der journalistische Bereich ist das Herzstück jedes Medienunternehmens.

Herausgeber, Intendant, Generalsekretär: Die Bezeichnungen für die journalistischen Topjobs sind unterschiedlich: Bei Printprodukten steht ganz oben der Herausgeber. Er bestimmt die inhaltliche Ausrichtung des Blattes und ist für den Kurs des großen Medientankers zuständig. Beim deutschen Rundfunk nennt man diese Richtungsgeber, die für den Kurs letztverantwortlich sind, Intendanten, beim österreichischen ORF Generaldirektoren.

Eine Ebene darunter steht auf der Kommandobrücke eines Medienunternehmens der Chefredakteur. Er ist für das Tagesgeschäft zuständig, entscheidet, wer die einzelnen Ressorts leitet, welche Journalisten in diesem Medienunternehmen arbeiten, welche Themen behandelt werden.

Unterteilt wird der journalistische Bereich eines Medienunternehmens in Ressorts. Meist sind das Innenpolitik und Außenpolitik, Wirtschaft, Kultur, Chronik, Gesellschaft und Sport. Manche Medien haben auch ein eigenes EU-Ressort, ein Medienressort und ein Meinungsressort. Die einzelnen Ressorts haben meist einen Ressortleiter, der für das Ressort verantwortlich ist. In den Ressorts arbeiten Redakteure. Sie sind angestellte oder freiberufliche Journalisten, die ein festes Aufgabengebiet haben.

Weil heutzutage kaum ein Medienunternehmen nur eine Erscheinungsform hat, sondern Zeitungsverlage und Fernsehsender auch über einen Onlineauftritt verfügen, sind einige neue Jobs im journalistischen Bereich dazugekommen. Darunter fallen zum Beispiel Videojournalisten, die journalistische Onlinebeiträge selbst mit der Videokamera erstellen, Datenjournalisten, die in der Lage sind, große Mengen an Daten zu analysieren und für die Leser verständlich aufzubereiten. Oder auch Blogger, die eigene Blogs betreiben, eine Art öffentlich einsehbares, oft stark meinungsgetriebenes Tagebuch.

Die einzelnen Ressorts in den Redaktionen haben bestimmte Aufgaben zu erfüllen: In der **Innenpolitik** werden die wichtigsten politischen Ereignisse im Land journalistisch behandelt. Es werden Kanzler und Minister interviewt oder es wird darüber berichtet, was die Regierung plant, welche Themen die Abgeordneten im Parlament gerade diskutieren und welche Vorhaben der Regierung die Opposition kritisiert.

Die **Außenpolitik** beschäftigt sich mit allem, was sich außerhalb des eigenen Landes politisch tut. Dazu verfügen die Außenpolitikredaktionen oft über ein Netzwerk an Korrespondenten in verschiedenen Ländern. Früher waren das meist angestellte Journalisten, die für einen bestimmten Zeitraum in einem anderen Land lebten und von dort Artikel für ihre Zeitung schrieben. Aus Kostengründen und weil es im digitalen Zeitalter viel einfacher ist, Informationen von weit entfernten Orten zu bekommen, verzichten heute immer mehr Medienunternehmen auf fix angestellte Korrespondenten. Stattdessen greifen sie auf sogenannte »freie Mitarbeiter« zurück. Das sind nicht fest angestellte Journalisten, die vor Ort recherchieren und ihre Artikel verschiedenen Medien anbieten.

Im **Wirtschaftsteil** finden sich alle Themen, die mit Wirtschaft und Unternehmen im In- und Ausland zusammenhängen.

Die **Kultur** widmet sich den verschiedensten kulturellen und kulturpolitischen Ereignissen im In- und Ausland, von Ausstellungseröffnungen, neu erschienenen Romanen, Konzerten, Kinopremieren über internationale Filmpreise wie die Oscar-Verleihungen für Schauspieler bis zu Theater, Kabarett, Kleinkunst und mehr. Ein typisches Element der Kulturberichterstattung ist die Rezension. Das sind Besprechungen neu erschienener Bücher, Filme, Theateraufführungen oder Musikstücke.

Manchmal nennt sich das Kulturressort auch **Feuilleton**. Der Ausdruck stammt aus dem Französischen und bedeutet eigentlich »(unterhaltsames) Beiblättchen«. Unter Feuilleton versteht man den literarischen, kulturellen und unterhaltsamen Teil einer Zeitung oder Zeitschrift. Im Feuilleton werden oft neben der klassischen Kulturberichterstattung auch gesellschaftliche und kulturpolitische Themen behandelt.

Die **Wissenschaft**, zu der oft auch der Gesundheitsbereich gehört, beschäftigt sich mit Neuigkeiten aus der Welt der Universitäten und Institute, aber auch mit wissenschaftspolitischen Entscheidungen.

In der **Chronik** wird über aktuelle Ereignisse aus dem In- und Ausland berichtet: Kriminalfälle, Unfälle, Umwelt- und Naturkatastrophen und ähnliches. Manchmal wird das Ressort auch »Vermischtes« genannt. Oder es läuft unter der Bezeichnung »Lokales«. Dann wird auch über lokale Politik auf Bezirks- und Gemeindeebene berichtet.

Im **Gesellschaftsressort** liegt der Fokus der Berichterstattung auf Prominenten aus dem In- und Ausland, auf globalen Stars und lokalen Sternchen. Oft ist hier auch die Mode- und Beautyberichterstattung angesiedelt.

Der **Sportteil** widmet sich der lokalen und internationalen Sportberichterstattung. Neben den Massensportarten wie Fußball, Tennis oder Skifahren wird hier auch immer wieder über Randsportarten berichtet. Außerdem findet man hier die wichtigsten Sportergebnisse.

Dann gibt es oft noch die **Meinungsseiten**. Hier erscheinen Kommentare und auch Leserbriefe. Als Kommentar bezeichnet man Texte, in denen nicht Fakten aufgezählt und erklärt werden, sondern eine Meinung transportiert wird. Die Kommentare können von hauseigenen Journalisten, aber auch von Experten in Form eines Gastkommentars geschrieben werden. Es ist ein Kennzeichen von Qualitätsjournalismus, dass Berichte (also die Darstellung der Fakten) von Kommentaren (der persönlichen Einschätzung des Journalisten) streng getrennt werden.

Relativ neu ist die Veröffentlichung von sogenanntem **User-Generated-Content**. Das sind Inhalte, die nicht von Journalisten, sondern von Lesern erstellt wurden. Oft sind es Kommentare, die vor allem von Onlinemedien veröffentlicht werden, oder auch Debattenforen, in denen die Leser ihre Meinung zu bestimmten vorgegebenen Themen kundtun. In eine ähnliche Kategorie fallen die sogenannten **Leserreporter**. Das sind Leser, die zufällig etwas entdecken, schnell mit dem Handy fotografieren und an eine Redaktion schicken. Sie sind besonders bei Lokalzeitungen beliebt, ihre Bilder werden oft auch mit einer kleinen finanziellen Entschädigung belohnt. Im

Unterschied zu Postings oder privat betriebenen Blogs durchlaufen aber auch diese beiden Textformen vor ihrer Veröffentlichung eine – zumindest grundsätzliche – redaktionelle Kontrolle. Befürworter dieser Einbindung von Lesern in das journalistische Produkt argumentieren, dass derartige Veröffentlichungen nichts Neues sind. Schließlich gab es auch früher schon die Möglichkeit, sich per Leserbrief zu Wort zu melden. Wer den Lesern die Möglichkeit gebe mitzureden, stärke deren Bindung zum Medium. Außerdem komme man so an Informationen, zu denen das Medium sonst keinen Zugang hätte. Im Unterschied zum klassischen Journalismus sei dieses sogenannte »Audience Engagement« kein Predigen von der Kanzel herab, sondern die Journalisten würden in einen Dialog mit ihren Lesern treten.

Kritiker verweisen hingegen auf die sogenannte Gatekeeper-Funktion, die professionelle Journalisten haben. Sie und nicht die Leser sollen entscheiden, welche Ereignisse zu Nachrichten werden, weil ausgebildete Journalisten gelernt haben, zu erkennen, was eine Nachricht ist und Journalisten auch gewissen Qualitätsstandards unterliegen. Für die Onlinemedienhäuser lohnt sich User-Generated-Content jedenfalls aus wirtschaftlicher Sicht: Dessen Inhalte sind äußerst kostengünstig, schließlich muss man die Leser im Gegensatz zu professionellen Journalisten nicht oder nur vergleichsweise gering entlohnen.

Entwickelt haben sich diese Formen des Online-Leserjournalismus aus Postings. Das sind Beiträge auf Social-Media-Plattformen, aber auch unterhalb von journalistischen Texten in Onlinemedien. Konnten Leser vor der Digitalisierung ihren Zuspruch oder Unmut nur ausdrücken, indem sie einen Leserbrief schrieben und diesen zur Post trugen, so können sie nun binnen weniger Sekunden online auf Veröffentlichungen reagieren. Damit sind heute auch Journalisten gezwungen, sich viel stärker mit der Meinung ihrer Leser auseinanderzusetzen, als dies früher der Fall war.

Der größte Kommentar in einer Zeitung, der oft auch vom Chefredakteur oder dem Herausgeber verfasst wird, wird als **Leitartikel** bezeichnet. Er hat einen fixen Platz, meist ganz am Anfang einer Zeitung. Im Leitartikel wird oft auch die politische Ausrichtung einer Zeitung dargelegt. Der Leitartikel beschäftigt sich stets mit wichtigen politischen, gesellschaftlichen und wirtschaftlichen Ereignissen.

Oft gibt es auch in Redaktionen unterschiedliche Meinungen zu bestimmten Ereignissen und Themen. Dann kann es sein, dass eine Zeitung auf ihren Meinungsseiten ein **Pro und Kontra** veröffentlicht, bei dem ein Journalist die positiven Seiten eines Themas oder Vorschlags erläutert und ein anderer die negativen.

In vielen Fällen sind die Zuständigkeiten der einzelnen Ressorts nicht klar zu trennen. Steigt zum Beispiel die Arbeitslosigkeit im Land stark an, wird dieses Thema nicht nur im Wirtschaftsteil, sondern auch in der Innenpolitik behandelt. Fährt der Bundeskanzler zu einem Staatsbesuch in ein anderes Land, wird er oft von Innenpolitik- und Außenpolitikjournalisten begleitet. Eine Naturkatastrophe fällt grundsätzlich in den Chronik-Bereich. Hat aber zum Beispiel ein massives Hochwasser Auswirkungen auf die Politik, weil etwa die Aufräumarbeiten das Staatsbudget massiv belasten, kann das Thema von den Chronikseiten zur Innenpolitik wandern.

Ein ganz zentraler Job in Medienunternehmen ist jener des Chefs vom Dienst. Er muss in der tagesaktuellen Produktion rasch Entscheidungen treffen und er ist diejenige Person, die Artikel für die Druckerei oder Beiträge zur Ausstrahlung freigibt.

In Deutschland leisten sich große Medienhäuser auch eine eigene Dokumentation. Dort prüfen hauseigene »Dokumentare«, die selbst Experten auf verschiedenen Gebieten sind, jeden einzelnen Artikel noch einmal auf seine Faktentreue. In Österreich helfen sich die Medienhäuser damit, dass Beiträge vor der Veröffentlichung von Kollegen, dem Ressortchef und auch von den Chefs vom Dienst redigiert werden. Manche Medien haben auch einen eigenen Textchef, der Texte redigiert. Redigieren heißt übersetzt »ausfeilen«, »ausformen« oder »bearbeiten«. Das Redigat bringt einen Text so weit in Form, dass er veröffentlicht werden kann. Außerdem durchlaufen Texte vor ihrer Veröffentlichung auch noch das Korrektorat, wo sie auf Rechtschreibfehler und stilistische Mängel überprüft werden. Erst danach wird der Text zum für die Veröffentlichung bestimmten Artikel.

Auf der wirtschaftlichen Seite steht dem Chefredakteur der Geschäftsführer gegenüber. Er ist für die wirtschaftlichen

Angelegenheiten eines Unternehmens zuständig. Dazu gibt es Sekretäre, eine Buchhaltung, Mitarbeiter der Anzeigenabteilung, die Inserate verkaufen, Grafiker, die das Layout der einzelnen Seiten erstellen, Fotografen, die die Bilder zu den Artikeln machen, Karikaturisten, die Zeichnungen mit Kommentaren zum Weltgeschehen liefern, sowie Personen, die zwischen der Redaktion und der Anzeigenabteilung vermitteln und klären, wo in dem Medienprodukt welche Anzeigen platziert werden. Oftmals kümmert sich auch ein eigener Artdirektor um das Gesamterscheinungsbild einer Zeitung oder Zeitschrift, eines Onlinemediums oder eines Fernseh- oder Radiosenders. Wird am Gesamtbild eine größere Veränderung durchgeführt, nennt man das einen »Relaunch«.

Größere Medienhäuser haben auch eine eigene Marketing- und PR-Abteilung, die für den Außenauftritt, Werbung und Kooperationen zuständig ist, sowie eine eigene Rechtsabteilung und einen Pressesprecher.

Bei Radio- und Fernsehunternehmen gibt es neben den journalistischen und wirtschaftlichen Jobs auch noch zahlreiche technische Berufe wie Kameramann, Ton- und Lichttechniker, Cutter, Raumausstatter, Masken- oder Kostümbildner.

Auch wenn sie meist dezent im Hintergrund stehen, ist eine Gruppe bei einem Medienunternehmen ganz besonders wesentlich: der oder die Eigentümer, dem beziehungsweise denen ein Medienunternehmen gehört. Sie bestimmen gemeinsam, wer Herausgeber und Chefredakteur ihres Medienunternehmens wird. Mit diesen Entscheidungen haben Eigentümer entscheidenden Einfluss darauf, wie Herausgeber und Chefredaktion die Medienhäuser positionieren. Deshalb ist es auch immer gut, sich die Eigentümerverhältnisse von Medien genauer anzusehen, wenn man wissen möchte, für welche Überzeugungen ein Medienunternehmen steht.

5. Was machen Journalisten den ganzen Tag?

In Fernsehkrimis lassen sie sich um Mitternacht von düsteren Gestalten in verlassenen Parkhäusern geheime Akten zustecken. Sie sind stets kurz davor, eine globale Verschwörung zu enthüllen. So aufregend ist die Arbeit von Journalisten in Wirklichkeit nur äußerst selten – spannend ist sie aber dennoch. Journalisten können Tag für Tag viel erleben, sollten jedoch auch stressresistent sein. Es gibt verschiedene Wege, die zu diesem Traumberuf führen.

Journalisten machen vieles: sich informieren, recherchieren, schreiben, gestalten, überarbeiten, bereits Geschriebenes wieder verwerfen und zum Schluss zur Veröffentlichung freigeben. Der wichtigste Job von Journalisten ist aber, Fragen zu stellen. Dabei schadet es nicht, auch ein bisschen lästig zu sein und sich nicht mit der erstbesten Antwort zufrieden zu geben.

Die Recherche

Journalisten haben die Aufgabe, ihrem Publikum die Welt zu erklären, wichtige Zusammenhänge so darzustellen, dass die Menschen sie verstehen können, und den Mächtigen auf die Finger zu schauen. Da muss man erst einmal selbst gut informiert sein und ein Ereignis aus verschiedenen Blickwinkeln betrachtet haben.

Dafür gibt es die **Recherche**. Das Wort leitet sich aus dem Französischen ab und bedeutet »Ermittlung« oder »Nachforschung«. Journalisten verwenden einen großen Teil ihrer Arbeitszeit auf die Recherche.

Es gibt unterschiedliche Arten der Recherche. Grob kann man zwischen Online- und Offlinerecherche unterscheiden:

Onlinerecherche ist die Suche nach Informationen im Internet. Dazu zählen Pressemeldungen, Presseagenturen, Online-Datenbanken, aber auch soziale Medien wie YouTube, Facebook und ähnliches.

Offlinerecherche geschieht ohne Smartphone oder Computer. Dazu zählt zum Beispiel der Besuch von Pressekonferenzen, Bibliotheken und Archiven, Gespräche mit Experten, Interviews mit Politikern oder die Vor-Ort-Recherche. Bei dieser werden direkt am Ort des Geschehens Informationen gesammelt und Zeugen sowie Betroffene befragt. Journalisten haben das Privileg, mit vielen unterschiedlichen Menschen Gespräche führen zu dürfen, vom Bundespräsidenten über die Nobelpreisträgerin bis hin zu Verbrechern. Journalisten können sich mit einer Vielfalt an Themen beschäftigen, haben sehr viel Abwechslung in ihrem Job und können sehr viel erleben.

Wer für ein Medium recherchiert, kann an Orte gelangen, zu denen andere Menschen keinen Zugang haben oder wo es für sie zu gefährlich ist. Ein Beispiel dafür sind die Kriegsberichterstatter, die dorthin reisen, von wo andere fliehen: in Kriegs- und Krisenregionen. Sie geben uns wichtige Informationen über das Kriegsgeschehen, informieren die Welt über Kriegsverbrechen und sind dabei auch häufig selbst in Gefahr, ihr Leben zu verlieren. Eine spezielle, äußerst umstrittene Form der Kriegsberichterstattung ist der sogenannte »embedded journalism«. So nennt man seit dem Irakkrieg 2003 Kriegsberichterstatter, die im Schutz einer militärischen Streitmacht und in Begleitung von deren Soldaten über das Kriegsgeschehen berichten. Die Kritik daran lautet, dass Journalisten verpflichtet sind, objektiv und mit Äquidistanz zu berichten und sich nicht in die Abhängigkeit einer Konfliktpartei begeben dürfen.

Für den Großteil der Journalisten ist der Alltag um einiges weniger aufregend und gefährlich. Sie besorgen sich Informationen, indem sie ihr eigenes Medium und auch andere Medien sorgfältig studieren, Informanten kontaktieren, Experten befragen und am Ende aufschreiben, was sie berichten wollen. Laut einer 2016 von der Austria Presse Agentur und dem Marktforschungsinstitut meinungsraum.at durchgeführten Befragung von 212 Journalisten aus den Bereichen Print, Online, Radio und TV erklärten 81 Prozent der Befragten, dass sie Suchmaschinen häufig nutzen, gefolgt von Telefongesprächen (76 Prozent), persönlichen Gesprächen (74 Prozent), Presseaussendungen (50 Prozent), Nachrichtenagenturen (39 Prozent), Pressekonferenzen (38 Prozent) und Social Media (29 Prozent).

Nur knapp mehr als die Hälfte der Befragten (55 Prozent) geht für die Recherche an den Ort des Geschehens. Dafür, dass die Vor-Ort-Recherche Journalisten die Chance gibt, aus erster Hand Informationen zu sammeln und sich selbst einen Eindruck zu verschaffen, ohne sich auf die Einschätzung Dritter verlassen zu müssen, ist das ein ziemlich niedriger Wert.

Dabei sind Journalisten eigentlich keine Stubenhocker – oder sollten zumindest keine sein. Dass sie so wenig aus den Redaktionen heraus an den Ort des Geschehens gehen, liegt wohl zum einen daran, dass speziell während der Zeitungskrise ab dem Jahr 2002 in den Redaktionen sehr stark gespart wurde. Denn Vor-Ort-Recherchen sind zeitaufwendig. Ist in den Redaktionen weniger Personal vorhanden, gibt es weniger Zeit, zu den Schauplätzen zu fahren, und es muss mehr vom Schreibtisch aus erfragt werden.

Es liegt wohl auch am starken Zeitdruck, unter dem Journalisten arbeiten müssen. Schließlich haben Printmedien einen Redaktionsschluss, bis zu dem alles fertig sein muss, Fernseh- und Radiosendungen haben einen fixen Ausstrahlungstermin, der nicht verschoben werden kann, und bei Onlinemedien erwarten die Benutzer, in der Sekunde über aktuelle Ereignisse informiert zu werden, und das auch gleich möglichst ausführlich. Zusätzlich müssen Redakteure heute viel mehr Kanäle bespielen als noch vor einigen Jahren, als die Menschen die wichtigsten Nachrichten in der Früh in der Zeitung auf der Türmatte fanden und sich nach Dienstschluss in den Abendnachrichten anhörten, welche wichtigen politischen Ereignisse tagsüber passiert sind.

Journalismus passiert nicht nur in der Zeitung
Heute arbeiten Medienhäuser meist crossmedial. Das bedeutet, sie verbreiten ihre Inhalte über verschiedene Kanäle. In der Früh muss der Onlineauftritt aktualisiert werden, schließlich wollen die Menschen, wenn sie auf dem Weg in die Arbeit auf ihr Smartphone blicken, nicht die Nachrichten von gestern lesen. Im Büro liegt schon die aktuelle Tageszeitung, die in der Nacht per LKW aus der Druckerei geliefert und im Morgengrauen von Zeitungsausträgern vor die Tür gelegt wurde. Dazu müssen Medienhäuser ihre Social-Media-Kanäle befüllen und viele haben mittlerweile auch Podcasts. Oder es wurde in der Redaktion ein Studio eingerichtet und es werden zur Zeitung auch Fernsehnachrichten gemacht, die auf einem eigenen Internetkanal gesendet werden. Pressefotografen, auch Fotojournalisten genannt, sind heute nicht mehr unbedingt nur für das Bild zuständig. Viele von ihnen machen zum Bild dazu auch gleich ein Video für den Onlineauftritt.

Auch Rundfunkanstalten können sich nicht mehr damit begnügen, in der Früh, zu Mittag und am Abend Nachrichten zu senden. Sie müssen mit ihren Nutzern ebenfalls online kommunizieren, mit Onlinenachrichten möglichst die Ersten sein und über soziale Medien Inhalte verbreiten. Journalismus, vor allem in der tagesaktuellen Berichterstattung, ist daher ein ziemlicher Stressjob. Was aber Journalisten früher wie heute machen, ist, die Rechercheergebnisse in Form bringen. Sie schreiben entweder Artikel oder ihre Moderationen für Radio und Fernsehen. Printredakteure besprechen das Layout und die Bildauswahl für ihre Artikel und kürzen ihren fertigen Text in die sogenannte »Maske« (so nennt man das fertige Layout, in das der journalistische Text eingefügt wird). Sie kürzen Überzeilen oder verlängern ihren Text, bis er perfekt ins Layout passt. Sie fügen Titel und Vorspann (die wenigen Zeilen unterhalb des Titels) ein und schreiben die Bildtexte.

Wann darf ein Interview veröffentlicht werden?
Immer häufiger verlangen Gesprächspartner, dass ein Interview oder auch nur einzelne Zitate in einem Artikel »autorisiert« werden. Das heißt, diese Person will ihre Aussagen vor der Veröffentlichung noch einmal überprüfen. Das funktioniert natürlich nur beim geschriebenen Wort. Während Fernseh-, Video- und Radiojournalisten darauf achten müssen, dass ihre Gesprächspartner kurz und präzise antworten, können jene, die ein Wortinterview veröffentlichen, viel längere Interviews führen, die mehr in die Tiefe gehen. Aus einem langen Gespräch (Interviews, die von Printzeitungen geführt werden, dauern oft eine Stunde oder länger) erscheint aber nur ein Bruchteil in einer Zeitung. Nachträgliche Veränderungen eines solchen Interviews durch eine Autorisierung sind aus journalistischer Sicht akzeptabel, wenn den Journalisten zum Beispiel ein Transkriptionsfehler passiert ist, wenn etwas offensichtlich missverstanden wurde oder wenn sich in der Zeit zwischen dem Interview und dem fertig getippten Artikel etwas ereignet hat, durch das sich die Sachlage verändert hat. Dann kann ein Interview aktualisiert werden. Es ist aber journalistisch nicht zuzulassen, dass ein Gesprächspartner das Interview in der Autorisierung »glättet« oder seine Aussagen plötzlich umkehrt. Weil Interviewpartner das immer wieder versuchen, kann es bei der Autorisierung auch zu Streits kommen. Dass Gespräche nachträglich autorisiert werden, ist in Österreich übrigens häufiger der Fall als in Deutschland.

Eines darf man aber auch im größten Stress nicht vergessen: die erhaltenen Informationen zu überprüfen und den Betroffenen die

Möglichkeit zur Stellungnahme zu geben. Der aus dem Gerichtssaal stammende Leitsatz »audiatur et altera pars« (»Man höre auch die andere Seite«) gilt auch im Journalismus.

Journalismus ist aber auch ein Beruf, bei dem man immer wieder einmal leere Kilometer läuft. Denn die wichtigste Regel im Journalismus lautet: Check-Recheck-Doublecheck, also das mehrfache Prüfen der Dinge, die Journalisten zugetragen werden. Man benötigt also für jede Information zusätzlich eine Bestätigung von einer unabhängigen Seite, dass diese Information korrekt ist. Gerüchte zu veröffentlichen ist nämlich kein Journalismus – auch wenn sich nicht immer alle Vertreter dieser Zunft an diese Regel halten. So kommt es immer wieder vor, dass einem die Recherche die beste Geschichte zerstört – nämlich dann, wenn man durch Nachfragen zum Ergebnis kommt, dass die Information, die einer Redaktion zugetragen wurde, leider falsch war. Dann bleibt einem nur übrig, die Geschichte in den Papierkorb zu werfen.

> ●

Eine absichtlich untergeschobene Ente
Manchmal kommen Journalisten im Zuge der Recherche drauf, dass die angeblich so brisante Geschichte doch nicht berichtenswert ist, dass der angebliche Skandal sich als völlig harmlose Sache entpuppt oder dass eine Information schlicht und einfach falsch war. Um dann nicht kurz vor Redaktionsschluss mit einer leeren Zeitungsseite oder einigen Minuten ohne Fernsehbeitrag dazustehen, achten Redaktionen darauf, möglichst immer alternative Beiträge im Köcher zu haben. Das nennt sich dann der »Stehsatz«. Dort liegen auch vorbereitete Nachrufe auf ganz besonders wichtige Personen, um im Falle eines plötzlichen Ablebens mit der Berichterstattung zeitnah und angemessen reagieren zu können.
Manchmal passiert es aber auch, dass ein Fehler in der Recherche nicht bemerkt wird oder dass nicht gründlich genug recherchiert wurde und eine nachweislich falsche Meldung in einer Zeitung abgedruckt wird. Das nennt sich dann **Zeitungsente**.
Warum ausgerechnet die Ente dafür herhalten muss, wenn Journalisten Fehler machen, dafür gibt es mehrere Erklärungen.

»Donner les canards« (übersetzt »Enten geben«) bedeutet im Französischen »schwindeln«. So könnte der Ausdruck von Frankreich ins Deutsche gekommen sein. Oder aber der Ausdruck leitet sich ab vom Kürzel n.t., das für lateinisch »non testantum« (»nicht bezeugt«) steht. Das schrieben Zeitungen schon im 17. Jahrhundert an das Ende von Artikeln, deren Inhalt nicht bestätigt werden konnte. Und »n.t.« klingt ausgesprochen auch sehr nach »Ente«.

Manchmal wird Journalisten aber ganz bewusst mit gefälschten Fakten eine Ente untergeschoben. Ein besonders perfides Beispiel ereignete sich im Herbst 2017 in Washington in den USA. Im November 2017 hatte die *Washington Post* die Vorwürfe von mehreren Frauen veröffentlicht, die einem konservativen US-Senator und Unterstützer von US-Präsidenten Donald Trump vorwarfen, sie als Minderjährige und Heranwachsende zu sexuellen Handlungen verleitet zu haben. Der Fall war insofern brisant, als der Senator gerade im Wahlkampf war. Er bestritt die Vorwürfe, die Darstellung der Anschuldigungen wurde aber von weiteren Zeugen bestätigt.

Gleich nach der Veröffentlichung des Artikels meldete sich eine weitere Frau in der Redaktion der *Washington Post*. In mehreren Gesprächen berichtete sie, dass der Senator mit ihr eine geheime sexuelle Beziehung hatte, als sie erst fünfzehn Jahre alt war, dass sie schwanger wurde und der Politiker sie zu einer Abtreibung gezwungen habe. Die *Washington Post* traf die Frau öfter, verzichtete aber auf die Veröffentlichung der neuen Vorwürfe, weil die Frau sich in Widersprüche verstrickt hatte.

Nur durch einen Zufall entdeckten Mitarbeiter der *Post*, wie die Frau in das Haus von **Project Veritas** ging. Sie war eine Undercover-Agentin von Project Veritas, das das Gegenteil von dem ist, was das Wort »veritas« (lateinisch für »Wahrheit«) verspricht. »Project Veritas« ist ein Projekt amerikanischer Rechter mit dem Ziel, sogenannte Mainstream-Medien zu diskreditieren. Hätte die *Washington Post* die erfundene Geschichte gedruckt, hätte »Project Veritas« öffentlich gemacht, dass die Redaktion auf eine Lügnerin hereingefallen ist. Dann wäre nicht nur die Glaubwürdigkeit der *Washington Post* beschädigt gewesen, sondern auch jene der Frauen, die den Senator belasteten und für ihre Vorwürfe Zeugen haben. Und der konservative US-Senator hätte die gegen ihn erhobenen Vorwürfe als Fake News von sich weisen können.

• <

Auch Journalisten dürfen nicht alles

Journalisten verwenden viel Zeit für Recherche. Aber auch der Recherche sind Grenzen gesetzt. Denn Journalisten dürfen nicht in allen Lebensbereichen recherchieren und vor allem dürfen sie keine unlauteren Methoden anwenden, um an Informationen zu gelangen. Auch Journalisten müssen beispielsweise die Privatsphäre derjenigen achten, über die sie berichten wollen. Menschen, die in der Öffentlichkeit stehen, sind weniger stark geschützt als die Durchschnittsbürger. Aber auch über Promis darf nicht alles Private preisgegeben werden (siehe Kapitel 13 »Was verheimlichen uns die Medien?«). Einen besonderen Schutz ihrer Privatsphäre haben Kinder und Jugendliche. Schließlich sind sie noch unmündig und können auch nichts dafür, wenn ihre Mutter Ministerin wird oder Popstar. Sofern die Eltern sie nicht selbst vor die Kamera oder zum Interview zerren, lassen seriöse Medien die Kinder bei der Berichterstattung außen vor.

Journalisten dürfen sich zum Beispiel auch nicht als Polizist oder sonstiges Staatsorgan ausgeben, um jemanden für einen Artikel zu »verhören« und so an geheime Informationen zu gelangen.

Die sogenannte »verdeckte Recherche« oder Undercover-Journalismus ist nur unter ganz speziellen Bedingungen erlaubt. Bei dieser Rechercheform gibt sich der Journalist eine andere Identität. Journalisten dürfen ihre Identität nur verschleiern, wenn ein öffentliches Interesse daran besteht, dass der recherchierte Sachverhalt publik wird und dieser Sachverhalt auf keine andere Weise in Erfahrung gebracht werden kann.

Qualitätsmedien lehnen es übrigens üblicherweise ab, für die Bereitstellung von Informationen zu bezahlen. Allenfalls übernehmen sie in Einzelfällen gewisse Aufwände, die Informanten hatten (Essenseinladung, Kopierkosten, Anreise …).

> •

Berühmte Undercover-Reporter

Er schlich sich in Lumpen in ein Obdachlosenheim, um zu
berichten, unter welchen Bedingungen die Menschen »ganz
unten« leben oder ließ sich als Bettler verkleidet auf der Straße
verhaften, um eine authentische Gerichtsreportage schreiben zu können. Der Sozialdemokrat **Max Winter** (1870–1937),
in Ungarn geboren, in Österreich als Journalist tätig, gilt als
Pionier der investigativen Sozialreportage. Sein Credo lautete:
»Die ungesündeste Luft für den Berichterstatter ist die
Redaktionsluft«. Ein guter Journalist müsse riechen, schmecken, hören und spüren, was die Menschen fühlen und notfalls
auch mit ihnen frieren.

Winter besuchte die armen »Fettfischer«, die Fett- und Kno-
chenreste aus den Wiener Kloaken holten, um sie an die Seifen-
sieder zu verkaufen, oder die sogenannten »Ziegelböhmen«,
rechtlose Gastarbeiter aus Böhmen und Mähren, die die Ziegel
brannten, mit denen um 1900 die Prunkbauten der Wiener
Innenstadt errichtet wurden. Sein Augenmerk gehörte jenen,
die in der gesellschaftlichen Hierarchie ganz unten standen.
Im Winter 1898 schlief er in einem Obdachlosenheim, um am
eigenen Leib zu erfahren, was Obdachlosigkeit bedeutet. Winter
wechselte vom Journalismus in die Politik, wurde Abgeordneter
der Sozialdemokraten. Als 1934 die austrofaschistische Stände-
staatregierung unter Engelbert Dollfuß an die Macht kam, war
Winter gerade auf Vortragsreise in den USA. Der Sozialdemokrat
und Sozialreformer wurde aus Österreich ausgebürgert und
starb 1937 völlig verarmt im amerikanischen Exil.

In Deutschland ist die Undercover-Reportage eng mit dem
Namen **Günter Wallraff** verbunden. Der Journalist wurde
1942 in Deutschland in ärmlichen Verhältnissen geboren. Als
Wallraff fünf Jahre alt war, erkrankte sein Vater, ein Arbeiter
in einer Autoproduktion, schwer aufgrund seiner schlechten
Arbeitsbedingungen. Die Mutter musste arbeiten gehen, um
für den Unterhalt der Familie zu sorgen. Seine ersten Repor-
tagen schrieb Wallraff 1963. Damals schleuste er sich unter
anderem als Arbeiter in deutsche Industriebetriebe ein. 1977

schrieb Wallraff mit seinem Reportagebuch »Der Aufmacher. Der Mann, der bei der ›Bild‹ Hans Esser war« Pressegeschichte. Zwei Jahre hatte Wallraff unter dem Pseudonym Hans Esser bei der deutschen Boulevardzeitung *Bild* gearbeitet und wies dem auflagenstärksten Blatt Deutschlands unsaubere Recherchemethoden und schwere journalistische Recherchefehler nach.

Ebenfalls für Schlagzeilen sorgte 1985 sein Buch »Ganz unten«, bis heute mit mehr als fünf Millionen verkauften Exemplaren eines der erfolgreichsten Sachbücher. Zwei Jahre lang hatte Wallraff zuvor als türkischer Gastarbeiter verkleidet in verschiedenen Unternehmen, unter anderem bei McDonald's, gearbeitet. In seinem Buch beschreibt er die Ausbeutung von Migranten durch deutsche Unternehmen und den offenen Rassismus, mit dem die Deutschen ihm als »Türke« begegneten.

Wallraff hatte dieses Buch mit mehreren Mitautoren verfasst, die jedoch im Buch nicht namentlich genannt werden. Im Vorwort zu »Ganz unten« schrieb Wallraff: »Man muss sich verkleiden, um die Gesellschaft zu demaskieren, muss täuschen und sich verstellen, um die Wahrheit herauszufinden.«

• ‹

Wie wird man Journalist?

Wer Journalist werden will, dem stehen verschiedene Wege offen. Über eine Charaktereigenschaft sollte man aber unbedingt verfügen: Neugier. Wer es liebt, nachzufragen, wer den Dingen gerne auf den Grund geht, ist im Journalismus gut aufgehoben.

Journalismus ist ein sogenannter freier Beruf. Im Gegensatz zu einem Installateur oder einer Chirurgin gibt es keine verpflichtende Ausbildung. Das bedeutet aber nicht, dass man nichts können muss. Ganz im Gegenteil, denn die Konkurrenz im Journalismus ist groß. Die Zahl derer, die gerne diesen Beruf ausüben würden, ist viel größer als die Zahl der freien Stellen. Wer im Journalismus Fuß fassen möchte, muss also rasch zeigen, dass er oder sie etwas kann.

Da gibt es zum einen die Grundvoraussetzungen: gutes Deutsch, Spaß am Schreiben, großes Allgemeinwissen und natürlich eine Leidenschaft dafür, zu erfahren, was sich auf der Welt alles tut. Medienhäuser und auch der Rundfunk verlangen außerdem zumindest das Abitur bzw. die Matura oder noch viel besser ein abgeschlossenes Hochschulstudium, obwohl es schon immer ausgezeichnete Journalisten gab, die ihr Studium nie beendet haben. Es gibt Studienrichtungen, die sich mit Medien theoretisch auseinandersetzen, zum Beispiel die Publizistik und Kommunikationswissenschaft. Für angehende Politikjournalisten ist aber auch ein Politikwissenschafts- oder Geschichtestudium hilfreich. Auch ein Studium der Rechtswissenschaften kann sinnvoll sein, schließlich hat man es in der Politikberichterstattung auch häufig mit rechtlichen Fragen zu tun (zum Beispiel welche rechtlichen Möglichkeiten der Bundespräsident hat oder ob ein von der Regierung vorgelegter Gesetzesentwurf gegen die Verfassung verstößt). Auch ein Wirtschaftsredakteur profitiert sicherlich von einem abgeschlossenen Wirtschaftsstudium und ein Kulturredakteur davon, dass er sich zuvor auf der Kunstgeschichte-Fakultät Vorlesungen angehört hat.

Wer von Anfang an weiß, dass er oder sie in diesen Beruf will, kann sich für einen Platz in einer Institution für Journalistenausbildung bewerben. Diese unterteilen sich in universitäre Ausbildungen, Schulen, die von Medienunternehmen finanziert werden, sowie Ausbildungen von selbstständigen Trägern. Dort lernt man Journalismus in Theorie und Praxis und beschäftigt sich auch mit Medienrecht und medienethischen Fragen. Oft sind diese Ausbildungen mit Praktika verbunden. Wer ein Praktikum in einer Zeitung, beim Fernsehen oder beim Radio macht, erhält erste Einblicke und kann auch Kontakte für später knüpfen.

Journalismus ist aber kein Job, den man einmal lernt und in dem man sich dann nie wieder fortbilden muss. Die gesamte Branche erlebt ständig Veränderungen, nicht zuletzt durch die Digitalisierung. Wer Journalist werden will, sollte deshalb gerne Neues ausprobieren und lebenslang dazulernen wollen.

> •

Wo kann ich Journalismus lernen? Eine Auswahl
In Deutschland:
Deutsche Journalistenschule
www.djs-online.de

Institut für Journalistik an der Universität Dortmund
http://journalistik.tu-dortmund.de

Henri-Nannen-Schule
www.journalistenschule.de

Deutsches Journalistenkolleg
www.journalistenkolleg.de

Bayerische Akademie für Fernsehen und Digitale Medien
www.fernsehakademie.de

New Media Journalism
www.newmediajournalism.net

MultiMedia & Autorenschaft an der Martin-Luther-Universität
www.mmautor.net

Axel-Springer-Akademie Berlin
www.axel-springer-akademie.de

Bauer Media Academy
www.bauer-media-academy.com

In Österreich:
Fachhochschule für Journalismus und Medienmanagement
www.fh-wien.ac.at/journalismus-medienmanagement

Kuratorium für Journalistenausbildung
http://www.kfj.at

Journalismus und Public Relations an der FH Joanneum
www.fh-joanneum.at/journalismus-und-public-relations/
bachelor

Friedrich-Funder-Institut
http://www.ffi.at

6. Wie finanzieren sich Medien?

Abonnementzahlungen, Werbeeinschaltungen, Paywalls, Haushaltsabgaben, Presseförderung, Paid Content versus Social Payment und Werbebanner: Die Finanzierung der Medienlandschaft klingt viel komplexer, als sie eigentlich ist.

Medien haben verschiedene Finanzierungsmöglichkeiten: Durch Abonnements und den Verkauf einzelner Exemplare, durch Werbung, über Förderungen und Gebühren und auch indem Medienhäuser sich zusätzlich in anderen Geschäftsfeldern versuchen, seien es der Verkauf von Büchern oder DVDs, Reiseangebote, Corporate Publishing (journalistische Produkte im Auftrag von Unternehmen, zum Beispiel Kundenmagazine oder Mitgliederzeitungen) und ähnliches.

So unterschiedlich Medien sind, so unterschiedlich ist auch deren Finanzierung: Beim **Rundfunk** finanziert sich der öffentlich-rechtliche Sender vorwiegend aus öffentlichen Geldern. Diese können entweder direkt aus dem Staatsbudget kommen oder über Gebühren, eine Haushaltsabgabe oder ähnliches eingehoben werden. Manche Länder ändern gerade ihr Finanzierungsmodell. Dänemark etwa beschloss im März 2018, die Rundfunkgebühren abzuschaffen und das öffentlich-rechtliche Fernsehen durch Steuern zu finanzieren – was dazu führen könnte, dass die Regierungsparteien stärkeren Einfluss auf das Programm ausüben können. Schließlich sind sie dann die direkten Geldgeber.

Eine wichtige Einnahmequelle für fast alle Medien ist die Werbung. Nur wenige öffentlich-rechtliche Kultursender wie 3sat, Arte oder der öffentlich-rechtliche Kinderkanal Kika sind komplett werbefrei.

WIE SICH ÖFFENTLICH-RECHTLICHE SENDER FINANZIEREN[1]	
ARD	
85 Prozent	Rundfunkbeiträge
9 Prozent	andere Erträge (Co-Produktionen, Co-Finanzierungen und Programmverwertungen)
6 Prozent	Rundfunkwerbung und Sponsoring

ORF	
59 Prozent	Programmentgelte
23 Prozent	Werbung
18 Prozent	sonstige Umsatzerlöse

Private Rundfunkanbieter finanzieren sich fast ausschließlich mit Fernsehwerbung in unterschiedlichster Form. Privatsender lukrieren weitere Gelder durch sogenannte »Call-in-Sendungen«, bei denen Zuschauer etwas gewinnen können, wenn sie eine Mehrwertnummer anrufen und ein meist simples Rätsel lösen. Die Sender erhalten pro Anruf einen namhaften Anteil an der verrechneten Telefongebühr. In der Schweiz und in Österreich erhalten private Fernsehsender auch öffentliche Gelder für bestimmte »Public Value«-Inhalte oder gar einen Anteil an der staatlichen Rundfunkgebühr.

Private Pay-TV-Sender und TV-Streamingdienste wie Netflix und Amazon Prime müssen kostenpflichtig abonniert werden.

Zeitungen haben vor allem zwei Finanzierungsmöglichkeiten: durch den Kaufpreis der Zeitung oder durch Werbung.

Die Leser können
* ein Monats- oder Jahresabonnement abschließen und so die Zeitung regelmäßig nach Hause zugestellt bekommen,
* sich ein einzelnes Exemplar im Geschäft kaufen,
* die ganze Zeitung oder einzelne Artikel online lesen und dafür mit Digitalabo oder Micropayment bezahlen.

Werbung in Zeitungen gibt es
* als klassisches Inserat,
* als kostenpflichtige Beilage,
* in Form von Kleinanzeigen (Immobilienangebote, Autokauf, Jobinserate, Partnerschaftsannoncen …)
* Native Advertising in Form von Storys und Promotion-Artikel, die redaktionellen Beiträgen ähneln, aber als Werbung erkennbar ausgezeichnet werden.

Hinzu kommt, dass Zeitungen auch staatliche Presseförderung erhalten können und zum Teil indirekt subventioniert werden, indem zum Beispiel für Zeitungen ein reduzierter Mehrwertsteuersatz oder ein günstigerer Tarif beim Postversand gilt.

WAS KOSTET EINE ZEITUNG?[2]	
Laut dem deutschen Bundesverband der Zeitungsverleger unterteilen sich die Kosten für die Produktion einer Zeitung wie folgt:	
26 Prozent	Redaktionskosten
24 Prozent	Hauszustellung (wobei Zusteller, die ausschließlich Zeitungen und Anzeigenblätter mit redaktionellem Inhalt im Morgengrauen vor die Tür liefern, laut der Initiative www.mindestlohnfuerzusteller.de nur 7,23 Euro pro Stunde verdienen)
16 Prozent	Anzeigenbeschaffung
9 Prozent	Verwaltung
6 Prozent	Papier

Onlinemedien finanzieren sich wiederum durch
* Onlinewerbung wie zum Beispiel Werbebanner, Onlinevideos und ähnliche Werbeformen,
* Paid Content: kostenpflichtige Inhalte, entweder pro Beitrag, den man ansehen möchte, oder als Onlineabo,
* Social Payment: Die Leser werden aufgefordert, freiwillig einen kleinen finanziellen Beitrag zu leisten, wenn ihnen die Inhalte gefallen haben,
* Programmatic Advertising: dabei werden gezielt auf spezielle Nutzerkategorien abgestimmte Werbebanner in Echtzeit auf Onlineplattformen eingespielt,
* Abonnementzahlungen für Onlinemedien.

Manche Zeitungen verbinden online den offenen Zugang und Paid Content. Dann kann ein Teil der Zeitung kostenlos gelesen werden, der Rest ist hinter einer »Paywall«, einer Bezahlschranke, versteckt. Immer mehr Menschen sind bereit, für das, was sie im Internet konsumieren, zu bezahlen.

In manchen Ländern, etwa in Dänemark, gibt es die Presseförderung nicht nur für Printprodukte, sondern auch für unabhängige Onlinemedien.

Viele Jahre hindurch galt für Zeitungen und Zeitschriften die Faustregel, zwei Drittel der Finanzierung kommt durch Anzeigen- und Werbeeinnahmen, ein Drittel durch den Verkauf der Zeitung. Das ist heute bei Weitem nicht mehr so. 2016 überstiegen in Deutschland zum achten Mal in Serie die Einnahmen aus den Zeitungsverkäufen jene aus Werbung und Anzeigenverkauf. Das liegt vor allem daran, dass Werbungs- und Anzeigenkunden vermehrt ins Internet abwandern. Wer heute eine Wohnung, ein Auto, einen neuen Job oder die große Liebe sucht, tut das viel häufiger im Internet als in der Printzeitung. So sägt das Internet an einem wichtigen finanziellen Standbein der Verlagshäuser.

In Deutschland stiegen die Erlöse aus Onlinewerbung von 153 Millionen Euro im Jahr 2000 auf 689 Millionen Euro im Jahr 2007 bis zu 1,5 Milliarden Euro 2016.

Der Anteil der Onlinewerbung am gesamten Werbekuchen variiert von Land zu Land. In Großbritannien und Schweden flossen 2017 bereits 60 Prozent der Werbeausgaben in Onlinewerbung, in Österreich waren es erst 14 Prozent.

Bei so viel Geld versuchen natürlich auch die Verlage, die aus einer Printtradition kommen, mit vermehrtem Online-Engagement auch am neuen Internet-Werbekuchen mitzunaschen.

Allerdings landen etwa 60 Prozent der weltweiten Onlinewerbeeinnahmen bei den Internetriesen Facebook und Google.

DIE GRÖSSTEN ZEITUNGSMÄRKTE DER WELT (NACH AUFLAGE)[3]
1. China
2. Indien
3. Japan
4. USA
5. Deutschland

Die Verlagshäuser probieren zusätzlich verschiedene alternative Finanzierungsmöglichkeiten aus. Zum einen, Inhalte im Internet hinter eine Bezahlschranke zu stellen. 2017 wurden in Deutschland bereits 320 Millionen Euro Einnahmen aus Paid Content und Paid Media erwirtschaftet, fast 80 Prozent aus dem Verkauf von E-Papers, Apps von Tageszeitungen und von Artikeln hinter Paywalls.

Zusätzlich versuchen Verlagshäuser, sich neben ihrem Hauptprodukt in weiteren Geschäftsfeldern zu etablieren, vom Onlineshop über das Anbieten von Veranstaltungen und Reisen, regionalen Postdiensten und vielem mehr. Beispiele dafür wären der deutsche Axel-Springer-Verlag, der neben den Zeitungen *Bild* und *Die Welt* zahlreiche weitere digitale Unternehmen besitzt oder an diesen beteiligt ist, wie zum Beispiel Immobilien- oder Autokaufplattformen im In- und Ausland, dazu auch TV- und Radioanstalten sowie Druckereien besitzt und unter anderem in den USA in das Unternehmen »Magic Leap« investiert, das sich mit der Entwicklung von Mixed-Reality-Brillen entwickelt, in denen sich reale und virtuelle Welt verbinden. Oder auch der österreichische Styria-Konzern, der neben den beiden Tageszeitungen *Die Presse* und *Kleine Zeitung* auch zahlreiche weitere Zeitungen und Magazine, Buchverlage sowie eine Vielzahl an unterschiedlichen Onlineplattformen wie zum Beispiel die Verkaufsplattform willhaben.at betreibt.

> ●

Sterben die Zeitungen?

In Deutschland werden jeden Tag 14,7 Millionen Tageszeitungen sowie etwa vier Millionen Wochen- und Sonntagszeitungen gekauft. Tageszeitungen haben in Deutschland laut Bundesverband der Zeitungsverleger eine Reichweite von knapp 58 Prozent. In Österreich hatten die Tageszeitungen 2016 eine Reichweite von 66,7 Prozent.

Unter der Woche lesen die Deutschen im Schnitt etwa 36 Minuten lang Zeitung, am Wochenende sind es sogar um die 44 Minuten. 2016 wurden in Deutschland 1,896 Millionen Tonnen Papier für die Herstellung von Zeitungen verbraucht – so viel wie schon in den späten 1980er-Jahren. Ebenfalls 2016 erwirtschafteten die deutschen Medienverlage mit Anzeigen,

Beilagen und dem Verkauf von Zeitungen einen Umsatz von
7,56 Milliarden Euro.
Ganz so tot scheint der Patient Zeitung also noch nicht zu sein.
Allerdings gibt es einen starken Umbruch in der Zeitungsbran-
che. Gab es im Jahr 1999 in Deutschland erst 160 Onlineange-
bote von Zeitungen, so waren es 2017 bereits 698.

· ‹

Auch das Massenmedium Radio hat durch die Digitalisierung massive
Konkurrenz bekommen. War man früher am schnellsten durch das
Radio informiert, erfährt man heute im Internet sekundenschnell
die allerneuesten Neuigkeiten. Heute kann man Radiosendungen
auch aus dem Internet abspielen. So kann man sich bequem von zu
Hause aus durch die ganze Welt hören. Unabhängige Radiomacher
haben längst ihre eigenen Internet-Radios gegründet. Wartete man
früher sehnsüchtig darauf, dass im Radio die Wunschmusik gespielt
wird, stellt man sich heute im Netz seine eigene virtuelle Jukebox
zusammen. Alleine der Musik-, Hörfunk- und Videostreamingdienst
»Spotify«, der mit »Musik für alle« wirbt und uns jederzeit und
überall auf Millionen Musiktitel und auch auf Hörbücher zugreifen
lässt, meldete im März 2017 bereits fünfzig Millionen Abonnenten.

Fernsehsender, öffentliche wie auch private, leiden wiederum
unter Konkurrenz von Internetgiganten wie Google, Apple, Amazon
oder Netflix, die schon länger auf die heimischen Fernsehgeräte
drängen. Netflix, Amazon Prime und Co. bieten Video-on-Demand,
also jederzeit verfügbares Abrufen von Filmen und Serien. Musste man
früher eine Woche auf den nächsten Teil der Lieblingsserie warten, so
sind nun alle Folgen einer Serie auf diesen kostenpflichtigen Portalen
sofort und jederzeit verfügbar. Das lockt nicht nur Junge weg vom
klassischen Fernsehen und hin zu den Streamingdiensten und kreiert
das Phänomen »Binge Watching«, also das suchtartige Konsumieren
vieler Episoden einer Serie am Stück. Zumal Riesen wie Netflix nicht
mehr nur Serien anbieten, sondern auch äußerst erfolgreich Serien
produzieren, wie etwa »House of Cards« oder »Orange Is the New
Black«.

Zusätzlich verliert das Fernsehen auch Werbeeinnahmen, weil Wer-
bekunden ihre Werbespots vermehrt auf Social-Media-Plattformen

wie Facebook oder YouTube verschieben. 2016 lagen in Deutschland die Netto-Werbeeinnahmen von Fernsehwerbung laut Bundesverband der deutschen Zeitungsverleger bei 4,56 Milliarden Euro (+ 3,1 Prozent), online wurde um 1,51 Milliarden Euro geworben (+ 6,5 Prozent), während die Werbeeinnahmen von Tageszeitungen auf 2,53 Milliarden Euro sanken (- 4,5 Prozent). Noch schlimmer als die Tageszeitungen traf es die Wochen- und Sonntagszeitungen. Sie kamen auf 0,14 Milliarden, was ein Minus von 6,8 Prozent bedeutete.

Es sind also auch in finanzieller Sicht turbulente Zeiten für Medienunternehmen. Wer heute ein erfolgreiches Medium führen möchte, egal ob Print, Online, Radio oder Fernsehen, muss daher eines unbedingt sein: äußerst kreativ und innovativ, um sich auch in einer digitalisierten Welt beweisen zu können und nicht von der Konkurrenz aufgefressen zu werden.

DIE FÜNF GRÖSSTEN MEDIENKONZERNE DER WELT

1. **Alphabet Inc.**
Besser bekannt unter dem Namen Google. Der Konzern mit Sitz in Mountain View, Kalifornien (USA), betreibt nicht nur die weltweit meistbenutzte Suchmaschine, sondern auch YouTube und den E-Maildienst Gmail. Sein Hauptgeschäft ist der Verkauf von Werbung im Internet mittels Anzeigenprogrammen. Zusätzlich betreibt Alphabet Inc. weitere Konzerne, unter anderem im Gesundheitsbereich oder in der Entwicklung selbstfahrender Autos. Umsatz 2016: etwa 82 Milliarden Euro.

2. **Comcast**
Medienkonzern aus Philadelphia (USA), der unter anderem zwei TV-Senderketten, 26 Fernsehstationen, zwanzig Kabelkanäle, die Universal Studios, Dreamworks Animation und die Universal-Themenparks in Kalifornien, Florida und im japanischen Osaka besitzt. Zu Comcast gehören zum Beispiel die Fernseh-Senderketten NBC und Telemundo und der History Channel. Umsatz 2016: fast 72 Milliarden Euro.

3. **The Walt Disney Company**
Neben den Walt Disney Filmstudios und der Filmtochter Touchstone gehört dem Unternehmen mit Sitz in Kalifornien (USA) unter anderem der Comic- und Filmverlag Marvel Entertainment, der Fernsehsender ABC, einer der größten Sender der USA, Disney Channel sowie die Disneyland-Themenparks. Umsatz 2016: 50,3 Milliarden Euro.

4.	**AT&T Entertainment** Der Konzern ist mit »DirectTV U.S.« führender Satelliten-Pay-TV-Anbieter in den USA und unter dem Namen DirecTV Latin America auch in zahlreichen lateinamerikanischen Staaten führend. Umsatz 2016: fast 33 Milliarden Euro.
5.	**News Corp. Ltd./20th Century Fox** Die Medienmogule Rupert und James Murdoch besitzen auflagenstarke Boulevardblätter wie *Sun*, zahlreiche Sport und Nachrichtensender in verschiedenen Teilen der Welt, das *Wall Street Journal*, den Film- und Fernsehgiganten 20th Century Fox sowie Fox News, den kommerziell erfolgreichsten Nachrichtensender der USA. Umsatz 2016: 32,6 Milliarden Euro.

Die Liste der größten Medienkonzerne wurde vom deutschen Institut für Medien und Kommunikationspolitik erstellt. Das Ranking erfolgte nach folgenden Kriterien: »Die Medienkonzerne des Rankings werden als Unternehmen definiert, die publizistische Inhalte in Massenmedien verantwortlich erstellen und /oder verbreiten sowie maßgebliche Teile ihres Umsatz mit Erlösen aus Rechten/Lizenzen und /oder Werbung erzielen und nicht als reine Telekom- oder Technikprovider auftreten. Ferner werden Konzerne berücksichtigt, die durch Produktion und/oder Distribution maßgeblichen Einfluss auf die kommunikative Umwelt eines breiten Publikums haben.«[4]

DIE FÜNF GRÖSSTEN MEDIENKONZERNE IN DEUTSCHLAND 2017[5]	
1.	**Bertelsmann** (Umsatz: 17,1 Milliarden Euro)
2.	**ARD** (Umsatz: 6,5 Milliarden Euro)
3.	**ProSiebenSat.1** (Umsatz: 3,8 Milliarden Euro)
4.	**Axel Springer Konzern** (Umsatz: 3,3 Milliarden Euro)
5.	**Bauer Media Group** (Umsatz: 2,3 Milliarden Euro)

	DIE FÜNF GRÖSSTEN MEDIENUNTERNEHMEN IN ÖSTERREICH 2017 (NACH MARKTUMSATZ)[6]	
1.	**ORF** (Umsatz: 999,3 Millionen Euro)
2.	**Mediaprint** (*Kronen Zeitung*, *Kurier*; Umsatz: 421,4 Millionen Euro)
3.	**Styria Media Group** (*Die Presse*, *Kleine Zeitung*; Umsatz: 313,7 Millionen Euro)
4.	**Sky Österreich** (Abo-Fernsehen; Umsatz: 170 Millionen Euro)
5.	**ProSiebenSat1Puls4** (Privatfernsehsender; Umsatz: 151,2 Millionen Euro)

7. Was bedeutet Meinungsfreiheit?

Die Meinungsfreiheit ist ein in vielen Debatten gebrauchtes Schlagwort. Politiker fordern sie für Menschen, die in Diktaturen leben. Demonstranten berufen sich auf sie, wenn sie Transparente mit spitz formulierten Anschuldigungen tragen. Medien, vor allem Onlinemedien und Blogger, tragen sie als besonders wichtiges Rechtsgut vor sich her. Internet-Poster, deren Beiträge von Redakteuren gelöscht werden, fühlen sich in ihrer Meinungsfreiheit eingeschränkt. Politisch motivierte Lügner, Holocaustleugner und Fake-News-Schleudern heulen empört auf, wenn ihre Lügen gelöscht werden. Dabei gilt auch für Meinungen keine schrankenlose Freiheit.

Bei der Meinungsäußerungsfreiheit (wie das Grundrecht der Meinungsfreiheit richtig heißt) gibt es häufig Missverständnisse. Denn die Meinungsäußerungsfreiheit bedeutet nicht, dass jeder ungehemmt alles sagen darf. Es gibt kein Recht zu lügen, zu beleidigen, in Onlinediskussionen zu verleumden, gegen andere zu hetzen oder Tatsachen so lange zu verdrehen, bis sie falsch sind.

Wer sich derart auf die Meinungsäußerungsfreiheit beruft, übersieht, dass von allen Grundrechten nur ein einziges ausnahmslos und uneingeschränkt gilt: das Folterverbot. Alle anderen Grundrechte gelten nur innerhalb bestimmter Schranken. Das betrifft nicht nur die Meinungsäußerungsfreiheit, sondern sogar das Recht auf Leben. Die Europäische Menschenrechtskonvention (EMRK) erlaubt ihren Mitgliedsstaaten ausdrücklich, bestimmte Tötungshandlungen zu gestatten, etwa bei Notwehr. Der Staat muss ein bestimmtes Grundrecht also zunächst gewähren, darf es allerdings in einem genau umrissenen Rahmen wieder einschränken.

Der Staat muss also grundsätzlich die freie Äußerung von Meinungen gestatten. Das ordnet der erste Absatz des Artikels 10 der Europäischen Menschenrechtskonvention an. Aber schon der zweite Absatz dieses Artikels mahnt, dass »die Ausübung dieser Freiheiten mit Pflichten und Verantwortung verbunden« ist. Die Freiheit, Meinungen zu äußern, kann daher Schranken unterworfen werden, die »in einer demokratischen Gesellschaft notwendig« sind.

> •

Artikel 10 der Europäischen Menschenrechtskonvention
Freiheit der Meinungsäußerung
(1) Jedermann hat Anspruch auf freie Meinungsäußerung. Dieses Recht schließt die Freiheit der Meinung und die Freiheit zum Empfang und zur Mitteilung von Nachrichten oder Ideen ohne Eingriffe öffentlicher Behörden und ohne Rücksicht auf

Landesgrenzen ein. Dieser Artikel schließt nicht aus, dass die Staaten Rundfunk-, Lichtspiel- oder Fernsehunternehmen einem Genehmigungsverfahren unterwerfen.

(2) Da die Ausübung dieser Freiheiten Pflichten und Verantwortung mit sich bringt, kann sie bestimmten, vom Gesetz vorgesehenen Formvorschriften, Bedingungen, Einschränkungen oder Strafandrohungen unterworfen werden, wie sie vom Gesetz vorgeschrieben und in einer demokratischen Gesellschaft im Interesse der nationalen Sicherheit, der territorialen Unversehrtheit oder der öffentlichen Sicherheit, der Aufrechterhaltung der Ordnung und der Verbrechensverhütung, des Schutzes der Gesundheit und der Moral, des Schutzes des guten Rufes oder der Rechte anderer unentbehrlich sind, um die Verbreitung von vertraulichen Nachrichten zu verhindern oder das Ansehen und die Unparteilichkeit der Rechtsprechung zu gewährleisten.

• <

Jeder Mensch hat also das Recht auf freie Meinungsäußerung. Wer allerdings mit dieser Freiheit nicht verantwortungsvoll umgeht, wird in seine Schranken verwiesen. Das hat nichts mit der Unterdrückung unerwünschter politischer Meinungen zu tun. Wer das nicht glaubt, kann jederzeit einen Selbstversuch unternehmen und zum Beispiel bei der nächsten Polizeistelle die »Meinung« äußern, der Nachbar sei ein lange gesuchter Serienmörder. Diese Äußerung kann schwere Konsequenzen haben – und zwar eher für den Äußernden als für den verleumdeten Nachbarn. Denn die Verleumdung eines anderen ist keine Meinung, sondern ein Strafdelikt.

Selbst wenn man von seiner »Meinung« noch so überzeugt ist: Manche Meinungen darf im Einklang mit der Europäischen Menschenrechtskonvention nur äußern, wer sie auch beweisen kann. Denn das Strafrecht sieht – ebenfalls im Einklang mit der Menschenrechtskonvention – auch einen jedermann zustehenden »Beleidigungsschutz« vor. Niemand muss sich sozial verpöntes, möglicherweise sogar strafbares Verhalten vorwerfen oder sich plump beleidigen lassen, im realen Leben genauso wenig wie im Internet. Auch Fake News sind deshalb keine von der Meinungsäußerungsfreiheit geschützten Meinungen. Gezielt gestreut sollen sie uns verwirren und die (vielleicht bloß leise vorgetragene) Vernunft übertönen. Lügen und Fake News bewirken, dass in der Meinungsbildung nicht Vernunft und Fakten siegen, sondern der, der lauter schreit. Sie behindern die freie Meinungsbildung bloß.

Deshalb können sich Lügner, Trolle, Meinungs-Bots und Fake-News-Produzenten auch nicht auf die Meinungsäußerungsfreiheit berufen. Die Europäische Menschenrechtskonvention erlaubt den Staaten nicht nur, solche Äußerungen zu löschen. Sie fordert die Menschen sogar ausdrücklich auf, die Meinungsäußerungsfreiheit verantwortungsvoll und pflichtbewusst auszuüben. Wer dafür nicht reif genug ist, hat ihren Schutz verwirkt. Darum kann die offensichtlich falsche Holocaustleugnung ebenso wenig auf den Schutz durch die Meinungsäußerungsfreiheit hoffen wie die Unterstellung, dass der Nachbar ein Serienkiller sei. Im Zusammenhang mit der Holocaustleugnung hat der Europäische Gerichtshof für Menschenrechte sogar ausdrücklich ausgesprochen, dass sich hier die Frage nach einer Verletzung der Meinungsäußerungsfreiheit erst gar nicht stellt. Es besteht nämlich »kein Zweifel, dass die Rechtfertigung der Pro-Nazi-Politik sowie irgendwelche anderen Äußerungen, die sich gegen die der [Europäischen Menschenrechts-]Konvention zugrunde liegenden Werte richten«, nicht durch die Meinungsäußerungsfreiheit geschützt sind.[7] Mit anderen Worten: Unsere offene Gesellschaft soll sich vor jenen schützen können, die sie unterwandern. Dazu ist es zulässig, Lügen zu verbieten und Lügner zu bestrafen.

Die Grenze zwischen verbotener Lüge und erlaubter Meinung lässt sich am Beispiel der Holocaustleugnung gut festmachen. Verboten ist bloß das plumpe Leugnen einer historischen Tatsache: des Holocausts als von den Nazis verübten millionenfachen Massenmords. Wer den Holocaust leugnet, kann sich also nicht auf die Meinungsäußerungsfreiheit berufen. Seriöse Diskussionen über den Holocaust sind natürlich erlaubt, selbst wenn sie den historischen Wahrheitsgehalt einzelner Aspekte des Holocausts (seriös) hinterfragen. Sie sind von der Meinungsäußerungsfreiheit umfassend geschützt.

Das Unterdrücken von Hetze, Fake News und anderen Lügen ist also keine Verletzung der Meinungsäußerungsfreiheit. Es ist auch keine Schikane ideologisch gesteuerter Gesinnungsjustiz, sondern schlichtweg notwendige Voraussetzung für das Funktionieren eines Grundrechts, dessen verantwortungslose Ausübung für eine demokratische Gesellschaft gefährlicher wäre als seine punktuellen Beschränkungen. Wer das bezweifelt, braucht sich bloß vorzustellen, Opfer eines groß angelegten Internet-Bashings im Freundeskreis oder an der Schule zu sein (siehe dazu auch Kapitel 22 »Wie funktioniert Cybermobbing?«). Das ist die schrankenlose Ausübung der Meinungsäußerungsfreiheit in Reinform.

> •

Ist mein Posting von der Meinungsäußerungsfreiheit geschützt?

Oft beschweren sich User und behaupten eine Verletzung ihrer Meinungsäußerungsfreiheit, wenn ihr Posting in einem Onlineforum oder ihr Beitrag in einem sozialen Netzwerk gelöscht wird.

Solche Beschwerden sind meist doppelt falsch. Onlinemedien und soziale Netzwerke leben nämlich von der Anzahl der Nutzer, der Häufigkeit der Beiträge und der Zeit, die Nutzer auf diesen Plattformen verbringen. Das steigert den Werbewert dieser Plattformen. Je mehr Nutzer posten, desto mehr verdient der Seitenbetreiber mit Werbung. Kein Onlinemedium oder soziales Netzwerk will seine Nutzer vergraulen. Deshalb erfolgen Löschungen meist nur, wenn ein entsprechender Grund vorliegt, zum Beispiel weil der Beitrag beleidigend oder hetzerisch war. Gerade solche Äußerungen sind von der Meinungsäußerungsfreiheit gar nicht geschützt.

Aber Zeitungen, Onlineforen oder soziale Netzwerke dürften – wenn sie wollten – auch alle anderen Äußerungen löschen, auch von der Meinungsäußerungsfreiheit grundsätzlich geschützte. Denn die Grundrechte verpflichten – von wenigen Ausnahmen abgesehen – nur den Staat und seine Organe. Das gilt auch für das Grundrecht auf Meinungsäußerungsfreiheit. Der Staat muss uns die Ausübung der Meinungsäußerungsfreiheit ermöglichen. Privatpersonen oder private (Medien-)Unternehmen sind dazu hingegen nicht verpflichtet. Soweit ausnahmsweise keine besonderen Rechtsgrundlagen bestehen, die Private zur Tolerierung abweichender Meinungen verpflichten (zum Beispiel weil sie es vertraglich vereinbart haben), können sie deshalb aus ihrem eigenen Machtbereich unerwünschte Meinungen verbannen (und zum Beispiel Postings oder schlechte Bewertungen von der eigenen Unternehmenswebseite löschen), ohne gegen die Meinungsäußerungsfreiheit zu verstoßen.

· ‹

Kein Staat der Welt gewährt schrankenlose Meinungsäußerungsfreiheit. Selbst die diesbezüglich sehr freizügigen USA verbieten manche Arten von Meinungsäußerung, zum Beispiel Beleidigungen oder unvorteilhafte falsche Behauptungen über andere.

Ein beliebtes Stilmittel von Personen, die mit schrankenloser Meinungsausübung unsere Demokratie unterwandern wollen, ist der Hinweis auf einen dem französischen Philosophen Voltaire zugeschriebenen Ausspruch: »Ich verachte Ihre Meinung, aber ich gäbe mein Leben dafür, dass Sie sie sagen dürfen.« Zu Zeiten Voltaires mag dieser Ausspruch über die Freiheit der Meinungsäußerung in seiner Radikalität noch richtig gewesen sein. Damals ging es vorrangig darum, die gerade erst erkämpfte Meinungsäußerungsfreiheit gegen mächtige Staatsapparate zu schützen.

Heute stehen jedem Einzelnen ungleich mehr Mittel zur Äußerung und Verbreitung von Meinungen zur Verfügung. Noch nie war es einfacher, Meinungen, Nachrichten, aber auch bösartige Unwahrheiten in die Welt zu setzen und über das Internet in Sekundenschnelle zu verbreiten.

Deshalb ist inzwischen der Schutz des Einzelnen vor falschen, boshaften oder bloß beleidigenden Meinungen zumindest in den gefestigten Demokratien Europas oft dringlicher als der Schutz einzelner Meinungsäußerer vor staatlich gelenkten Repressalien. Voltaires Ausspruch kann daher auch nicht mehr als Argument für die zwingende Zulässigkeit von Fake News und Hetze dienen. Die Zeiten ändern sich eben.

8. Wie viel Pressefreiheit gibt es auf der Welt?

Die Pressefreiheit zeigt an, wie gefahrlos Journalisten ihrer Arbeit nachgehen können. In Demokratien herrscht weitgehende Pressefreiheit, in Diktaturen werden Journalisten oft verfolgt und ihre Texte zensuriert. Weltweit gesehen nahmen die Verletzungen der Medienfreiheit zuletzt zu.

Der Begriff Pressefreiheit beschreibt
das Grundrecht der Medien, sich
Informationen über wichtige Ereignisse
beschaffen zu dürfen und über diese frei
und objektiv berichten zu können, ohne
dafür mit staatlichen Sanktionen bedroht
zu werden.

Pressefreiheit ist global gesehen alles andere als eine Selbstverständlichkeit. Wie frei Medien berichten können, ist vom jeweiligen politischen System abhängig. In Demokratien herrscht meist weitgehende Meinungs- und Pressefreiheit, in autoritären Regimen und Diktaturen ist diese Freiheit oft massiv bedroht.

Die Pressefreiheit ist auch im 21. Jahrhundert in Gefahr. Deshalb setzt sich die Nichtregierungsorganisation (NGO) »Reporter ohne Grenzen« weltweit für die Rechte und den Schutz von Journalisten ein. Laut ihrem Befund nahmen Verletzungen der Medienfreiheit global gesehen zuletzt zu. In der von Reporter ohne Grenzen veröffentlichten »Rangliste 2017« mit 180 Ländern wurde die Lage der Journalisten in 21 Ländern zuletzt als »sehr ernst« qualifiziert, in 51 weiteren Ländern als »schwierig«. Auf den vorderen Plätzen der Rangliste stehen ausschließlich Länder mit demokratisch gewählten Regierungen mit einer funktionierenden Gewaltenteilung.

Das Ranking basiert auf der Beurteilung von Medienvielfalt und Medienunabhängigkeit, Transparenz sowie dem Zwang zur Selbstzensur und berücsichtigt auch die gesetzlichen Rahmenbedingungen, die persönliche Sicherheit von Journalisten sowie die Zahl an Übergriffen und Haftstrafen gegen sie.

Wie lässt sich messen, wie frei oder unfrei Journalisten ihrer Arbeit nachgehen können? Reporter ohne Grenzen verschickt dazu jährlich einen Fragebogen mit einer Vielzahl an Detailfragen an Experten in den einzelnen Ländern, darunter Journalisten, aber auch Juristen und Menschenrechtsexperten. Diese beurteilen, wie die gesetzliche Lage der Journalisten ist, ob es Gewalt gegen Medienvertreter gibt, ob diese Gewalt von staatlichen Organen oder von anderen Gruppierungen ausgeht (etwa von der Mafia oder von Rebellengruppen). Weiters wird nachgefragt, ob Handys von Journalisten abgehört,

Redaktionsräume durchsucht, Medien verboten oder Artikel vom Staat zensuriert wurden, wie stark die Medienkonzentration im Land und der Druck zur Selbstzensur sind. Anhand dieser langen Liste an Kriterien erstellt Reporter ohne Grenzen schließlich das Ranking. Ziel ist es vor allem, Trends herauszuarbeiten: Nimmt die Pressefreiheit global gesehen zu oder ab? In welchen Ländern hat sich die Situation in den vergangenen Jahren verbessert, in welchen verschlechtert?

RANGLISTE DER PRESSEFREIHEIT 2017
1. Norwegen
2. Schweden
3. Finnland
4. Dänemark
5. Niederlande
(...)
11. Deutschland
(...)
16. Österreich
(...)
175. Vietnam
176. China
177. Syrien
178. Turkmenistan
179. Eritrea
180. Nordkorea

Insgesamt hat sich die Situation in 62,2 Prozent aller 180 von Reporter ohne Grenzen untersuchten Länder zuletzt verschlechtert.

Auch bei uns gibt es Warnungen, dass die Freiheit der Presse gefährdet sei. Reporter ohne Grenzen berichtet in seiner jüngsten Rangliste der Pressefreiheit von tätlichen Angriffen auf Journalisten am Rande von rechtsextremen Demonstrationen in Deutschland und auch davon, dass es zahlreiche Drohungen und Einschüchterungsversuche gegen Medienvertreter gegeben habe. Die Österreich-Sektion von Reporter ohne Grenzen warnt, dass es seit Antritt der konservativ-rechtspopulistischen Regierung in Österreich im Dezember 2017 Anzeichen gäbe, dass die Medienfreiheit eingeschränkt würde. Konkret berichtet Reporter ohne Grenzen von Diffamierungen kritischer Journalisten durch hochrangige Regierungsmitglieder und von persönlichen (verbalen) Angriffen auf ausgewählte Journalisten.

Auch in den USA, dem Land, das »Free Speech«, also Meinungs- und Pressefreiheit stets auf seine Fahnen heftete, urteilt Reporter ohne Grenzen, die juristische Verfolgung von Investigativjournalisten und deren geheimen Informanten habe »besorgniserregende Ausmaße angenommen«. Immer wieder würden Journalisten wegen ihrer Berichterstattung über Demonstrationen vor Gericht gestellt.

Zuletzt erschütterten Morde an zwei Journalisten, die sich als Aufdecker von Korruptionsskandalen einen Namen gemacht hatten, die europäische Medienszene. Im Oktober 2017 starb die Journalistin Daphne Caruana Galizia auf Malta durch eine Autobombe. Sie war zuvor mit Enthüllungen über Geldwäsche und Steuerhinterziehung bekannt geworden. Im Februar 2018 wurden der slowakische Aufdeckungsjournalist Ján Kuciak und dessen Lebensgefährtin Martina Kusnirova in ihrem Haus nahe Bratislava erschossen aufgefunden. Kuciak hatte immer wieder über Steueraffären umstrittener Unternehmer in der Slowakei berichtet. Kurz vor seiner Ermordung soll der Journalist zu Verbindungen zwischen der italienischen Mafia und der slowakischen Regierung recherchiert haben. Beide Morde waren bis Redaktionsschluss dieses Buches nicht aufgeklärt.

Weltweit verloren im Jahr 2017 zumindest 65 Medienschaffende während der Ausübung ihres Berufs ihr Leben. 39 von ihnen wurden gezielt wegen ihrer journalistischen Tätigkeit ermordet, die übrigen 26 starben im Einsatz, weil sie in ein Bombardement oder unter Beschuss gerieten. Bis Redaktionsschluss dieses Buches Ende März 2018 wurden in diesem Jahr weltweit sieben Journalisten, ein Medienarbeiter und vier Blogger getötet. 182 Journalisten waren wegen ihrer Berufsausübung in Haft (etwa 150 davon alleine in der Türkei), wie auch 15 Medienmitarbeiter und 125 Blogger.

> •

Peitschenhiebe für Blogbeiträge
Einer der bekanntesten Blogger, der wegen seiner Texte einge-
sperrt und unmenschlich bestraft wurde, ist **Raif Badawi** aus
Saudi-Arabien. Er hatte 2008 das Onlineforum »Die Saudischen
Liberalen« gegründet. In seinen Schriften forderte er, dass der
Islam mit anderen Religionen gleichgesetzt wird und dass jeder
Mensch seine Religion frei wählen kann. Außerdem schrieb er
über Menschenrechte, Gleichberechtigung zwischen Mann und
Frau und Chancengleichheit. 2012 wurde er wegen seiner Texte
inhaftiert. Weil der Staat Saudi-Arabien jedes Infragestellen
des Islam als einen terroristischen Akt ansieht, wurde Badawi
zuerst per Gutachten zu einem »Ungläubigen« erklärt und 2014
wegen »Beleidigung des Islam« zu zehn Jahren Haft, einer Geldstrafe und tausend Peitschenhieben, einer lebensgefährlichen
Körperstrafe, verurteilt. Bisher wurden fünfzig Peitschenhiebe
vollstreckt.

• <

9. Was ist Boulevardjournalismus?

Boulevardjournalismus lebt von Superlativen, emotionalisiert und polarisiert. Damit gilt er als Gegenspieler der sogenannten Qualitätsmedien. Allerdings sind auch diese vor Boulevardisierung nicht gefeit.

Dort, wo das Blut spritzt, der Klatsch die Runde macht und wo man in dicken Lettern darüber lacht, dass dem Popstar das Unterhöschen verrutschte, dort ist der Boulevard zu Hause.

Der Begriff leitet sich ab vom französischen Wort »Boulevard«, auf Deutsch »Straße«. Im Gegensatz zu den Abonnement-Zeitungen mit einer fixen Leserschaft, mussten früher die Zeitschriften, die von Zeitungsburschen auf der Straße verkauft wurden, täglich neu um ihre Kundschaft werben.

Im Kampf um die Leser lautete das Motto »Lauter, schriller, bunter!« Schließlich wurde nur gekauft, was den Leuten im Vorbeigehen auffiel. Und so verbindet man bis heute mit Boulevardmedien grelle Farben, fette Headlines, große Bilder und wenig Text. Neben Boulevard haben sich auch die Bezeichnungen Regenbogenpresse, Yellow Press oder Klatschzeitungen eingebürgert.

Zwar haben auch Boulevardzeitungen die klassischen Ressorts Politik, Wirtschaft, Kultur und Wissenschaft. Allerdings liegt der Fokus von Boulevardzeitungen meist auf anderen Themen als bei jenen Medien, die als »Qualitätsmedien« bezeichnet werden und die sich durch tiefgründige Recherche, eine abwägende Analyse und Hintergrundinformationen auszeichnen. Boulevardmedien setzen auf »soft news«, harmlose, leicht verständliche Inhalte. Sie emotionalisieren die politische Berichterstattung, verbinden Information und Unterhaltung. »Infotainment« wird dieser Mix auch genannt.

Boulevardzeitungen arbeiten mit ständiger Skandalisierung und betreiben oft Kampagnenjournalismus. Statt politisches und gesellschaftliches Geschehen zu beobachten, zu analysieren und zu kommentieren, werden Medien dann selbst zu Akteuren, die mit gezielten Medienkampagnen die Politik zwingen, Aktionen zu setzen.

›••

Ein Torso im East River
Die Geburtsstunde des Boulevardjournalismus wird mit dem Jahr 1897 angesetzt, als in New York ein menschlicher Torso aus dem East River gefischt wurde. Die Polizei schenkte dem

Fund kein größeres Augenmerk, im Gegensatz zu zwei Tageszeitungen, die dringend nach einer höheren Auflage gierten.
Die beiden Zeitungen nützten diesen Kriminalfall, indem sie mit
möglichst blutrünstigen Details Schlagzeilen machten und so
für Aufregung sorgten. In ihrer Berichterstattung überschritten
sie für eine hohe Auflage journalistische Grenzen: sie stahlen
Beweisfotos aus dem Polizeiakt und jagten vermeintlich Verdächtige durch die Stadt.

Auch heute sorgen Boulevardmedien immer wieder für
Skandale. 2009 wurde ein brasilianischer Fernsehmoderator
eines Boulevardsenders beschuldigt, Auftragskiller beschäftigt
zu haben, damit seine Fernsehsendung, in der reißerisch über
Kriminalfälle berichtet wurde, als erstes an den Tatorten war.
Der Moderator wurde vor Gericht von Zeugen massiv belastet,
verstarb aber während des Gerichtsverfahrens, sodass es kein
Urteil gab.

2011 wurde öffentlich, dass die britische Sonntagszeitung *News
of the World* über Jahre hindurch illegal Telefonanschlüsse von
Prominenten, von Politikern, aber auch von Verbrechensopfern
abhörte, um ihre Auflage steigern zu können. Die Zeitung hörte
sogar heimlich die Telefongespräche von Terroropfern und
Witwen gefallener Soldaten mit und löschte Nachrichten vom
Handy einer verschwundenen 13-Jährigen, um auf der Mobilbox
Platz für neue Nachrichten zu schaffen.

• •‹

Boulevardmedien haben in vielen Fällen alleine aufgrund ihrer hohen
Auflage beziehungsweise Einschaltquote Einfluss auf Politik, Wirtschaft und Gesellschaft. In Deutschland hatte die Boulevardzeitung
Bild zuletzt nach eigenen Angaben eine Reichweite von 13,9 Prozent
der Bevölkerung ab 14 Jahre. Das Onlineportal bild.de hatte zuletzt
im Dezember 2017 fast 358 Millionen Visits.

Im Verhältnis zur Bevölkerungszahl ist der Einfluss der Boulevardmedien in Österreich aber noch größer. 2017 hatte die *Kronen
Zeitung* eine Reichweite von 30,1 Prozent. Sie ist damit seit vielen
Jahrzehnten Platzhirsch auf dem österreichischen Printmedienmarkt.
Die Gratisblätter *Heute* und *Österreich* haben eine Reichweite von

12,9 beziehungsweise 7,9 Prozent. Mit einer gemeinsamen Reichweite von 50,9 Prozent erreichen die Boulevardmedien also mehr als jeden zweiten Leser in Österreich. Auch online sind die Boulevardmedien weit vorne: krone.at klickten zuletzt 2,2 Millionen Leser an, heute.at erreichte fast 1,8 Millionen User und die *Österreich*-Onlineplattform oe24.at kam auf fast 1,6 Millionen Besucher.

10. Was bedeutet öffentlich-rechtlich?

Immer wieder liest man von öffentlich-rechtlichen Medien. Das sind Rundfunksender, die von der Allgemeinheit finanziert werden. Zwar gibt es auch Medien, für die wir nichts zahlen müssen. Für eine Demokratie und eine freie Gesellschaft spielen aber öffentlich-rechtliche Sender, die einen Bildungsauftrag erfüllen, eine äußerst wichtige Rolle.

Der Rundfunk ruht auf zwei Säulen: Die eine Säule sind die staatlichen Sender, die andere die privaten. Während zweitere sich aus Werbeeinnahmen finanzieren, wird der öffentlich-rechtliche Rundfunk großteils durch die Bevölkerung finanziert. Im Gegenzug ist der öffentlich-rechtliche Rundfunk gesetzlich verpflichtet, für die Bevölkerung Leistungen zu erbringen, die wesentlich zur Erhaltung von Vielfalt und Demokratie beitragen sollen.

Dass ein Sender öffentlich-rechtlich ist, bedeutet nichts anderes, als dass er der Allgemeinheit gehört. In Österreich ist das der österreichische Rundfunk (ORF) mit seinen derzeit vier Fernsehsendern, zahlreichen Radiosendern von Ö3 über Ö1 bis zu den Landesradios, neun Landesstudios sowie dem Onlineauftritt orf.at. In Österreich erhalten Privatsender auch öffentliche Gelder, aber viel geringere Beträge als die Öffentlich-Rechtlichen.

In Deutschland besteht der öffentlich-rechtliche Rundfunk aus der ARD, dem zweiten deutschen Fernsehen ZDF und dem Deutschlandradio. Die ARD, die »Arbeitsgemeinschaft der öffentlich-rechtlichen Rundfunkanstalten der Bundesrepublik Deutschland«, ist ein Verbund aus neun Landesrundfunkanstalten. ARD und ZDF bespielen noch gemeinsam den Nachrichten- und Dokukanal Phoenix und den Kinderkanal Kika.

Zusätzlich betreiben die öffentlich-rechtlichen Fernsehsender aus Deutschland, Österreich und der Schweiz den Kultursender 3sat sowie die Öffentlich-Rechtlichen aus Deutschland und Frankreich gemeinsam den Sender Arte.

Obwohl er mit öffentlichen Geldern finanziert wird, ist der öffentlich-rechtliche Rundfunk aber kein »Staatsfunk«, sondern soll genau das Gegenteil davon sein. Ihren Ursprung haben der öffentlich-rechtliche ORF sowie die beiden öffentlich-rechtlichen Sender ARD und ZDF nämlich in der Erfahrung, welches Unheil die Staatspropaganda der Nationalsozialisten anrichtete. Gleich nach ihrer Machtübernahme in Deutschland 1933 gründeten die

Nationalsozialisten das »Reichsministerium für Volksaufklärung und Propaganda«, dessen Aufgabe die nationalsozialistische Indoktrinierung der Massen war. Zentrales Mittel dafür war der damals noch recht neue Rundfunk, der von den Nazis zentralisiert und verstaatlicht wurde.

Hitler befahl, das Reich müsse »die unbeschränkte Verfügungsgewalt nicht nur über das öffentliche Rundfunknetz haben, sondern auch über die Reichsrundfunkgesellschaft und die Rundfunkgesellschaften.«[8]

Mit dem »Volksempfänger«, einem Radio, das die Nationalsozialisten zu äußerst günstigen Preisen an die Massen verkaufen ließen, gelang es, Hitlers Reden und sonstige Nazi-Propaganda bis in die hintersten Winkel des Reiches zu verbreiten. Alleine bis 1933 waren in Deutschland etwa 680.000 derartige Geräte verkauft worden.

Kritisches Hinterfragen oder gar Widerspruch waren verboten. Mit der zu Kriegsbeginn 1939 erlassenen »Verordnung über außerordentliche Rundfunkmaßnahmen« stellten die Nazis zusätzlich das Hören von meist ausländischen »Feindsendern« und die Verbreitung der gesendeten Inhalte unter Strafe bis hin zur Todesstrafe.

Die NS-Propagandamaschinerie war ein wesentlicher Baustein dafür, dass die Nationalsozialisten sich von 1933 (in Österreich ab 1938) bis 1945 an der Macht hielten und ihre Verbrechen an Juden und anderen Minderheiten und politisch oder religiös motivierten Gegnern verüben konnten. Deshalb lautete eine der Lehren aus Nazizeit und Zweitem Weltkrieg, einen Rundfunk zu schaffen, dessen Zweck es nicht ist, Geld zu verdienen, sondern der einen wesentlichen Beitrag zum Erhalt von Frieden, Freiheit und Demokratie leistet. Vorbild war schon damals übrigens die BBC, der öffentlich-rechtliche Sender Großbritanniens, der bis heute als öffentlich-rechtliches Vorzeigemodell gilt.

Um zu gewährleisten, dass Medien nie wieder in einer derartigen Weise für Propaganda missbraucht werden können, wurde sichergestellt, dass sich der öffentlich-rechtliche Rundfunk nicht wie ein klassisches Unternehmen finanzieren muss, sondern eine unabhängige, von den Bürgern finanzierte solide Basis hat. Außerdem wurde per Gesetz festgelegt, welche Aufgaben ein öffentlich-rechtlicher Sender für die Gesellschaft erbringen muss. Gleichzeitig wurde ein

Kontrollgremium geschaffen, das die Einhaltung dieses Programm-
auftrags überwacht.

WAS DER ÖFFENTLICH-RECHTLICHE RUNDFUNK ORF IN ÖSTERREICH LAUT ORF-GESETZ ALLES LEISTEN MUSS:

1.	die umfassende Information der Allgemeinheit über alle wichtigen politischen, sozialen, wirtschaftlichen, kulturellen und sportlichen Fragen;
2.	die Förderung des Verständnisses für alle Fragen des demokratischen Zusammenlebens;
3.	die Förderung der österreichischen Identität im Blickwinkel der europäischen Geschichte und Integration;
4.	die Förderung des Verständnisses für die europäische Integration;
5.	die Vermittlung und Förderung von Kunst, Kultur und Wissenschaft;
6.	die angemessene Berücksichtigung und Förderung der österreichischen künstlerischen und kreativen Produktion;
7.	die Vermittlung eines vielfältigen kulturellen Angebots;
8.	die Darbietung von Unterhaltung;
9.	die angemessene Berücksichtigung aller Altersgruppen;
10.	die angemessene Berücksichtigung der Anliegen behinderter Menschen;
11.	die angemessene Berücksichtigung der Anliegen der Familien und der Kinder sowie der Gleichberechtigung von Frauen und Männern;
12.	die angemessene Berücksichtigung der Bedeutung der gesetzlich anerkannten Kirchen und Religionsgesellschaften;
13.	die Verbreitung und Förderung von Volks- und Jugendbildung unter besonderer Beachtung der Schul- und Erwachsenenbildung;
14.	die Information über Themen der Gesundheit und des Natur-, Umwelt- sowie Konsumentenschutzes unter Berücksichtigung der Förderung des Verständnisses über die Prinzipien der Nachhaltigkeit;
15.	die Förderung des Interesses der Bevölkerung an aktiver sportlicher Betätigung;
16.	die Information über die Bedeutung, Funktion und Aufgaben des Bundesstaates sowie die Förderung der regionalen Identitäten der Bundesländer;
17.	die Förderung des Verständnisses für wirtschaftliche Zusammenhänge;

18.	die Förderung des Verständnisses für Fragen der europäischen Sicherheitspolitik und der umfassenden Landesverteidigung;
19.	die angemessene Berücksichtigung und Förderung sozialer und humanitärer Aktivitäten, einschließlich der Bewusstseinsbildung zur Integration behinderter Menschen in der Gesellschaft und am Arbeitsmarkt.

Die Finanzierung dieser Aufgaben ist in den einzelnen Staaten unterschiedlich organisiert. In Deutschland wird pro Haushalt eine Abgabe eingehoben, selbst dann, wenn der Haushalt weder Internet noch Radio oder Fernsehen nützt. In Österreich müssen all jene, die einen Fernseher oder ein Radio zu Hause stehen haben, für ihren Haushalt Rundfunkgebühren, die sogenannte »GIS«, abführen. Wer von den Gebührenkontrolleuren mit einem nicht angemeldeten Gerät erwischt wird, muss eine Strafe bezahlen.

In anderen Ländern wird der öffentliche Rundfunk direkt aus dem Staatsbudget finanziert oder auch durch Fonds. Die Beiträge, die die Bürger an ihren öffentlich-rechtlichen Sender zahlen müssen, variieren sehr stark.

JÄHRLICHE RUNDFUNKGEBÜHREN IN AUSGEWÄHLTEN EUROPÄISCHEN LÄNDERN	
Schweiz	413,41 Euro
Norwegen	305,07 Euro
Österreich	300,03 Euro
Deutschland	210 Euro
Großbritannien	177,60 Euro
Frankreich	137 Euro
Italien	100 Euro
Polen	62,44 Euro
Portugal	33,71 Euro
Albanien	8,74 Euro

Obwohl der öffentlich-rechtliche Rundfunk einen wichtigen Beitrag für die Gesellschaft leistet, steht er oftmals im Kreuzfeuer der Kritik. Die Vorwürfe sind vielfältig und manchmal auch nicht ganz unberechtigt:

Die öffentlich-rechtlichen Sender haben aufgrund ihres Finanzierungsvorteils (sie müssen nicht sämtliche Einnahmen aus Werbeeinschaltungen lukrieren) einen Wettbewerbsvorteil.
Das stimmt. Bei der Finanzierung haben die öffentlich-rechtlichen Sender einen eindeutigen Vorteil. Allerdings ist öffentlicher Rundfunk auch kein »normales« Produkt wie Waschpulver oder ein neues T-Shirt. Der öffentlich-rechtliche Rundfunk hat eine wichtige Funktion für das friedliche Funktionieren unserer Gesellschaft. Dafür ist es aber auch notwendig, dass für Inhalte Platz ist, die kaum vorkommen könnten, wenn die Sender ausschließlich nach wirtschaftlichen Kriterien agieren müssten. Davon profitieren übrigens auch die Gebührenzahler: Im Gegensatz zu den Privaten unterbrechen die Öffentlich-Rechtlichen die ausgestrahlten Filme nicht mit Werbeblöcken.

Die öffentlich-rechtlichen Sender zeigen Programme, die auch die Privaten senden.
Auch in manchen öffentlich-rechtlichen Programmen laufen regelmäßig US-Serien und seichte Spielshows. Allerdings lautet der Auftrag, den diese Sender erfüllen müssen, unter anderem, einen möglichst breiten Teil der Bevölkerung zu erreichen und auch Unterhaltung und ein möglichst breites kulturelles Angebot anzubieten. Das reicht dann eben vom weltweit umjubelten Popstar bis zur Neuen Musik, von der Faschingsgilde bis zum zeitgenössischen Tanz. Um ihren Bildungsauftrag erfüllen zu können, müssen öffentlich-rechtliche Sender eben auch von möglichst vielen Menschen gehört und gesehen werden – denn was nützt das beste Fernseh- und Radioprogramm, wenn keiner zusieht oder zuhört?

Der öffentlich-rechtliche Rundfunk ist bloß regierungsfreundlicher Politikfunk.
In manchen europäischen Ländern ist das leider mittlerweile tatsächlich der Fall. Da wurden die öffentlich-rechtlichen Sender brutal auf

Regierungslinie gebracht und kritische Journalisten durch journalistische Parteigänger ersetzt. Aber auch dort, wo die zahlreichen Mitarbeiter alles daransetzen, nach den höchsten journalistischen Kriterien zu arbeiten, versucht die Politik stets, möglichst viel Einfluss auf die öffentlich-rechtlichen Sender zu bekommen. Welche Partei möchte nicht besonders gut in den Abendnachrichten vorkommen? Und derzeit sind die meistgesehenen Nachrichten eben noch in den öffentlich-rechtlichen Sendern beheimatet.

Einflussnahme wird auf zwei Arten versucht: Zum einen, indem die Regierung versucht, ihr wohlgesonnene Journalisten in Führungspositionen zu installieren. Und zum anderen, indem versucht wird, etwa durch neue Gesetze, an der Geldschraube zu drehen. Speziell rechtspopulistische Parteien fordern gerne ein Ende des gebührenfinanzierten öffentlich-rechtlichen Fernsehens. Dieser sei ein »Staatsfunk« und würde bloß »Hofberichterstattung« für die Regierung leisten, lautet die Kritik. Blickt man aber in Länder, in denen rechtspopulistische Parteien in Regierungsverantwortung kamen, etwa nach Ungarn oder Polen, kann man sehr gut beobachten, wie genau jene Rechtspopulisten das taten, was sie als Oppositionspolitiker noch dem politischen Gegner vorwarfen: Sie »reformierten« die öffentlich-rechtlichen Rundfunkanstalten und ließen kritische, unabhängige Journalisten aus den Sendern entfernen, bis sichergestellt war, dass die Öffentlich-Rechtlichen ihren politischen Interessen dienen.

11. Was sind soziale Medien?

Auf Facebook mit Freunden aus aller Welt plaudern, auf Instagram mit seinen Reisefotos prahlen oder über Snapchat lustige Bilder verschicken: Soziale Medien machen Spaß und erleichtern das Leben. Allerdings sollte man nie vergessen, dass soziale Medien auch gefährlich werden können. Und das nicht nur, wenn man plötzlich in einem Shitstorm landet. Auch die Betreiber sozialer Medien wollen vor allem eines: mit unseren Daten viel Geld verdienen.

Unter sozialen Medien oder Social Media versteht man all jene Medienplattformen, auf denen sich die Benutzer austauschen können. Meist wird dieser Begriff für die am weitesten verbreiteten sozialen Medien Facebook, Pinterest, Instagram, Snapchat und Twitter verwendet.

Es gibt aber noch eine Vielzahl weiterer sozialer Medien, etwa virtuelle Welten wie Second World, wo Nutzer sich gemeinsam eine neue, virtuelle Welt erbauen, Nachrichtendienste wie WhatsApp oder sonstige Portale, auf denen Teilnehmer in Sekundenschnelle miteinander kommunizieren, ihre eigenen Beiträge veröffentlichen und Beiträge von anderen kommentieren können.

Der Unterschied zwischen »klassischen« und sozialen Medien ist die Geschwindigkeit der Reaktion und die Tatsache, dass klassische Medienprodukte wie Zeitungen, Magazine oder Fernsehsendungen abgeschlossen sind (die Seiten werden in die Druckerei geschickt, die Sendung wird ausgestrahlt), während Nachrichten in sozialen Medien ständig verändert und erneuert werden können. Social Media ist ein Kennzeichen von Web 2.0.

Die verschiedenen Stufen des Internets

Web 1.0: Das Internet ist ein Ort, an dem wenige (professionelle) Anbieter Informationen für viele Benutzer bereitstellen. Die Informationen werden konsumiert (zum Beispiel die neuesten Nachrichten auf Zeitungsportalen gelesen), es findet aber kein Austausch und keine Vernetzung statt.

Web 2.0: Inhalte werden im Netz dynamisch ausgetauscht, zum Beispiel auf Social-Media-Plattformen. Benutzer sind nicht mehr passive Konsumenten, sondern können ihre eigenen Inhalte erschaffen und sich mit anderen direkt vernetzen und austauschen. Der technische Fortschritt ermöglicht es auch Laien, eigene Inhalte rasch und unkompliziert zu erstellen.

Web 3.0: Das Internet entwickelt sich zu einem sogenannten »semantischen Netz« weiter. Die Semantik ist ein Teil der Sprachwissenschaft, die sich mit der Bedeutung von sprachlichen Zeichen und Wörtern beschäftigt. Im Web 3.0 »lernen« Computer, Informationen zu verstehen und Zusammenhänge zu erkennen. Wer zum Beispiel heute in einem Onlineshop etwas bestellt oder im Internet eine Reise bucht, erhält plötzlich auch auf anderen Seiten ähnliche Kaufangebote angezeigt oder Informationen, wie das aktuelle Wetter am gebuchten Reiseort ist.

Web 4.0: In dieser Phase verschmelzen Internet und Realität. Zum Teil passiert das schon heute: Wer etwa auf der Straße ein schönes Kleid sieht, kann mit dem Handy ein Bild davon machen und mittels Kleider-Erkennungs-App online danach suchen und es kaufen. Zentrale Begriffe dieser Entwicklung sind »Internet der Dinge«, »Outernet« und »Augmented Reality«.

Das Internet der Dinge bedeutet, dass kleine, möglichst unauffällige Computer (zum Beispiel auch in unserer Kleidung) relevante Informationen aus der realen Welt erfassen und online miteinander verknüpfen. Das können zum Beispiel Gesundheitsdaten sein, etwa vernetzte Herzschrittmacher oder Fitness-Tracker, oder ein »smarter« Kühlschrank, der seinem Besitzer online mitteilt, welche Zutaten für ein gewünschtes Gericht nicht im Kühlschrank sind. Diese Zutaten können dann online bestellt werden und werden in der realen Welt nach Hause geliefert. Augmented Reality, erweiterte Realität, steht wiederum für eine durch Computer virtuell erweiterte Wahrnehmung der Realität. Ein Beispiel dafür wäre das Pokemon-Jagdfieber, bei dem Menschen in der realen Welt mit ihrem Smartphone Pokemons suchten. Nun soll bald ein Spiel folgen, das an den Kinoblockbuster »Jurassic Park« anknüpft. Das Spiel »Jurassic World Alive«, angekündigt für Frühjahr 2018, verspricht, virtuelle Dinosaurier in unser reales Leben zu bringen. Dann können wir mit unserem Smartphone im Vorgarten Dinos jagen gehen.

Weil immer mehr Menschen statt Computer Smartphones benutzen, sind viele häufiger im Internet unterwegs als früher, wodurch das Internet schon jetzt einen viel stärkeren Einfluss auf unser reales Leben hat. Gerade Jugendliche und junge Erwachsene sind mittlerweile fast immer online, außer sie schlafen gerade oder werden in der Schule gezwungen, ihr Handy abzudrehen.

Der nächste Schritt, vor dem wir stehen, ist die Digitalisierung unter der Haut. Dabei wird einem Menschen ein etwa reiskorngroßer

Chip implantiert. »Cyborgs« nennen sich diese Menschen, die ihren Körper digital updaten ließen. Der Begriff setzt sich zusammen aus dem englischen »cyber«, digital, und aus dem Wort organisch und bezeichnet eine Kombination aus Mensch und Computer. Klingt nach Science-Fiction, ist aber schon ziemlich real. Seit dem Frühjahr 2017 hat Europas größter Elektronikhändler MediaMarkt-Saturn einen eigenen »Chief Cyborg Officer«. Damals ließ sich der Geschäftsführer der IT-Tochter von MediaMarkt-Saturn bei einer Firmenveranstaltung einen Chip unter die Haut setzen. Seitdem kann er mittels Berührung die Wohnungstür aufsperren, das Auto starten oder im Geschäft bezahlen. Allerdings ist so auch stets gespeichert, wann er seine Wohnung betritt, wohin er fährt und was er gekauft hat. Im schlimmsten Fall wird man in seinem eigenen Körper gehackt und andere bestimmen dann, was man mit dem Chip anstellen kann.

Ein mittlerweile international bekannter Cyborg ist der britische Avantgarde-Künstler Neil Harbisson. Er kam farbenblind zur Welt und ließ sich 2003 eine Antenne (einen sogenannten Eyeborg) implantieren, der Farben in akustische Töne übersetzt. Harbisson gilt als weltweit erster anerkannter Cyborg: Er konnte durchsetzen, auf seinem offiziellen Passfoto mit seiner Antenne als Körperteil abgebildet zu sein.

> ●

Einige wichtige Social-Media-Portale
Facebook
2004 gegründet. Der Name, auf Deutsch »Gesichtsbuch«, leitet sich ab von den Jahrbüchern mit Namen und Bildern neuer Studierender, die Studenten im ersten Semester auf zahlreichen US-Universitäten erhalten.
Auf Facebook können sich Nutzer auf ihrer eigenen Facebook-Seite präsentieren, sich mit anderen Facebook-Usern vernetzen und ihre Texte, Fotos und Videos auf ihrer Chronik, die »Timeline« genannt wird, veröffentlichen. Auch Prominente, politische Parteien, Unternehmen oder verschiedenste Institutionen können Facebook-Pages erstellen und so direkt mit ihren Fans, Anhängern oder Kunden in Kontakt treten. Mittlerweile

sind mehr als zwei Milliarden Menschen auf der Welt auf Facebook registriert.

Instagram

2010 gegründet. Der Name ist eine Verkürzung von »Instant Telegram« und spielt an auf die Zeit der »instant« Sofortbild-Polaroidkameras. Instagram ist ein Social-Media-Dienst, bei dem User Fotos und Videos mit kurzen Texten versehen posten können. Ihre Instagram-Follower bekommen diese Bilder und können sie »liken«, also markieren, dass sie ihnen gefallen, und auch kommentieren. Instagram hat etwa 800 Millionen User weltweit.

LinkedIn

2003 gegründet. LinkedIn, auf Deutsch »verlinkt in«, ist ein soziales Netzwerk, das ausschließlich zur Pflege und zum Aufbau beruflicher Kontakte geschaffen wurde. Man kann darin unter anderem Lebensläufe in verschiedenen Sprachen erstellen und sich mit anderen in thematischen Gruppen vernetzen. Weltweit sind etwa 500 Millionen Menschen auf LinkedIn.

YouTube

2005 gegründet. Englisch »Tube« bedeutet »Röhre« und in weiterer Übersetzung auch »Bildschirm«. YouTube ist somit »deine Röhre«, als Hinweis darauf, dass auf YouTube jeder selbst Programm machen kann. Auf der Videoplattform YouTube können Benutzer Videoclips ansehen, bewerten, kommentieren und selbst Videos hochladen. Etwa 1,5 Milliarden Benutzer haben sich weltweit auf YouTube registriert.

Snapchat

2011 gegründet. Der Name leitet sich aus »snapshot«, dem englischen Wort für Schnappschuss, ab. Snapshot ist ein sogenannter »Instant-Messenger-Dienst«, mit dem Nachrichten sofort versandt werden können. Auf Snapchat können Bilder und Videos mit zahlreichen Filtern und sonstigen Zusatzmöglichkeiten bearbeitet und verändert und danach an Freunde geschickt werden. Das Besondere an Snapchat ist, dass sich diese Bilder oder Videos nach kurzer Zeit selbst löschen. Sie sind damit aber nicht endgültig verschwunden, sondern können von den Empfängern mittels Screenshot gesichert werden. Außerdem

können gelöschte Aufnahmen auch zurückgeholt werden.
Wer Bilder oder Videos in seine »Story« postet, erlaubt seinen
Freunden, diese 24 Stunden lang ansehen zu können. In den
USA hat Snapchat in der Gruppe der 18- bis 24-Jährigen bereits
Facebook als beliebtestes Social-Media-Portal eingeholt.
Snapchat hat täglich etwa 187 Millionen Benutzer.

Tumblr
2007 gegründet. Der Name kommt von Englisch »to tumble«,
übersetzt »taumeln, stürzen«. Tumblr ist eine Blogger-Platt-
form, auf der die Benutzer ihre Texte, Fotos, Videos auf ihrem
Blog veröffentlichen und andere Nutzer Beiträge »rebloggen«,
also auf ihrem »Dashboard« (so nennt sich die Startseite) teilen
können. Anders als etwa auf Instagram ist auf Tumblr auch das
Posten pornographischer Inhalte erlaubt.

Pinterest
2010 gegründet. Der Name ist eine Wortneuschöpfung, die
sich aus Englisch »pin«, »etwas anheften«, und »interest«,
»Interesse«, zusammensetzt. Pinterest ist eine Art virtuelle
Pinnwand, an der User ihre Bilder und Texte »aufhängen«
können. Wer an Pinterest teilnimmt, muss seine Interessen
(Kochen, Basteln, Gärtnern, Mode ...) bekannt geben und
bekommt dann auf seine Pinterest-Seite die dazu passenden
Beiträge geliefert, die wiederum kommentiert werden können.
Etwa 200 Millionen Menschen auf der Welt nützen Pinterest.

Twitter
2006 gegründet. Der Name kommt von Englisch »Gezwit-
scher«. Twitter ist ein Kurznachrichtendienst, auf dem die User
begrenzt lange Nachrichten an ihre Abonnenten (»Follower«
genannt) schreiben beziehungsweise man anderen Usern folgt,
um deren Nachrichten zu erhalten. Es können auch Bilder und
Videos getwittert werden. Mit sogenannten Hashtags # können
Wörter in der »Tweet« genannten Nachricht hervorgehoben
werden. Twitter hatte zuletzt weltweit etwa 330 Millionen User.

Ask.fm
2010 gegründet. Ask.fm ist eine Plattform, auf der regis-
trierte Benutzer sämtliche Fragen an andere User stellen

beziehungsweise auch Fragen beantworten können. Die Fragen können auch anonym gestellt werden.

• ‹

Soziale Medien machen unser Leben einfacher. Wir können uns jederzeit mit Freunden und Verwandten auf der ganzen Welt verbinden und verlieren so auch über weite Distanzen nicht den Kontakt. Wir sind schneller informiert als je zuvor und können neue Nachrichtenkanäle jenseits klassischer Medien nutzen. Wir können uns mit Gleichgesinnten austauschen, unsere Meinung öffentlich kundtun und werden so zu aktiven Teilnehmern gesellschaftlicher und politischer Diskussionen.

Dass Social Media auch Gefahren birgt, bekam eine Schülerin in Holland 2012 zu spüren. Als sie auf Facebook zu ihrer Geburtstagsparty einlud, übersah sie, die Einladung auf »privat« zu stellen. Die Einladung wurde auf Facebook vielfach geteilt. Obwohl sie die Party zu ihrem 16. Geburtstag absagte, erschienen mehr 3000 Jugendliche in Partylaune in der Kleinstadt, es kam zu Randalen und Prügeleien.

Auf Facebook und Co. falsche Freunde einzuladen, ist aber nicht das einzige Problematische, das einem auf sozialen Medien passieren kann. Mindestens so unangenehm ist es, plötzlich im Zentrum eines sogenannten »Shitstorms« zu stehen. »Shitstorm« heißt übersetzt »Scheißesturm«. So nennt man negative Postings in sozialen Medien, die sich wie eine Lawine von allen Seiten über eine Person ergießen. Wenn andere Menschen schlecht über einen reden, ist das unangenehm. Noch schlimmer ist es, wenn ganz viele das in sozialen Medien ganz offen tun und viele weitere tausend Menschen diese Beschimpfungen auch noch lesen können (siehe auch Kapitel 22 »Wie funktioniert Cybermobbing?«). Genau das ist einem jungen Ehepaar aus Wien zum Jahreswechsel 2017/2018 passiert. Ihr Kind war das Silvesterbaby 2018, also das Kind, das als erstes im neuen Jahr in der Bundeshauptstadt zur Welt kam. Weil Zeitungen ein Foto veröffentlichten, auf dem die Mutter ein Kopftuch trägt, musste die junge Familie die wüstesten Beschimpfungen in sozialen Medien ertragen.

Als Gegenmodell zum Shitstorm wurde in sozialen Medien der sogenannte »Flowerrain« eingeführt, ein virtueller und positiver Komplimenteregen.

Soziale Medien können auch wie Scheuklappen funktionieren und unseren Blickwinkel massiv einschränken. Auf Social-Media-Seiten wie Facebook bestimmt ein Algorithmus aufgrund unserer Vorlieben, welche Beiträge in unsere Timeline geschwemmt werden. Wenn wir aber vor allem Beiträge serviert bekommen, die unsere Meinung bestätigen, besteht die Gefahr, dass wir irgendwann überzeugt sind, die reale Welt ist genau so, wie wir sie in unserer virtuellen Onlinewelt sehen. Wenn zum Beispiel jemand häufig Beiträge über kriminelle Ausländer teilt oder ihnen ein »like« (eine Zustimmung) gibt, dann bekommt diese Person dank Algorithmus noch mehr Beiträge über Ausländer in ihre Timeline gespült. Kein Wunder, wenn man dann irgendwann davon überzeugt ist, alle Ausländer sind kriminell. »Filterblase« nennt sich dieses Phänomen.

Man sollte auch nicht vergessen, dass das primäre Ziel sozialer Medien nicht ist, unser Sozialleben zu verbessern. Soziale Medien wollen Geld verdienen. Das tun sie mittels Werbeeinschaltungen. Der Leitsatz lautet: Wenn du nicht selbst für Dienste bezahlst, dann bist du das Produkt. Social-Media-Angebote sind meist gratis. Dafür ist das, was die Benutzer dort liegen lassen, bares Geld wert. In sozialen Medien geben wir Informationen über uns leichtfertig für alle Welt preis, die wir einem Fremden in der U-Bahn niemals erzählen würden (siehe Kapitel 20 »Was weiß das Internet über uns?«). So fällt es leicht, uns mit personalisierter Werbung direkt zu ködern.

Oder es sind gleich Kriminelle, die unsere Informationen für Straftaten nutzen. So kam es schon vor, dass Leute auf sozialen Medien Strandfotos von ihrer Reise posteten – und Einbrecher in der Zwischenzeit deren Wohnung ausräumten, weil sie wussten, wer am Strand liegt, kann nicht zu Hause sein. Genauso pirschen sich pädophile Erwachsene in sozialen Medien an Kinder und Jugendliche heran. »Cyber Grooming« beschreibt das Phänomen, wenn Erwachsene sich in Onlineforen als Gleichaltrige ausgeben, sich das Vertrauen von Kindern oder Jugendlichen erschleichen und sie schließlich überreden, ihnen intime Fotos von sich zu schicken oder gar ein Treffen vereinbaren.

Zum Teil geben sich diese »Groomer« auch als Vertreter von Modelagenturen oder als professionelle Talententdecker aus und versprechen eine große Karriere.

Deshalb ist es besonders wichtig, keine persönlichen Daten wie Adresse, Schule oder Handynummer an Personen, die einen online ansprechen, weiterzugeben und auch keine intimen Details aus seinem Leben zu posten. Das gilt übrigens nicht nur für Kinder, sondern auch für Eltern, die die Privatsphäre ihrer Kinder im Internet schützen und keine intimen Details oder Nacktfotos vom Planschbecken posten sollten.

Aus journalistischer Sicht verstärkt sich im Social-Media-Zeitalter die Tendenz, dass sich alle Medien auf ein Thema stürzen. Durch die sozialen Medien hat sich auch die Geschwindigkeit in der Berichterstattung massiv erhöht. Wo früher eine Zeitung ein Mal pro Tag erschien, muss heute der Onlineauftritt eines Mediums mehrmals täglich aktualisiert werden, um die User nicht zu langweilen. Um in einer derart hohen Geschwindigkeit stets neue Inhalte produzieren zu können, werden auch kleine, unbedeutende Ereignisse viel leichter zu Nachrichten, als das früher der Fall war.

Soziale Medien haben viele Vorteile. Sie erleichtern unser Leben und verschaffen uns neue Perspektiven. Sie haben aber auch zahlreiche Nachteile, derer wir uns stets bewusst sein sollten.

AM HÄUFIGSTEN VERWENDETE SOZIALE MEDIEN (STAND FEBRUAR 2018)	
Österreich	
Facebook	69,02 Prozent
Pinterest	15,41 Prozent
YouTube	5,52 Prozent
Twitter	4,19 Prozent
Instagram	2,69 Prozent
Tumblr	1,7 Prozent
Deutschland	
Facebook	60,66 Prozent
Pinterest	18,38 Prozent
YouTube	6,8 Prozent
Instagram	5,95 Prozent
Twitter	3,65 Prozent
Tumblr	2,54 Prozent

12. Was ist das Urheberrecht?

Das Urheberrecht betrifft uns alle: den Blogbetreiber, der seinen Blog mit Fotos aus der Google-Bilderrecherche aufpeppt, das Pärchen, das sich am Samstagabend gemütlich einen aktuellen Blockbuster zu Hause am Computer ansieht, den Aktivisten, der das Logo eines Konzerns in seinen Demoaufruf einbaut, den Unternehmer, der das Foto von sich und seinem Lieblingsfußballer in seinem Werbeprospekt verwendet. Wer das Urheberrecht anderer verletzt, riskiert teure Abmahnungen und Gerichtsverfahren. Vor allem wer regelmäßig im Internet unterwegs ist, sollte sich deshalb mit dem Urheberrecht ein wenig auskennen.

Wer ein Werk schafft, ist dessen Urheber (Schöpfer). Urheberrechtlich geschützte Werke sind geistige Schöpfungen auf den Gebieten der Literatur, Tonkunst (Musik), bildenden Künste (Grafik, Malerei und Bildhauerei) und der Filmkunst. Werke müssen nicht unbedingt hochkulturelle Klassiker sein, auch einfachere Werke sind geschützt. Deshalb genießen zum Beispiel auch Werbetexte, Jingles, Popsongs, kurze Videos, Fotos, Computerprogramme, Grafiken und Layouts Urheberrechtsschutz.

Der Schöpfer und sein Recht am Werk

Das Recht, ein Werk zu nutzen, nennt man Werknutzungsrecht. Es entsteht mit der Schöpfung des Werks und steht dem Urheber zu. Deshalb bestimmt der Urheber, wer sein Werk wie verwenden darf. Erlaubt er anderen, sein Werk zu benutzen, gibt er Teile seines Nutzungsrechts weiter. Die Erlaubnis, ein Werk zu nutzen, nennt man auch Lizenz. Wie das alles genau funktioniert, regelt das Urheberrecht. Vorrangiger Zweck des Urheberrechts ist, die Rechte des Urhebers am von ihm geschöpften Werk zu schützen.

Der Urheber kann zum Beispiel festlegen, dass sein Werk von niemand anderem als ihm selbst gezeigt, gespielt, gedruckt oder aufgeführt werden darf. Er kann aber auch bestimmen, dass sein Werk von jedermann für jeden Zweck frei verwendbar sein soll. Zwischen diesen beiden Extremen gibt es noch viele Abstufungen. So kann der Urheber die Verwendung seines Werks auch jedem erlauben, der dafür bezahlt. Er kann diese Erlaubnis auf bestimmte Personengruppen oder Verbreitungsformen einschränken, zum Beispiel, dass sein Werk live aufgeführt aber nicht im Radio gespielt werden darf. Er darf festlegen, dass die Nutzung nur für private Zwecke erlaubt ist, oder bestimmen, dass eine Person, der er die Nutzung erlaubt hat, dieses Nutzungsrecht nicht an andere Personen weitergeben darf.

Urheberrechtsverletzungen sind Ideendiebstahl

Viele Schöpfer müssen von ihren Werken leben. Das betrifft zum Beispiel Berufsfotografen, Grafiker oder Schriftsteller. Das tun sie, indem sie Lizenzen an ihren Werken für Geld an Interessierte verkaufen – zum Beispiel an die Zeitung, die das Foto des Berufsfotografen drucken will. Ist der Schöpfer mit der Nutzung seines Werks einverstanden, kassiert er eine Lizenzgebühr und erzielt so sein Einkommen. Wer ein Werk ohne Zustimmung des Schöpfers verwendet, unterschlägt dem Schöpfer diese Lizenzgebühr. Das ist letztendlich nichts anderes als Diebstahl an der Geisteskraft und den Ideen des Schöpfers.

Trotzdem finden viele nichts dabei, im Internet gefundene Fotos für sich selbst zu verwenden, ohne den Fotografen vorher um Erlaubnis zu fragen, Musik von illegalen Tauschbörsen zu downloaden oder Blockbuster auf Streaming-Plattformen anzubieten. Logisch ist das nicht. Denn kaum jemand käme auf die Idee, dass es zulässig sein könnte, Fotos aus der Ausstellung eines Reisefotografen zu stehlen, diese Fotos auf Flugzettel mit einer Beschreibung der eigenen Fernreise zu kleben und diese Flugzettel tausendfach kopiert an andere Personen zu verteilen. Umgekehrt finden aber viele Internetuser nichts dabei, im Internet gefundene Fotos zu kopieren und in eigene Blogs oder Beiträge in sozialen Netzwerken einzubauen. Beide Vorgänge sind – so verschieden sie auf den ersten Blick wirken – in ihrer urheberrechtlichen Bewertung ähnlich. Jemand verwendet Werke (Fotos) ohne Zustimmung ihres Schöpfers (Fotografen) für eigene Zwecke. Und das ist nun einmal verboten.

Das Urheberrecht erlischt auch nach dem Tod nicht

Stirbt eine Person, die ein literarisches, musikalisches oder künstlerisches Werk erschaffen hat, so bedeutet das noch lange nicht, dass man dieses jetzt einfach so verwenden darf, weil es den Urheber nicht mehr gibt. Das Urheberrecht geht in diesem Fall auf die Erben über. In Deutschland erlischt das Urheberrecht siebzig Jahre nach dem Tod des Schöpfers. Sind mehrere Personen an einem Werk beteiligt, so erlischt das Urheberrecht siebzig Jahre nach dem Tod des längstlebenden Schöpfers. Eine Ausnahme gibt es bei »Licht- und Laufbildern«, also bei Fotografien und bei Dokumentaraufnahmen,

Nachrichtenbeiträgen oder Videos, zum Beispiel von Familienfeiern. Da erlischt das Urheberrecht in Deutschland bereits nach fünfzig Jahren.

In Österreich gilt das Urheberrecht für alle Werke bis siebzig Jahre nach dem Tod des Urhebers. Das weltweit längste Urheberrecht hat übrigens Mexiko: Dort sind Werke bis hundert Jahre nach dem Tod des Schöpfers urheberrechtlich geschützt.

> •

Welche Fotos darf man verwenden?
Fotos darf man für eigene Zwecke nur verwenden, wenn das der Fotograf erlaubt hat. Manchmal gibt der Fotograf diese Erlaubnis von Vornherein und stellt seine Fotos auf Plattformen, die kostenfreie »public domain«-Bilder anbieten (zum Beispiel pixabay.com). Fehlt eine solche pauschale Voraberlaubnis, muss man vor der Verwendung eines Fotos den Rechteinhaber um Erlaubnis fragen.

Mit Erlaubnis darf man alles machen?
Was man mit den Fotos machen darf, hängt vom Inhalt der Erlaubnis ab. Manche Fotos sind zwar auf Plattformen zur kostenfreien Nutzung downloadbar, die Nutzung ist aber auf den privaten Bereich beschränkt (zum Beispiel beim Stockfoto-Portal 123rf). Manche Fotos darf man nur mit Copyrighthinweis auf den Fotografen veröffentlichen. Und manche Rechteinhaber geben zwar das Recht zur Verwendung eines Fotos auf der Homepage, verbieten aber seine Veröffentlichung in sozialen Netzwerken. Achtung: Alles, was der Rechteinhaber nicht ausdrücklich erlaubt hat, ist im Zweifel verboten!

Darf ich zumindest privat Fotos ohne Erlaubnis verwenden? Ich verdiene ja kein Geld damit.
Nein, auch wer fremde Fotos nur für private Zwecke veröffentlichen will, braucht dafür eine Erlaubnis. Ganz egal, ob man das Foto für eine Firmenwebseite, einen privaten Blog oder in einem sozialen Netzwerk verwenden will.

Darf man Fotos ohne Copyright-Hinweis nutzen?
Das Urheberrecht gilt auch für Werke, die der Schöpfer nicht
extra gekennzeichnet hat. Es ist also völlig egal, ob ein Foto
einen Copyright-Hinweis hat oder nicht. Auch Fotos ohne
Copyright-Hinweis darf nur nutzen, wem diese Nutzung zuvor
erlaubt wurde.

**Das Foto habe ich auf der Google-Bildersuche
gefunden und es ist leicht downloadbar?
Bedeutet das, der Fotograf gibt seine Einwilligung zur Nutzung?**
Nein. Schon die Google-Bildersuche selbst ist ein Grenzfall. Erst
nach einem langen Rechtsstreit hat der Europäische Gerichtshof festgestellt, dass Google fremde Bilder für seine Bildersu-
che (gerade noch) legal verwenden darf. Alleine dass es diesen
Rechtsstreit gab, zeigt, dass manche Bilder ohne Einwilligung
des Rechteinhabers in der Google-Bildersuche aufscheinen.
Dass man Fotos in den Google-Ergebnissen findet, bedeutet
also nicht, dass sie der Rechteinhaber zur Nutzung freigegeben
hat. Auch, dass das Foto leicht downloadbar ist, bedeutet keine
Einwilligung des Rechteinhabers zur Nutzung durch andere.

**Kann ich mit selbst geschossenen Fotos machen,
was ich will?**
Grundsätzlich schon, man ist ja der Urheber. Einschränkungen
gibt es aber bei Fotos, die andere Personen zeigen. Denn solche
Fotos dürfen nur mit Einwilligung der abgebildeten Personen
veröffentlicht werden. Streng genommen darf man daher nicht
einmal Selfies mit Freunden posten, ohne dass diese zugestimmt haben. Freilich haben die ihre Zustimmung meist ohne
Worte dadurch gegeben, dass sie sich fotografieren ließen –
zumindest wenn klar war, dass man das Foto macht, um es in
einem sozialen Netzwerk zu veröffentlichen.

Wie bekommt man Nutzungsrechte?

Manche Werke schafft der Urheber für eine bestimmte Person. Beauftragt beispielsweise ein Unternehmen einen IT-Spezialisten mit dem Aufbau einer Datenbank oder einen Grafiker mit dem Entwurf einer neuen Werbelinie, schließt das Unternehmen mit dieser Person einen Vertrag. In diesem Vertrag ist nicht bloß geregelt, zu welchem Preis der IT-Spezialist oder der Grafiker arbeitet oder bis zu welchem Datum die Datenbank oder Werbelinie fertig sein muss. Die Vertragsparteien vereinbaren auch, zu welchen Bedingungen das Unternehmen das vom Urheber (IT-Spezialist, Grafiker) geschaffene Werk (Datenbank, Werbelinie) verwenden darf. Der Urheber überträgt also mit diesem Vertrag Nutzungsrechte an seinem Werk auf den Unternehmer.

Andere Werke schafft der Urheber aber für einen unbestimmten Personenkreis. Schriftsteller schreiben ihre Gedichte nicht bloß für die Schulhofromanze. Fotografen fotografieren nicht für die eigene Wohnzimmerwand. Und Musiker wären brotlos, wenn ihre Musikstücke nur im Familienkreis Beachtung fänden. Für solche Werke wünschen sich die Urheber eine möglichst große Verbreitung. Je mehr Menschen ihre Gedichte lesen, Fotos ansehen oder Lieder hören, desto mehr verdienen ihre Schöpfer damit. Allerdings sind selbst gute Schriftsteller keine besonders guten Vermarktungsprofis. Deshalb suchen sie sich Partner, die für eine möglichst große Verbreitung ihrer Werke sorgen sollen. Diese Aufgabe besorgten bislang Verlage (zum Beispiel für Schriftsteller und Musiker) oder Agenturen (zum Beispiel für Künstler und Fotografen). In neuerer Zeit übernehmen auch immer öfter elektronische Publikationsplattformen diese Aufgabe (zum Beispiel legale Streamingdienste oder Fotodatenbanken). Damit die Verlage, Agenturen und Plattformen die Vermarktung vornehmen können, überträgt ihnen der Urheber seine Werknutzungsrechte – sie werden zu den »Rechteinhabern« am Werk des Urhebers. Ab diesem Zeitpunkt bestimmen diese Rechteinhaber, wer zu welchen Bedingungen das Werk benutzen darf. Sie erteilen die Nutzungsbewilligung, kassieren die Lizenzgebühr und verfolgen Urheberrechtsverstöße.

Wer ein Werk verwenden will, das der Urheber über einen solchen Rechteinhaber verbreitet, muss sich also an den Rechteinhaber wenden. Das geschieht oft automatisch, ohne dass wir das bemerken, beispielsweise indem wir uns auf Netflix einen neuen Blockbuster ansehen oder ein Foto von einer Fotoplattform downloaden und die Lizenzgebühr bezahlen.

Was passiert bei Urheberrechtsverletzungen?
Gegen Urheberrechtsverletzungen kann der Urheber vorgehen. Meistens beauftragt er damit einen Rechtsanwalt. Der schickt eine Abmahnung an den Urheberrechtsverletzer. Mit dieser Abmahnung fordert der Urheber meist:

- die Unterlassung der weiteren Verwendung (also dass man zum Beispiel das geklaute Foto löscht), allenfalls auch die Abgabe einer entsprechenden Unterlassungserklärung;
- Schadenersatz für die bisherige Verwendung;
- Ersatz für die Anwaltskosten.

Selbst bei vergleichsweise kleinen Verstößen, wie der Verwendung eines fremden Fotos im privaten Facebook-Profil, kommen so schnell über tausend Euro zusammen. Bei gröberen Verstößen (zum Beispiel weil sie lange andauern, man viele Filme auf Plattformen geshared oder geklaute Songs für einen Firmenwerbefilm verwendet hat) kann die Forderung auch mehrere tausend Euro betragen.

Kommt man den Forderungen in der Abmahnung nicht nach, kann der Urheber seine Ansprüche einklagen. Ein Gerichtsverfahren kommt den Urheberrechtsverletzer meist noch teurer, als wenn er die Forderungen der Abmahnung zähneknirschend erfüllt. Vorsicht: Die Abmahnung ist keine Voraussetzung für diese Klage. Der Urheber kann auch sofort klagen, ohne den Urheberrechtsverletzer zuerst abzumahnen.

Im Übrigen gilt auch beim Urheberrecht: Unwissenheit schützt vor Strafe nicht. Sätze wie »Ich habe nicht gewusst, dass man das auch privat nicht verwenden darf«, »Aber das macht doch jeder« oder »Ich dachte, diese Musiktauschbörse ist legal« sind bloß Ausreden, die nichts daran ändern, dass der Rechteinhaber seine Ansprüche gegen den Urheberrechtsverletzer durchsetzen kann. Es zahlt sich also aus, Urheberrechte ernst zu nehmen. Denn Urheberrechtsverletzungen sind teuer.

> ••

Hilfe! Ich habe eine Abmahnung erhalten!
Viele Empfänger einer Abmahnung sind sich keiner Schuld bewusst oder fühlen sich aufgrund der Höhe des geforderten Geldbetrags abgezockt. Und tatsächlich ist nicht jede Abmahnung berechtigt. Aber man sollte jede Abmahnung ernst nehmen. Andernfalls drohen Gerichtsverfahren, die diese Angelegenheit bloß noch unangenehmer und teurer machen. Zunächst sollte man prüfen, ob der Vorwurf in der Abmahnung stimmt. Habe ich das fremde Foto wie behauptet verwendet, das Musikstück tatsächlich unerlaubt auf Tauschbörsen geshared? Falls ja, sollte man zumindest die unberechtigte Veröffentlichung sofort beenden und dem Rechteinhaber gegenüber schriftlich bestätigen, dass man diese Verwendung künftig unterlassen wird (Unterlassungserklärung).

Falls nein, sollte man noch einige andere Möglichkeiten bedenken: Benutzen auch andere Personen meinen Computer, Facebook-Account oder WLAN-Anschluss? In diesem Fall ergeben sich komplexe Rechtsfragen. Es gibt Rechtsmeinungen, die den Anschlussinhaber eines schlecht gesicherten Drahtlosnetzwerks für Urheberrechtsverletzungen über seinen WLAN-Anschluss haften lassen wollen.

Manche Rechteinhaber benutzen Abmahnungen, um überhöhte Forderungen geltend zu machen (vor allem, wenn die Urheberrechtsverletzung peinlich ist, zum Beispiel weil jemand einen Pornofilm gestreamt hat). Aber Urheberrechtsverletzungen sind kein Freibrief für Abzocke. Wem der geforderte Ersatzbetrag zu hoch scheint, sollte die Abmahnung dringend von einem Profi prüfen lassen. Das kann ein Rechtsanwalt oder ein Konsumentenschutzverein sein.

Meist liegen den Abmahnungen vorgefertigte Unterlassungserklärungen bei. Das ist praktisch, weil der Urheberrechtsverletzer – wenn ein Verstoß vorliegt – tatsächlich eine Unterlassungserklärung abgeben muss. Viele Abmahnanwälte packen aber noch ganz andere Dinge in diese Unterlassungserklärungen. Wer so eine Abmahnerklärung nicht genau liest und trotzdem unterschreibt, hat schnell die Zusicherung zum Ersatz überhöhter Nutzungsgebühren und Anwaltskosten unterschrieben, obwohl er dazu gar nicht verpflichtet gewesen wäre. Auch deshalb gilt: Wer eine Abmahnung erhält, sollte dringend rechtskundige Hilfe suchen.

• ‹

13. Was verheimlichen uns die Medien?

Verschwörungstheoretiker behaupten immer wieder, dass viele Informationen der breiten Öffentlichkeit vorenthalten werden. Auch Populisten machen oft mit dem Vorwurf Stimmung, dass »Systemmedien« nicht über alles berichten würden. Damit haben beide recht: Tatsächlich gibt es Dinge, über die seriöse Medien nicht berichten.

Anhänger von Verschwörungstheorien behaupten, dass hinter einem medialen Verschweigen eines Vorfalles ein »geheimer Plan« stehe. Populisten unterstellen unbequemen Medien, sie würden manches nicht berichten, um ihre Leser zu manipulieren.

Medien dürfen nicht alles berichten

Tatsächlich hat der Umstand, dass man manche Informationen nicht in seriösen Medien findet, mit diesen Unterstellungen nichts zu tun. Manche Dinge dürfen Medien nämlich gar nicht berichten. Das hängt aber nicht mit dunklen Staatsapparaten und mächtigen Geheimbünden zusammen, sondern damit, dass manche Informationen zwar für die Öffentlichkeit interessant sein können, ihre Veröffentlichung aber nachteilige Folgen für andere nach sich ziehen würde.

Würden Medien beispielsweise Name und Foto eines Vergewaltigungsopfers veröffentlichen, wäre dieses nicht bloß den Folgen der Tat an sich ausgesetzt, sondern auch dem Druck, dass jedermann von dieser Demütigung erfahren hat, das Opfer erkennen und mit der erlittenen Tat in Verbindung bringen kann. Eine solche Berichterstattung würde dem Opfer die Bewältigung der schwerwiegenden psychischen Folgen einer solchen Tat und das Wiederfinden in ein normales Leben sehr erschweren. Zwar ist eine Berichterstattung ohne Veröffentlichung des vollen Namens des Opfers nicht »vollständig« – immerhin werden uns ja Informationen vorenthalten. Allerdings dienen diese »vorenthaltenen« Informationen bloß der Befriedigung unserer persönlichen Neugierde: Kenne ich das Opfer? Wie sieht es aus? Hingegen lässt sich die Tatsache des Tatgeschehens an sich auch ohne Namensnennung vollständig und nachvollziehbar berichten. Unter diesen Umständen ist es verständlich, dass Medien nur anonymisiert über solche Vorfälle berichten dürfen. Das Gesetz verbietet hier eine »vollständige« Berichterstattung und schreibt den Medien sogar vor, dass sie bestimmte Informationen nicht veröffentlichen dürfen. Dass wir den Namen eines Vergewaltigungsopfers in seriösen Medien nicht erfahren können, hat also nichts mit einer groß angelegten Verschwörung, sondern mit Opferschutz zu tun.

Interessensabwägung

Die nachteiligen Folgen einer Veröffentlichung können unterschiedlich sein. Sie können in der psychischen Belastung bestehen, die eine Namensnennung bei Verbrechensopfern zusätzlich zum ohnehin erlittenen Leid hervorruft. Sie können in der Gefährdung bestehen, die durch die Veröffentlichung der Wohnadresse eines Kronzeugen ausgelöst wird. Aber auch die Nennung eines korrupten Politikers in den Abendnachrichten ist für diesen nachteilig. Immerhin sinken seine Chancen, wiedergewählt zu werden, vielleicht droht ihm sogar ein Strafverfahren.

Umgekehrt ist das Interesse der Öffentlichkeit, bestimmte Informationen zu erfahren, in manchen Fällen gerechtfertigter als in anderen. Klar wollen wir bei Korruptionsvorwürfen auch den Namen der betroffenen Politiker erfahren. Immerhin sollen Politiker unsere Vertreter an den wichtigsten Schaltstellen unseres Staates sein. Wer will sich schon von korrupten Personen vertreten lassen und diese in die wichtigsten Staatsämter wählen? Ob ein Kronzeuge in einem Villenviertel oder einer heruntergekommenen Wohngegend unterkommt, ist hingegen höchstens für Tratsch, Klatsch und Neiddebatten wesentlich.

Jede Berichterstattung über Ereignisse, die sich auf Personen oder Gruppen beziehen, berührt also zwei Interessensfelder:
* das Interesse jener Personen, über die berichtet wird, am Schutz vor Nachteilen aus dieser Berichterstattung;
* das Interesse der Öffentlichkeit, von einem Ereignis möglichst umfassend zu erfahren.

Medien müssen deshalb bei ihrer Berichterstattung ständig abwägen, welches dieser beiden Interessen überwiegt. Nur wenn das öffentliche Interesse an der Berichterstattung das Interesse des Betroffenen an der Nichterwähnung bestimmter Informationen überwiegt, dürfen Medien berichten. Diese Regel führt ganz ohne Geheimbünde und politische Verschwörungen dazu, dass wir von vielen Dingen tatsächlich nie erfahren. Sie ist aber notwendig, um Einzelpersonen vor ungerechtfertigten Nachteilen einer (vielleicht sogar bloß voreiligen und falschen) Berichterstattung zu schützen. Das liegt auch im Interesse jedes Einzelnen. Immerhin sind wir nicht nur Zeitungsleser,

Zuseher und Zuhörer von Radiosendungen. Jeder Einzelne von uns kann von einer Sekunde auf die andere auch zum Gegenstand öffentlicher Berichterstattung werden (zum Beispiel als Unfallopfer) ...

> . . . .

Gratwanderung mit Prinzessin Caroline
Für Journalisten ist es oft schwierig herauszufinden, ob eine Veröffentlichung (gerade noch) zulässig ist oder nicht. Beispielsweise konnte Prinzessin Caroline von Hannover erfolgreich die Veröffentlichung von Bildern untersagen, die sie beim Reiten, Skifahren oder Shoppen zeigten. Der Europäische Gerichtshof für Menschenrechte (EGMR) befand, dass diese Bilder alleine die Neugierde eines Zeitschriftenpublikums bedienen sollen, ohne eine darüber hinausgehende öffentliche Debatte anzustoßen.

Hingegen sah der deutsche Bundesgerichtshof später einen Bericht für zulässig an, der Caroline mit ihrer Familie im Skiurlaub zeigte, während ihr Vater im Sterben lag.

Die Entscheidung über die Veröffentlichung oder Nichtveröffentlichung von Bildern gleicht also oft einer Gratwanderung.

. . . . <

Zwei Waagschalen und jede Menge Gewichte
Das Prinzip der Interessensabwägung klingt auf den ersten Blick plausibel und einfach. Aber der Teufel steckt im Detail. Denn unterschiedliche Interessen wiegen unterschiedlich schwer. Irgendwie ist es einleuchtend, dass das Interesse des Wahlvolks an der Berichterstattung über Korruptionsvorwürfe gegen einen Politiker, der sich gerade der Wahl stellt, schwerer wiegt als dessen Interesse an seiner persönlichen Ehre und dem Erhalt seiner Wahlchancen.

Aber wie wägt man das Interesse einer Person an der Geheimhaltung ihrer Ehekrise ab, wenn der Ehepartner dieser Person prominent ist? Hat diese Person nicht dennoch Anspruch auf Nichtveröffentlichung persönlicher und vielleicht peinlicher Details? Vor allem, wenn sich diese Person selbst nie in die Öffentlichkeit gedrängt hat und das Rampenlicht – im Gegensatz zu ihrem Ehepartner – bisher vermieden hat? Ändert sich an der Abwägung etwas, wenn der Ehepartner ein aktiver Politiker ist, der zur Argumentation seiner familienpolitischen Ansichten immer wieder auf seine angeblich glückliche Ehe verweist?

Um das herauszufinden, muss der Journalist für jede Meldung zwei Waagschalen füllen. In der ersten Waagschale liegt das Interesse der Öffentlichkeit:

- Dieses Interesse wiegt besonders schwer, wenn über Vorgänge berichtet werden soll, die jeden von uns oder zumindest große Gruppen treffen. Politische Themen, gesellschaftliche und wirtschaftliche Vorgänge haben deshalb besonders hohes Gewicht.
- Je weniger Einfluss ein Vorgang auf die Öffentlichkeit haben kann und je weniger Personen dieser Vorgang betrifft, desto weniger wiegt das Interesse der Öffentlichkeit an der Berichterstattung. Vorgänge aus dem Privatleben einzelner Personen haben daher nur ein sehr geringes Gewicht.

In der anderen Waagschale liegen die Rechte jener Personen, über die berichtet werden soll:

- Die öffentliche Sphäre wiegt bloß wenig. Soll lediglich über Ereignisse berichtet werden, die ohnehin öffentlich wahrnehmbar sind (zum Beispiel öffentliche Auftritte oder öffentliche Äußerungen) oder die bloß das Berufsleben betreffen, haben die Rechte der betroffenen Person nur geringes Gewicht.
- Die Privatsphäre ist bereits viel gewichtiger. Üblicherweise muss niemand damit rechnen, dass darüber öffentlich berichtet wird, wie er sich zu Hause, bei einer Familienwanderung, beim Spaziergang im Park oder bei Treffen im kleinen Freundeskreis verhält. Bei der beabsichtigten Berichterstattung über solche Vorgänge haben die Rechte der betroffenen Person hohes Gewicht. Dasselbe gilt für Informationen über Religion, Einkommens- und Vermögensverhältnisse einer Person.
- Die Intimsphäre genießt einen besonders hohen Schutz. Dazu gehören beispielsweise Berichte über das Sexualleben, die Gesundheit oder sonstige sehr intime Angelegenheiten einer Person. Hier kommt den Rechten der betroffenen Person ein derart großes Gewicht zu, dass Berichte über solche Informationen grundsätzlich verboten sind. Sie sind nur in besonderen

Ausnahmesituationen erlaubt, wenn auch das öffentliche Interesse an der Veröffentlichung ungewöhnlich schwer wiegt. Deshalb dürfen Medien beispielsweise über die Krankheit eines Ministers berichten, wenn sie ihn an der Ausübung seines Amtes hindert.

Nur wenn die erste Waagschale schwerer wiegt, darf berichtet werden. Aber das Feststellen des konkreten Gewichts ist oft gar nicht so einfach. Bei der zweiten Waagschale kommt es zusätzlich noch auf die Person selbst an. Personen, die aus unterschiedlichsten Gründen die Öffentlichkeit suchen, müssen damit rechnen, dass ihren Rechten an Geheimhaltung von Vorfällen weniger Gewicht zugemessen wird. Filmsternchen, Musiker, YouTube-Stars, Fernsehmoderatoren, Konzernchefs, Politiker, Künstler und sonstige Prominente müssen eher dulden, dass über sie berichtet wird. Menschen »wie du und ich«, die nie das Licht der Öffentlichkeit gesucht haben, haben hingegen meist Anspruch darauf, dass über ihre Angelegenheiten nicht berichtet wird.

Mit diesem Grundgerüst lässt sich auch die Frage nach der Berichterstattung über eine Ehekrise beantworten: Bei »normalen«, nicht prominenten Personen hat eine Ehekrise bloß Einfluss auf die betroffene Familie selbst, nicht jedoch auf andere Personen und schon gar nicht auf eine große Gruppe. Die Öffentlichkeit hat daher kein besonderes Interesse an der Berichterstattung. Die erste Waagschale wiegt also nicht besonders schwer.

> ∙∙

Das Recht am eigenen Bild
Personenfotos dürfen Medien grundsätzlich nur mit Einwilligung der fotografierten Person veröffentlichen. Etwas anderes gilt für Prominente. Wer wegen seiner gesellschaftlichen Stellung im Blick der Öffentlichkeit steht (zum Beispiel Politiker, Fußballer und Schauspieler) oder zuvor durch sein eigenes Verhalten das Licht der Öffentlichkeit auf sich gelenkt hat (zum Beispiel IT-Girls oder YouTuber), muss als »Person der Zeitgeschichte« die Veröffentlichung von Personenfotos akzeptieren.

∙∙ <

Ehekrisen gehören zur Privatsphäre. Bei die Privatsphäre einer Person betreffenden Vorfällen sind die Rechte dieser Person sehr wichtig. Die zweite Waagschale wiegt also schwer, jedenfalls aber schwerer als die erste.

Über Ehekrisen von Personen, die nicht im Rampenlicht stehen, dürfen Medien im Regelfall also nicht berichten. Etwas anderes könnte gelten, wenn diese Personen ihre Ehekrise in der Öffentlichkeit, zum Beispiel am Hauptplatz einer Stadt oder in der U-Bahn, lautstark austragen oder wenn es im Zuge des Ehestreits zu einem Gewaltausbruch kommt, der das Einschreiten der Polizei erfordert und ein Ehepartner Polizisten oder Nachbarn verletzt. Im ersten Fall wäre zumindest der am Hauptplatz ausgetragene lautstarke Streit selbst öffentlich und nicht mehr der Privatsphäre zuzuordnen (sehr wohl aber andere, nicht öffentlich ausgetragene Details der Ehekrise), sodass die zweite Waagschale hier nicht mehr besonders schwer wiegt. Im zweiten Fall wäre die Ehekrise zwar immer noch der Privatsphäre zuzuordnen, allerdings wäre das Interesse der Öffentlichkeit an der Berichterstattung gestiegen. Von einem randalierenden, mehrere Personen verletzenden Menschen geht möglicherweise eine Gefahr aus, von der nicht bloß einige wenige Personen betroffen sind. Hier erhält die erste Waagschale ein Gewicht, das sie vorher nicht hatte.

Steht zumindest ein Ehepartner in der Öffentlichkeit, wiegt das Interesse der Öffentlichkeit an der Berichterstattung schwerer als zuvor. Ein Schlagerstar, der seine Fans regelmäßig mit Details seines Eheglücks versorgt und so das Interesse der Öffentlichkeit an seinem Privatleben weckt, muss dieses öffentliche Interesse auch akzeptieren, wenn das Eheglück nicht mehr so sonnig ist. Gleiches gilt für einen Politiker, der seine vermeintlich glückliche Ehe als Argument für seine familienpolitischen Ansichten verwendet. Auch bei diesen Personen mag die Ehekrise die Privatsphäre betreffen und damit in der zweiten Waagschale grundsätzlich schwerer wiegen. Allerdings wiegt bei diesen Personen das öffentliche Interesse an der Berichterstattung in der ersten Waagschale schwerer. Der nicht im öffentlichen Scheinwerferlicht stehende Partner der öffentlichen Person hat jedoch zumindest Anspruch auf Geheimniswahrung der ausschließlich seine Person betreffenden Details, allenfalls auch auf nichtidentifizierende Berichterstattung – also auf eine Berichterstattung, die weder den Namen des nichtöffentlichen Ehepartners nennt noch Fotos von ihm veröffentlicht.

> •

Die große Ausnahme: Schnüffeln in der Intimsphäre

Berichte über intime Angelegenheiten einer Person sind üblicherweise verboten. Das gilt nicht nur, wenn man eine schlimme Krankheit hat. Auch wer zum Beispiel regelmäßig einen Swingerclub besucht, hat ein Recht darauf, dass über diese intime Angelegenheit nicht medial berichtet wird. Aber auch hier bestätigen Ausnahmen die Regel. Kann eine Zeitung einem Politiker nachweisen, dass er Sex mit einer Minderjährigen hatte, so betrifft dies zwar seinen höchstprivaten Bereich. Trotzdem besteht an dieser Meldung ein außergewöhnlich hohes Interesse an medialer Berichterstattung, schließlich verstößt der Politiker damit gegen Gesetze. In so einem Fall kann selbst der Bericht über eine sehr intime Angelegenheit zulässig sein.

• <

Aufdecker und Geheimsphäre

Zu den ureigensten Aufgaben von seriösen Medien gehört es auch, Missstände aufzudecken. Dabei sind Journalisten oft darauf angewiesen, dass ihnen Insider Informationen zuspielen. Das kann allerdings problematisch sein, wenn diese Informationen aus Dokumenten oder Gesprächen stammen, die die betroffene Person erkennbar geheim halten wollte – zum Beispiel Tagebuchaufzeichnungen oder Tonaufnahmen von heimlich mitgeschnittenen Telefonaten. Diese Informationen gehören nämlich zur Geheimsphäre der betroffenen Person. Und über die dürfen Medien nur berichten, wenn ein »überragendes« öffentliches Informationsinteresse besteht.

Wenn sich zwei Lokalpolitiker in der Umkleidekabine nach einem Benefizfußballturnier abfällig über die Gegenmannschaft äußern, fehlt dieses überragende öffentliche Informationsinteresse. Der Schutz der Geheimsphäre der beiden Politiker geht vor. Verabreden dieselben Lokalpolitiker in dieser Umkleidekabine hingegen einen Wahlbetrug bei der nächsten Kommunalwahl, überwiegt das überragende öffentliche Informationsinteresse das Schutzinteresse an Wahrung der Geheimsphäre. Über dieses Gespräch darf der Aufdeckerjournalist berichten.

Freilich ist auch hier die Abwägung schwer, ab wann das öffentliche Informationsinteresse so »überragend« ist, dass es schwerer wiegt als das Geheimhaltungsinteresse des Betroffenen. Der Journalist und seine Redaktion müssen diese Abwägung selbst vornehmen. Ob ihre Entscheidung richtig war, erfahren sie hingegen erst im Nachhinein. Klagt ein Betroffener gegen die Berichterstattung, entscheiden Gerichte in kostenintensiven, jahrelangen Gerichtsverfahren. Dann drohen dem Journalisten und seinem Medium hohe Prozesskosten, Schadenersatzforderungen und manchmal sogar strafrechtliche Verurteilungen zu Geld- und Freiheitsstrafen. Klar, dass das abschreckt und sich Medien unter diesen Umständen im Zweifel oft gegen die Berichterstattung entscheiden.

Dasselbe gilt für Beleidigungen oder unbewiesene Anschuldigungen. Selbst wenn sie von anderen Personen öffentlich behauptet werden, dürfen Medien sie nicht ohne Weiteres wiedergeben. Fehlen zu einer Anschuldigung klare Indizien, muss die Berichterstattung dazu meist unterbleiben.

In all diesen Fällen schweigen Medien nicht, weil sie uns absichtlich etwas verschweigen wollen. Sie verzichten auf Berichterstattung, weil die Interessensabwägung nicht eindeutig oder die Beweise für Anschuldigungen nicht ausreichend sind und sie deshalb im Fall einer Veröffentlichung mit schwerwiegenden rechtlichen Konsequenzen rechnen müssten.

Der selbstauferlegte Selbstmordmaulkorb
Die Berichterstattung über Selbstmorde kann zu Nachahmungen führen. Dass Berichte über Selbstmorde die Suizidrate erhöhen können, ist inzwischen wissenschaftlich nachgewiesen (siehe Kasten »Der Werther-Effekt«). Der deutsche und der österreichische »Presserat« haben deshalb bereits vor vielen Jahren empfohlen, dass über Selbstmorde – wenn überhaupt – nur sehr zurückhaltend berichtet werden soll. Insbesondere sollen Medien über nähere Begleitumstände nicht berichten und jede Namensnennung vermeiden.

Diese Empfehlung des Presserats ist nicht bindend. Die meisten Medien halten sich aber daran und haben sich selbst einen Maulkorb auferlegt. Viele Medien verschweigen uns also, wenn ein Selbstmord passiert. Dahinter steht aber keine böse Absicht, sondern die Hoffnung, auf diese Weise tragische Nachahmungssuizide vermeiden zu können.

> . . . .

Der Werther-Effekt

Mit seinem Roman »Die Leiden des jungen Werther« gelang Johann Wolfgang von Goethe 1774 ein Riesenerfolg. Junge Menschen in ganz Europa verschlangen den Briefroman, in dem der junge Rechtspraktikant Werther von seiner unglücklichen Liebe zur mit einem anderen Mann verlobten Lotte berichtete. Der Romanheld fand aus dieser Liebe keinen anderen Ausweg als Selbstmord zu verüben.

Bald begannen junge Männer dem tragischen Romanhelden nachzueifern – zunächst harmlos, indem sie sich wie ihr Romanheld mit blauem Tuchfrack, gelben Westen, gelben Hosen und einem grauen Hut kleideten. Gerüchteweise soll sich unter diesen Werther-Fans die Selbstmordrate erhöht habe. Mehrere deutsche Städte haben deshalb die Verbreitung des Buchs als »Empfehlung zum Selbstmord« verboten.

Exakt 200 Jahre später konnte David Philips, ein US-amerikanischer Soziologe belegen, dass nach der Berichterstattung über Selbstmorde prominenter Personen die Selbstmordrate in der Bevölkerung steigt. Phillips konnte belegen, dass in allen 33 Fällen, in denen die *New York Times* zwischen 1947 und 1967 auf der Titelseite über einen Selbstmord berichtet hat, anschließend die Selbstmordrate in der Bevölkerung gestiegen ist. Er nannte diesen Effekt den »Werther-Effekt«.

1981 strahlte der ZDF den sechsteiligen Fernsehfilm »Tod eines Schülers« aus, der von der Vorgeschichte eines Eisenbahnselbstmords eines Schülers handelt. Die Rate der durch Eisenbahnen von jungen Männern zwischen 15 und 19 Jahren verübten Selbstmorde stieg in unmittelbarem zeitlichen Zusammenhang mit der Ausstrahlung um 176 Prozent. Und das, obwohl es sich um eine fiktionale Geschichte handelte und Wissenschaftler herausfanden, dass Berichte über reale Suizide einen stärkeren Werther-Effekt haben als fiktionale Geschichten.

• ‹

Neuere Studien lassen allerdings vermuten, dass es gar nicht so sehr darauf ankommt, ob über Selbstmorde berichtet wird, sondern wie dies geschieht. Der »Werther-Effekt« wird durch den »Papageno-Effekt« abgelöst. Papageno ist eine Figur in Wolfgang Amadeus Mozarts Oper »Die Zauberflöte«. Der Vogelfänger Papageno trägt sich zunächst mit Suizidgedanken, lässt dann aber von seinem Selbstmordstreben ab, als ihm drei Knaben mit gutem Zureden Hoffnung machen. In diesem Sinn sollen Nachahmungssuizide vermeidbar sein, wenn Medien über positives Krisenmanagement, Suizidprävention und über die Situation der Angehörigen/Hinterbliebenen berichten. Manche Medien rücken deshalb vom Verschweigen von Selbstmorden ab und berichten vorsichtig auch über diese Ereignisse. Dieses Beispiel zeigt aber nicht nur, dass anstatt der gänzlichen Nichtberichterstattung (des Verschweigens) oft auch andere Mittel zur Erreichung gut gemeinter Absichten existieren. Es zeigt auch, dass Medien mit ihren Inhalten und vor allem mit dem »Wie« der Berichterstattung gewollt oder ungewollt Einfluss auf das Denken und Verhalten ihrer Konsumenten haben. Der Bericht über ein und dasselbe Ereignis (einen Suizid) kann je nach Art der Berichterstattung und der Schwerpunktsetzung des Inhalts einmal zu einer Steigerung der Suizidrate und einmal zur Vermeidung von Selbstmorden führen. Das ist ein sehr drastisches Beispiel dafür, dass Medien mit der Art, wie sie über Ereignisse berichten, unser Denken und Handeln beeinflussen können.

Woher kommen die Straftäter?
Oft berichten seriöse Medien von Straftaten, ohne Angaben zur Herkunft des Täters zu machen. Und das, obwohl viele Beiträge in sozialen Netzwerken, Blogs und Internetplattformen zu denselben Straftaten die Herkunft des Täters genau benennen können. Gerade bei Straftaten ausländischer oder muslimischer Täter keimt so schnell

der Verdacht auf, dass Medien auf diese Weise das tatsächliche Ausmaß der Ausländerkriminalität vertuschen wollen.

Tatsächlich hat der deutsche Presserat seine Mitglieder bislang angehalten, bei der Berichterstattung über Straftaten möglichst nicht über die Zugehörigkeit eines Täters zu einer religiösen, ethnischen oder anderen Minderheit zu berichten. In Österreich gilt die Nennung der Täterherkunft zwar nicht als Ethikverstoß. Aber auch der österreichische Presserat empfahl seinen Mitgliedern Zurückhaltung bei Angaben über die Herkunft und religiöse Zugehörigkeit von Straftätern. So sollten Vorurteile gegen Minderheiten vermieden werden. Die Medienkonsumenten sollten nicht verleitet werden, bei der Berichterstattung über ein grausames Verbrechen vom Verhalten einer Einzelperson auf alle Angehörigen einer Minderheit zu schließen, bloß weil ihr der Täter angehört.

Das hat wenig damit zu tun, die Dimension der Ausländerkriminalität an sich zu verschweigen. Seriöse Medien berichten regelmäßig darüber, wie hoch die Anteile bestimmter Nationalitäten, Asylwerber, Minderheiten usw. an der Gesamtkriminalität ist. Wir können uns also – wenn wir wollen – in vielen Medien sachlich über Ausländerkriminalität informieren, genauso wie wir Näheres über die »hausgemachte« Kriminalität unserer Mitbürger erfahren können. Was seriöse Medien – im Unterschied zu manchen Blogs, politisch gesteuerten Plattformen und sozialen Netzwerken – aber nicht machen, ist, bei einzelnen Verbrechen die Herkunft des Täters zu betonen. Denn ebenso wie man auch ohne Namensnennung des Opfers über eine Vergewaltigung vollständig berichten kann, ist im Regelfall die Berichterstattung beispielsweise über einen Drogenschmuggel auch ohne genaue Aufzählung aller beteiligten Nationalitäten und Glaubensrichtungen vollständig.

Die Betonung der Täterherkunft schafft bei einzelnen Verbrechen meist keinen Informationsmehrwert, sondern bloß Aversionen gegen Bevölkerungsgruppen, die nur im Verhalten einer Einzelperson (des Täters) begründet sind. Das hat wenig mit informativer Berichterstattung und viel mit dem Schüren von Vorurteilen zu tun. Aus diesen Überlegungen heraus haben die wichtigsten Medien des Landes zur Grundregel erhoben, die Herkunft und Zugehörigkeit eines Täters zu einer Minderheit nicht in die Berichterstattung aufzunehmen. Nur wenn diese Zugehörigkeit aufgrund besonderer Zusammenhänge wichtig und in einer sachlichen Verbindung zur Tat gestanden ist, haben Medien auch darüber berichtet. So haben Medien bei islamistisch motivierten Terrorakten selbstverständlich auf den (radikal-)muslimischen Glauben der Terroristen hingewiesen.

> •

Pressekodex des deutschen Presserats zur Berichterstattung über Straftaten

Richtlinie 12.1
In der Berichterstattung über Straftaten ist darauf zu achten, dass die Erwähnung der Zugehörigkeit der Verdächtigen oder Täter zu ethnischen, religiösen oder anderen Minderheiten nicht zu einer diskriminierenden Verallgemeinerung individuellen Fehlverhaltens führt. Die Zugehörigkeit soll in der Regel nicht erwähnt werden, es sei denn, es besteht ein begründetes öffentliches Interesse. Besonders ist zu beachten, dass die Erwähnung Vorurteile gegenüber Minderheiten schüren könnte.

• <

Das bewusste Verschweigen der Angaben zu Täterherkunft oder religiöser Zugehörigkeit wuchs sich insbesondere nach Vorfällen, die die Öffentlichkeit besonders erregten, zu einem Glaubwürdigkeitsproblem für viele deutsche Medien aus. So zum Beispiel nach der »Silvesternacht von Köln«, über die viele Medien zunächst unter Auslassung von Angaben zur Herkunft, ethnischen und religiösen Zugehörigkeit einer Mehrzahl der Verdächtigen berichteten. Die Öffentlichkeit erfuhr über diese Zugehörigkeiten trotzdem, leider nicht aus seriösen Medien, sondern polemisch garniert aus oft rechten Blogs und hetzerisch eingefärbten Aufregermeldungen in sozialen Netzwerken. Zeitungen und Rundfunk waren nun dem Vorwurf ausgesetzt, diese Angaben in unlauterer Absicht verschwiegen zu haben.

Der Presserat hat darauf reagiert und seine Richtlinien angepasst. Die Täterherkunft soll zwar weiterhin »in der Regel« nicht erwähnt werden. Bei begründetem öffentlichen Interesse an dieser Information ist die Nennung der Täterherkunft nun aber ausdrücklich erlaubt. Manche Medien führen sie in ihrer Berichterstattung dennoch weiterhin nicht an. Andere entscheiden von Fall zu Fall, ob ihrer Meinung nach »begründetes öffentliches Interesse« die Angabe der Täterherkunft rechtfertigt.

Einzelnen Zeitungen ist dieser Begriff des »begründeten öffentlichen Interesses« aber zu schwammig. So entschied zum Beispiel die *Sächsische Zeitung*, die Herkunft von Tätern künftig ausnahmslos immer zu nennen – und zwar unterschiedslos, ob die Täter aus Deutschland oder aus dem Ausland stammen. Wir werden in Zukunft also wahrscheinlich nicht nur von ausländischen Straftätern, sondern auch öfter von deutschen Straftätern in der Zeitung lesen.

> •

Beispiele für Straftaten, die nach dem Pressekodex die Nennung der Täterherkunft rechtfertigen:
Eine Straftat wird aus einer größeren Gruppe heraus begangen, von der ein nicht unbeachtlicher Anteil durch gemeinsame Merkmale wie ethnische, religiöse, soziale oder nationale Herkunft verbunden ist. Beispiel: Kölner Silvesternacht 2015/2016

Es liegt eine besonders schwere oder in ihrer Art oder Dimension außergewöhnliche Straftat vor. Beispiel: Terrorismus, organisierte Kriminalität (zum Beispiel Schlepperbanden)

Die Biografie eines Täters ist für die Berichterstattung über die Straftat von Bedeutung. Beispiel: Der Täter ist Flüchtling und hat auf seiner Migration bereits vergleichbare Straftaten begangen

Auszugsweise zitiert aus den Praxis-Leitsätzen zur Richtlinie 12.1 des deutschen Pressekodex.

• <

Es gibt also ebenso gute Argumente, die Herkunft ausländischer Straftäter zu verschweigen wie über diese zu berichten. Der Diskussionsprozess dazu ist noch nicht abgeschlossen. Manchen Medien ist es ein besonders großes Anliegen, dass ihre Berichterstattung keinesfalls zu Ressentiments gegen Minderheiten führt. Andere Medien bewerten das Informationsinteresse ihrer Leser höher. Es liegt letztendlich im Verantwortungsbereich jedes Mediums selbst, welches Gewicht es den einzelnen Überlegungen und Entscheidungsgründen beimisst. Das generelle Verheimlichenwollen von Ausländerkriminalität ist dabei wohl kein Entscheidungsgrund. Das wäre nämlich gar nicht möglich. Immerhin gibt es viele Medien, die darüber tagtäglich berichten – auch unter Nennung der Täterherkunft. Einzelne Zeitung könnten Informationen über die Herkunft eines Straftäters also ohnehin nicht unterdrücken – selbst wenn sie wollten.

Blattlinie und Inseratenkunden

Tatsache ist aber auch, dass Medien, insbesondere Printmedien, unter großem finanziellen Druck stehen. Denn das Geschäftsmodell der Medienbranche unterscheidet sich erheblich von jenem anderer Branchen. Normalerweise zahlt der Kunde für ein Produkt. Müssten die Kunden für ihren Medienkonsum die gesamten Entstehungs- und Produktionskosten zahlen, würden Medien schnell unbezahlbar. Kostenpflichtige Medien stehen deshalb mit ihrer Finanzierung auf zwei Beinen. Der Verkaufspreis finanziert meist nur einen kleinen Teil der Gesamtkosten. Die restlichen Kosten decken Medien durch Werbeeinnahmen. Viele Medien liefern den Kunden ihre Produkte (Zeitungen, Onlinemedien, soziale Netzwerke, Fernsehprogramme) überhaupt unentgeltlich. Sie finanzieren sich zur Gänze aus Werbeeinnahmen (und manchmal aus staatlichen Förderungen, siehe Kapitel 6 »Wie finanzieren sich die Medien?«).

Das macht abhängig. Klar ist es für ein Automagazin keine leichte Entscheidung, wenn im eigenen Produkttest ausgerechnet ein vom Hauptinserenten hergestelltes Fahrzeug miserabel abgeschnitten hat. Auch wird eine Zeitung, in der die Regierung regelmäßig üppige Inserate schaltet, schon aus Eigeninteresse heraus keine Fundamentalopposition und überzogen aggressive Kritik an der Regierungspolitik äußern. Und den Artikel über grausame Tierversuche bei der Produktion von Kosmetikprodukten eines bestimmten Herstellers wird man in jenem Modemagazin, an dem eben dieser Hersteller Mehrheitseigentümer ist, vergeblich suchen.

Diese Abhängigkeit steigt umso mehr, als der Anzeigenkuchen in der Vergangenheit kleiner geworden ist. Allerdings sind Medien trotzdem gut beraten, ihre Berichterstattung möglichst unbeeinflusst von den Interessen ihrer Anzeigenkunden auszurichten. Denn allzu augenscheinliche »Hofberichterstattung« wird dazu führen, dass die Kunden das Interesse an diesem Medium verlieren. Und sinkende Verkaufszahlen schmerzen nicht nur kostenpflichtige Medien. Sinkende Auflagen bedeuten auch sinkende Einnahmen durch Inserate. Und das ist gerade für Gratiszeitungen schmerzhaft.

> •

Pressekodex des deutschen Presserats zur Trennung von Werbung und Redaktion:

Punkt 7

Die Verantwortung der Presse gegenüber der Öffentlichkeit gebietet, dass redaktionelle Veröffentlichungen nicht durch private oder geschäftliche Interessen Dritter oder durch persönliche wirtschaftliche Interessen der Journalistinnen und Journalisten beeinflusst werden. Verleger und Redakteure wehren derartige Versuche ab und achten auf eine klare Trennung zwischen redaktionellem Text und Veröffentlichungen zu werblichen Zwecken. Bei Veröffentlichungen, die ein Eigeninteresse des Verlages betreffen, muss dieses erkennbar sein.

• <

Es gibt also viele Gründe, warum Medien manchmal über einzelne Ereignisse nicht berichten oder bestimmte Informationen zurückhalten. Diese Gründe haben aber wenig mit einem groß angelegten Plan zu tun, die Öffentlichkeit zu manipulieren. Tatsächlich sind manche dieser Gründe problematisch (zum Beispiel die Rücksichtnahme auf die Interessen von Inseratenkunden). Oft liegen die Gründe für die Abstandnahme von Veröffentlichungen aber anderswo und es geht schlicht darum, den gesellschaftlichen Vorteil aus der Berichterstattung mit den damit für den Einzelnen oder eine Gruppe (zum Beispiel eine Minderheit) verbundenen Nachteilen abzuwägen.

Manche Gründe liegen im Ermessen des einzelnen Mediums. Beispielsweise die Nennung der Herkunft von Straftätern. Diese Entscheidungsgründe können – je nach persönlicher Einstellung – für den Einzelnen nachvollziehbarer oder weniger nachvollziehbar sein. In manchen Fällen verhindern aber auch gesetzliche Regelungen die Berichterstattung. Seriöse Medien halten sich daran eher als Blogs, die oft im Schutz der Anonymität des Internets presserechtliche Bestimmungen ignorieren und brechen. Der Verzicht auf die Berichterstattung mancher Informationen ist daher eher Qualitätsmerkmal als Beleg für unlautere Manipulationsabsichten. Es kommt eben darauf an, welche Information Medien auslassen ...

14. Kann man mit wahren Zahlen lügen?

Egal ob Fernsehdebatte, Seminararbeit, Diskussion unter Freunden, Impulsreferat oder Wortmeldung beim Business-Meeting: Wer die Zahlen auf seiner Seite hat, wirkt besonders kompetent und setzt sich häufig durch.

Oft ist es sehr schwer, Zahlen selbst sofort zu überprüfen. Und sogar wenn die verwendeten Zahlen richtig sind, bedeutet das noch lange nicht, dass man ihnen uneingeschränkt vertrauen kann. Denn mit etwas Geschick ist es erstaunlich leicht, auch mit richtigen Zahlen zu lügen und zu betrügen.

Falsche Tricks mit echten Zahlen

2011 behauptete der FPÖ-Parteichef und seit Dezember 2017 auch österreichische Vizekanzler Heinz-Christian Strache in einem Fernsehinterview, dass »Zuwanderer dreimal öfter straffällig als Österreicher« würden.[9] Er berief sich dabei auf den Umstand, dass damals 30 Prozent aller in Österreich verurteilten Straftäter keine österreichische Staatsbürgerschaft besaßen. Gleichzeitig hatten aber nur knapp 9 Prozent aller Menschen, die zu diesem Zeitpunkt in Österreich lebten, eine ausländische Staatsbürgerschaft.[10]

Die Zahlen sind richtig, kommen sie doch von der Statistik Austria. Das ist jene öffentliche Stelle, die diese Daten direkt von Behörden und Gerichten sammelt, aufbereitet und publiziert. Und doch ist die Behauptung, Zuwanderer würden dreimal öfter straffällig werden als Österreicher, falsch. Denn der Politiker verglich den prozentuellen Anteil einer Gruppe, die zwingend in Österreich wohnt (die Wohnbevölkerung), mit der Prozentzahl einer Gruppe, auf die das nicht zutrifft. Um in Österreich straffällig und verurteilt zu werden, muss man nicht zwingend in Österreich einen Wohnsitz haben. Es werden auch viele Menschen verurteilt, die nie in Österreich gewohnt haben (darunter fallen zum Beispiel Kriminaltouristen, ausländische Unfalllenker oder Skitouristen, die sich auf der Piste prügeln). Schon gar nicht sind alle in Österreich verurteilten Ausländer auch Zuwanderer, die sich dauerhaft in Österreich niederlassen wollen. Alleine aus rein mathematischen Gründen kann man die Gruppe der verurteilten Straftäter deshalb nicht direkt mit der Wohnbevölkerung vergleichen. Tatsächlich werden Zuwanderer unter vergleichbaren Bedingungen nicht öfter straffällig als Inländer.

Einen solchen Trick muss man in der Hitze einer Fernsehlivesendung erst einmal bemerken. Auch die Interviewerin ging Strache auf den Leim und übersah den »Rechenfehler«. Straches Vergleich statistischer Äpfel und Birnen wurde live in ganz Österreich ausgestrahlt. Seine falsche Botschaft von den kriminellen Ausländern kam – mit seriösen Zahlen scheinbar untermauert – beim Wahlvolk unwidersprochen an.

Such dir die passende Zahl für deine Behauptung

Aber auch ohne solche Tricks lassen sich mit Zahlen alle möglichen Behauptungen »beweisen«. Es gibt für fast jede Behauptung die passende Zahl – man muss sie nur finden.

So behauptete Ungarn im Jahr 2015, als Hunderttausende Flüchtlinge nach Europa kamen, mehr Asylanträge verkraften zu müssen als jeder andere EU-Mitgliedsstaat. Ungarn konnte das auch mit Zahlen belegen. Aber behauptete nicht Deutschland von sich genau das gleiche? Richtig, und auch Deutschland konnte seinen Standpunkt auf Zahlen stützen.

Wie das geht? Deutschland bezog sich auf absolute Zahlen. Insgesamt wurden 2015 in Deutschland 476.649 Erstanträge auf Asyl gestellt – so viele wie in keinem anderen EU-Mitgliedsstaat. Gemessen an der Bevölkerungszahl stellten in Deutschland auf 10.000 Einwohner 57 Asylwerber einen Antrag.

Im gleichen Zeitraum wurden in Ungarn zwar »nur« 174.245 Erstanträge gestellt. Gemessen an der Bevölkerungszahl sind das aber mit 177 Anträgen je 10.000 Einwohner mehr als dreimal so viele Asylanträge wie in Deutschland.

Es haben also beide recht: In absoluten Zahlen wurden europaweit die meisten Asylanträge in Deutschland gestellt. In relativen Zahlen (also pro Kopf gerechnet) trifft dieselbe Aussage auf Ungarn zu.

Relativ gesehen hatten übrigens auch Schweden (159 Anträge je 10.000 Einwohner) und Österreich (99 Anträge je 10.000 Einwohner) mehr Asylanträge entgegengenommen als Deutschland. Die in der deutschen Politik oft vorgetragene Klage, man trage die Hauptlast an den Flüchtlingsbewegungen nach Europa, relativiert sich mit diesen Zahlen beträchtlich – und ist gleichzeitig richtig (wenn man von den absoluten Zahlen ausgeht).

Die Zahlen zu den 2015 in den europäischen Staaten gestellten Asylanträgen belegen also:

- dass Ungarn 2015 ungleich stärker durch die Migrationsbewegungen belastet wurde als andere Mitgliedsstaaten (auch stärker als Deutschland);
- dass Deutschland die Hauptlast dieser Migrationsbewegungen getragen hat;
- dass Österreich und Schweden eine größere Verantwortung übernommen haben als Deutschland.

Klingt widersprüchlich? Ist es auch. Trotzdem lässt sich jeder dieser Standpunkte mit echten Zahlen belegen – wir müssen nur die »richtige« Zahl für unseren Standpunkt aussuchen!

˃ •

Deutschland, der Zahlmeister Europas
Egal ob EU-Mitgliedsbeitrag oder der europäische Banken-Rettungsschirm ESM – immer müssen die Deutschen am meisten zahlen. Viele Deutsche beschweren sich, dass Deutschland der Zahlmeister Europas sei. Und sie können das mit Zahlen belegen. Tatsächlich zahlt Deutschland seit vielen Jahren den größten Nettobeitrag in das EU-Budget ein.

UM WIE VIEL EINZELNE NETTOZAHLER 2015 MEHR AN DIE EU GEZAHLT HABEN, ALS SIE (ZUM BEISPIEL DURCH FÖRDERUNGEN) ZURÜCKERHALTEN HABEN:[11]	
1. Deutschland	14,3 Milliarden Euro
2. Vereinigtes Königreich	11,5 Milliarden Euro
3. Frankreich	5,5 Milliarden Euro
4. Niederlande	3,7 Milliarden Euro
(...)	
8. Österreich	0,9 Milliarden Euro

Allerdings ist Deutschland auch der EU-Staat mit den meisten Einwohnern. Dass Deutschland in absoluten Zahlen mehr einzahlt als andere Mitgliedsstaaten, bedeutet deshalb noch nicht zwingend, dass die EU Deutschland schlechter behandelt als andere Staaten. Immerhin ist Deutschland das größte und wirtschaftskräftigste EU-Mitglied. Setzt man die Nettozahlungen in Relation zur Wirtschaftsleistung, ergibt sich tatsächlich ein anderes Bild:

WIE VIEL PROZENT DES BRUTTO-INLANDSPRODUKTS EINZELNE NETTO-ZAHLER 2015 MEHR AN DIE EU GEZAHLT HABEN, ALS SIE ZURÜCKERHALTEN HABEN:	
1. Niederlande	0,54 Prozent
2. Schweden	0,48 Prozent
3. Deutschland	0,46 Prozent
4. Vereinigtes Königreich	0,46 Prozent
(...)	
9. Österreich	0,25 Prozent

Diese Reihung wird für Deutschland auch nicht wesentlich anders, wenn man sie nach Nettozahlungen pro Kopf vornimmt:

WELCHEN BETRAG EINZELNE NETTO-ZAHLER 2015 PRO KOPF MEHR AN DIE EU GEZAHLT HABEN, ALS SIE ZURÜCK-ERHALTEN HABEN:	
1. Schweden	225,7 Euro
2. Niederlande	218,6 Euro
3. Vereinigtes Königreich	177,6 Euro
4. Deutschland	176,2 Euro
(...)	
8. Österreich	99,2 Euro

Gemessen an der Wirtschaftskraft und der Bevölkerungszahl ist Deutschland also keineswegs Zahlmeister Europas. Pro Kopf tragen schwedische und niederländische Steuerzahler eine viel größere Last als die Deutschen. Dass Deutschland in absoluten Zahlen mehr zur Finanzierung der EU beiträgt als andere Staaten, ist schlicht darauf zurückzuführen, dass Deutschland der mit Abstand größte aller EU-Mitgliedsstaaten ist. Absolute Zahlen decken eben oft nur einen Teil der Wahrheit auf. Für ein vollständiges Bild muss man diese Zahlen in Relation zu anderen relevanten Bezugsgrößen setzen. Wer ausschließlich mit absoluten Zahlen argumentiert, will uns oft nur einen Teil der Wahrheit offenlegen.

• ‹

Die halbe Wahrheit ist die schönste

Manchmal ergibt die halbe Wahrheit ein schöneres Bild als der echte Blick aufs Ganze. Mit etwas Glück liefert die halbe Wahrheit sogar genau jenes Bild, das man vermitteln will. Deshalb ist es für Trickser oft gar nicht notwendig, etwas dazuzuerfinden. Es reicht für sie schon, die richtigen Fakten wegzulassen.

Besonders hartnäckig wird dieser Trick bei der Entwicklung der Arbeitsplatzanzahl verwendet. Es ist kein Geheimnis, dass durch die Automatisierung viele Arbeitsplätze vor allem für Leute ohne beziehungsweise mit niedrigen Bildungsabschlüssen weggefallen sind. Auch dass durch die Digitalisierung weitere Arbeitsplätze von der Vernichtung bedroht sind, beunruhigt viele Menschen.

Trotzdem wird regelmäßig berichtet, dass die Zahl der Erwerbstätigen in Deutschland und Österreich steigt. Das klingt doch beruhigend. Schon 2011, gerade einmal drei Jahre nach der Wirtschaftskrise, hat die *Frankfurter Allgemeine Zeitung* gemeldet: Die Zahl der Erwerbstätigen in Deutschland hat im vergangenen Jahr einen neuen Höchststand erreicht.[12]

Knapp fünf Jahre später verkündete das Statistische Bundesamt dieselbe Jubelmeldung für das Jahr 2016. Anfang 2018 meldete das Deutsche Statistische Bundesamt, die Zahl der Erwerbstätigen sei 2017 wieder um 1,5 Prozent gestiegen. Tatsächlich ist die Zahl der Erwerbstätigen in Deutschland von 1991 bis 2017 nahezu unentwegt um fast zwölf Prozentpunkte gestiegen (lediglich 2008, dem Jahr des Ausbruches der globalen Wirtschaftskrise, zeigte die Kurve eine leichte Delle).[13]

Wenn die Arbeitsplätze also immer mehr werden, sind Jobverlust-ängste wegen Digitalisierung vielleicht bloß unnötige Panikmache? Mancher Entscheidungsträger würde uns wohl genau diesen »Erfolg« verkaufen wollen. Dass Euphorie tatsächlich unangebracht ist, zeigt eine Meldung zum selben Thema aus Österreich. 2011 meldete die Tageszeitung *Der Standard* ebenfalls einen neuen Beschäftigungsre-kord – 4,3 Millionen Beschäftigte gab es damals in Österreich. Aber diese 4,3 Millionen Beschäftigten leisteten lediglich jene Arbeits-stundenanzahl, die einer halben Million Arbeitskräften weniger entspricht.[14]

Tatsächlich ist in Deutschland in jenem Zeitraum, in dem die Zahl der Erwerbstätigen um 10 Prozent gestiegen ist, die Zahl der geleisteten Arbeitsstunden um 2 Prozent gesunken. Gleichzeitig wuchs die Bevölkerung um 3 Prozent an. Immer mehr Arbeitskräfte müssen sich also immer weniger Arbeit aufteilen. Die laufenden Beschäftigungsrekorde beruhen darauf, dass immer mehr Menschen in Teilzeitarbeit, Minijobs und andere prekäre Beschäftigungsverhält-nisse gedrängt wurden.

Erfolg sieht anders aus. Klar erwähnen die Verantwortlichen lieber nur die halbe Wahrheit und berufen sich auf die »schöne« Zahl (Zahl der Erwerbstätigen). Für Hunderttausende Jobsuchende und unfreiwillig in Minijobs und Teilzeitarbeit festsitzende Menschen zählt aber nur die ganze Wahrheit. Und da ist der Lack schnell ab.

Die im Dunkeln sieht man nicht
Mit Statistik kann man große Zusammenhänge sichtbar machen. Mit Statistik kann man sich einem Faktum aber auch von zwei Seiten nähern. Und die Entscheidung, was sichtbar und was unbeleuchtet bleibt, trifft derjenige, der uns diese Zahlen näherbringt.

Haben zum Beispiel drei Viertel der Schüler einer Schulklasse ein Mittagessen zu sich genommen, können wir berichten, dass 75 Prozent der Schüler bereits gegessen haben. Wir könnten aber auch berichten, dass 25 Prozent nichts gegessen haben. So bestim-men wir, ob wir das Scheinwerferlicht auf die satte Mehrheit oder das hungrige Viertel der Schüler richten.

Diese Entscheidung hat unmittelbaren Einfluss darauf, welche Schlüsse wir aus einer Statistik ziehen. Das gilt umso mehr, wenn die Statistik frühere Informationen oder Meinungen (scheinbar) bestätigt.

Wer zum Beispiel liest, dass 2014 in Deutschland 42 Prozent der Armen keinen Berufsabschluss haben, denkt vielleicht, dass wer nichts lernt, sich eben auch kein tolles Einkommen erwarten dürfe. Bestenfalls sieht der Leser sein »Wissen« bestätigt, dass eben nur Bildung vor Arbeitslosigkeit und Armut schützt. Aber wer denkt schon daran, dass sich aus dieser Zahl im Scheinwerferlicht unmittelbar auch eine andere Aussage ableiten lässt? Wenn 42 Prozent der Armen keinen Berufsabschluss haben, bedeutet das umgekehrt auch, dass die anderen 58 Prozent einen Berufs- oder Hochschulabschluss haben und trotzdem arm sind. So toll scheint Bildung als Versicherung gegen Armut also doch nicht zu funktionieren. Immerhin ist die Mehrzahl der Armen in Deutschland offenbar gar nicht so schlecht ausgebildet![15]

Ist es bloß Zufall, dass Minister, Arbeitsmarktverantwortliche und viele Medien das Thema »Armut und Bildung« immer nur von jener Seite beleuchten, die den Armen unterschwellig vorwirft, an ihrer Armut selbst schuld zu sein? Oder kann man so nicht auch recht gut den Umstand verstecken, dass nach derselben Logik die Mehrzahl der Armen trotz Bildungsfleiß arm ist? Diesen Umstand beleuchten die verantwortlichen Entscheidungsträger offenbar lieber nicht. Denn die im Dunkeln sieht man nicht.

Der Rahmen bestimmt das Bild

Was nützt die schönste Landschaft draußen, wenn man selbst in einem dunklen Loch mit Schießscharten wohnt? Um die schöne Umgebung wahrnehmen zu können, bräuchte es breite Fenster, die den Blick nach draußen großzügig freigeben. Gleichzeitig bewirkt ein enger Rahmen, dass wir uns auf das Wenige konzentrieren, das der eingeschränkte Blickwinkel freigibt. Das große Ganze rundherum verschwindet so aus unserem Fokus oder wird erst gar nicht wahrgenommen.

Man kann zum Beispiel die Entwicklung der Asylanträge in Deutschland durch die Schießscharte betrachten und in einer Grafik zusammenfassen, die im Jahr 2005 beginnt:[16]

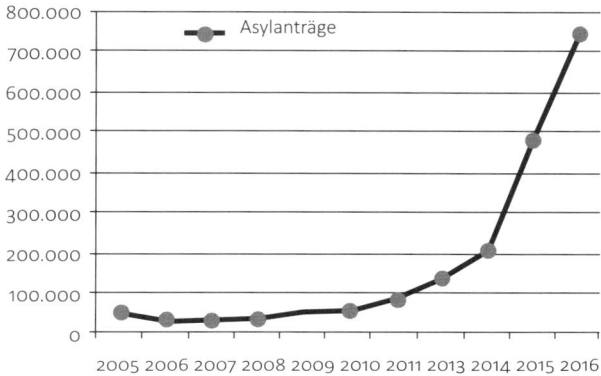

Asylanträge in Deutschland seit 2005

Sieht ganz schön dramatisch aus. Schon ein flüchtiger Blick verdeutlicht die beispiellose Herausforderung, die sich stellt, wenn die Zahl der Flüchtlinge im Land derart massiv zunimmt. Tatsächlich sind die Jahre 2005 bis 2006 bei vielen Medien beliebte Beginnjahre für Grafiken zur Entwicklung von Asylanträgen. Aber warum ist der Blick gerade zwölf Jahre zurück so beliebt? Warum kein Blick durchs breite Fenster? Man könnte doch genauso gut zum Beispiel dreißig Jahre zurückgehen:[17]

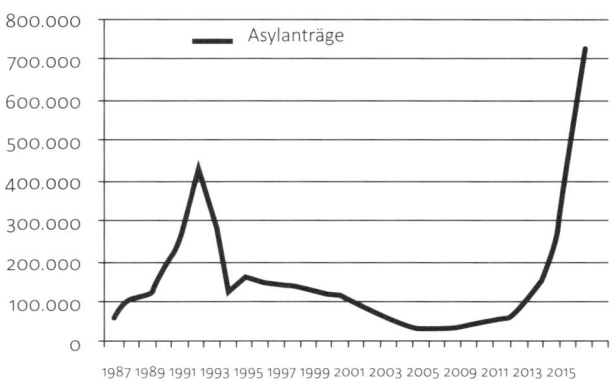

Asylanträge in Deutschland seit 1987

Der jüngste Anstieg der Antragszahlen bleibt auch in dieser Grafik beeindruckend. Ganz so beispiellos wie beim auf 2005 bis 2016 eingeschränkten Schießschartenblick ist er aber nicht mehr. Schon vor etwas mehr als 25 Jahren, zur Zeit der Jugoslawienkriege, gab es einen dramatischen Anstieg der Asylantragszahlen, dem eine lange Phase des Rückgangs von Asylanträgen folgte.

Allerdings lässt der Kurvenverlauf für die Zukunft nichts Gutes hoffen. Wie soll das bloß weitergehen? Der gezeigte Anstieg an Asylanträgen stimmt wohl auch sehr weltoffene, hilfsbereite Menschen nachdenklich.

Möglicherweise ändert aber auch hier ein klein wenig mehr an Information den Eindruck. Was passiert, wenn wir in die Kurve die aktuellen Zahlen einarbeiten?

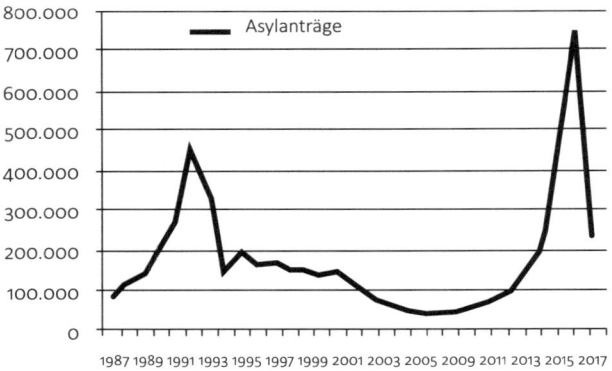

Asylanträge in Deutschland seit 1987–2017

Nun sieht die Kurve gar nicht mehr so aus, als ob man die Zukunft fürchten müsste. Einem Bilderrahmen gleich bestimmt die Auswahl des betrachteten Zeitraums, was wir sehen. Und dieser Bilderrahmeneffekt kann unseren Eindruck über ein Geschehen mehr beeinflussen als die tatsächlichen Zahlen.

> ●

Echte Zahlen, falsche Ursache
Manche nützen den Bilderrahmeneffekt aber auch, indem sie mehr als andere zeigen. Anders als viele europäische Populisten beschränkte sich die Schweizer SVP nicht auf jene Jahre, die von einem niedrigen Niveau ausgehend einen starken Anstieg der jährlichen Asylanträge veranschaulicht. In ihrem Parteiprogramm von 2011 bis 2015 fand man stattdessen eine Grafik, die nicht bloß den Anstieg von 2006 illustriert, sondern auch die Jahre davor, aus denen sich ein Sinken der Antragszahlen bis 2006 ergibt. In dieser Grafik erscheint zwischen relativ hohen Zahlen vor 2004 und nach 2008 eine deutliche Delle, die eine Phase niedriger Asylantragszahlen markiert. Das Parteiprogramm versäumte nicht, bei dieser Delle darauf hinzuweisen, dass in diesen Jahren ihr Repräsentant Christoph Blocher Regierungsmitglied war. Niedrige Asylantragszahlen seien bloß »eine Frage der Führung«, wie das SVP-Parteiprogramm 2015 diese Grafik übertitelt.

Die Grafik soll vermitteln, dass Christoph Blocher mit seinem Eintritt in die Regierung die Asylantragszahlen stark reduziert hat und dass diese Zahlen nach seinem Ausscheiden wieder sprunghaft angestiegen sind. Tatsächlich markieren diese Jahre jedoch einen Zeitraum, in dem die Zahl der Asylwerber in ganz Europa niedrig war – dort hatte Blocher aber nichts mitzureden. Die geringe Zahl der Asylanträge hatte also nichts mit Blochers Regierungstätigkeit zu tun. Sie war Ergebnis des europäischen und internationalen Umfelds. Es war bloß Zufall, dass Blochers Regierungstätigkeit gerade in diesen Zeitraum mit niedrigen Antragszahlen fiel.

Die SVP nützte diesen glücklichen Zufall, indem sie einen breiten Ausschnitt zeigte, der auch die Jahre vor dem Absinken der Antragszahlen beinhaltete. Beginn und Ende des daraus entstehenden Wellentals markierte das Parteiprogramm mit Beginn und Ende der Regierungstätigkeit Blochers. So entstand der falsche optische Eindruck, diese Regierungstätigkeit habe die Asylwerberzahlen unmittelbar beeinflusst.

● <

Der weiße Hai und die tödliche Kuh
Prozentzahlen scheinen sehr anschaulich und unbestechlich. Tatsächlich führen sie uns aber oft in die Irre. Denn wer beim Lesen eines Textes nicht ständig überlegt, was die absolute Bezugsgröße (also die 100 Prozent) zu unserer Prozentzahl ist (und wer tut das schon), ist leicht zu täuschen.

Manchmal lassen Zahlentrickser die absolute Bezugsgröße überhaupt unerwähnt. Klingt doch gut, wenn eine Studie zur Wirksamkeit eines Medikaments eine Abnahme der Sterblichkeit um 20 Prozent nachweist. Der durchschnittliche Leser ist beeindruckt. Nur der besonders aufmerksame Leser fragt: 20 Prozent wovon?

Ohne absolute Bezugsgröße kann diese Aussage nämlich alles Mögliche bedeuten. Im Rahmen der Studie könnte nachgewiesen worden sein, dass mit diesem Medikament nur mehr achtzig von hundert Erkrankten sterben, aber auch, dass statt fünf nur mehr vier von hundert Erkrankten sterben. Letzteres klingt gleich viel weniger eindrucksvoll. Die Aussage über die zwanzigprozentige Reduktion der Sterblichkeit ist ohne absolute Bezugsgröße deshalb nicht falsch, aber irreführend. Wer die absolute Bezugsgröße zu seinen Prozentzahlen nicht offenlegt, spielt oft mit falschen Karten.

Besonders beliebt sind Tricksereien mit relativen und absoluten Risiken. »Haiangriffe erreichen Rekordhoch« titelte das Nachrichtenmagazin *Der Spiegel* im Februar 2016 in seiner Onlineausgabe.[18] Trotzdem ist nach diesem Rekordjahr (2015) die Zahl der Haiangriffe 2016 noch einmal um ein Drittel gestiegen. Klingt dramatisch, ist es aber nicht. Anstatt sechs (2015) starben 2016 weltweit acht Menschen nach Haiangriffen. Bei einer Weltbevölkerung von 7,5 Milliarden Menschen eine verschwindend geringe Zahl. Das absolute Risiko, unter 7,5 Milliarden Menschen gerade einer von sechs (acht) Menschen zu sein, die eine Haiattacke nicht überleben, liegt praktisch bei null. Das gilt vor allem für Mitteleuropäer.

Tatsächlich sterben weit mehr Menschen durch Kuhattacken als nach Haiangriffen. Das Risiko, durch Kühe sein Leben zu verlieren, ist noch immer verschwindend gering, aber höher, als einem Haiangriff zu erliegen. Auch das trifft besonders auf Mitteleuropäer zu. Dennoch schaudert uns beim Gedanken an die Zunahme tödlicher Haiangriffe mehr als vor den tausenden Kühen, die im Sommer in

Österreich, Deutschland und der Schweiz auf Wiesen und Almen weiden.

Die große Schwankung

Die gute Nachricht ist die beste: »Neuzulassungen von Elektroautos mehr als verdoppelt«, jubelte das Internationale Wirtschaftsforum Regenerative Energien in einer Meldung im Oktober 2017.[19] Von Jänner bis September 2017 wurden in Deutschland laut Kraftfahrbundesamt 16.433 reine Elektroautos zugelassen. Im Vergleichszeitraum 2016 waren es bloß 7678 Stück.

Die Meldung über die Verdoppelung ist also rechnerisch richtig. Trotzdem ist die Freude verfrüht, dass bald ganz Deutschland mit Strom fährt. Von Jänner bis September 2017 wurden in Deutschland nämlich über 2,6 Millionen Neuwagen zugelassen. Die rein strombetriebenen Neuwagen machen gerade einmal 0,6 Prozent aller Neuzulassungen aus.

Hohe Veränderungsraten sind am leichtesten bei geringen Ausgangsmengen erzielbar. Sie deuten deshalb oft auf niedrige relative Zahlen hin. In einer Kleinstadt, in der es 2015 lediglich einen Verkehrstoten gab, 2016 jedoch zwei, bedeutet das eine Verdoppelung der Verkehrstoten. Stirbt in dieser Stadt 2017 wieder bloß ein Verkehrsteilnehmer, kann der Bürgermeister die »Halbierung der Verkehrstoten« und die »signifikante Erhöhung der Verkehrssicherheit« melden. Tatsächlich ist es bei derart kleinen Ausgangsmengen aber oft lediglich Zufall, ob in einem Kalenderjahr keine, zwei, drei oder gar fünf tödliche Verkehrsunfälle passieren.

Meldungen, die große Schwankungen einer Grundmenge ausweisen, sind also mit Vorsicht zu genießen. Sie signalisieren uns zwar dramatische Veränderungen. Hinterfragt man sie, erkennt man jedoch oft, dass diese Veränderungen nur winzige Teile eines großen Ganzen betreffen.

> ●

Die Glaskugel
Manche Prognosen unterstellen, dass sich aktuelle Veränderungen in gleichem Tempo in der Zukunft fortsetzen. Das ist meistens schon deshalb unseriös, weil sich von der

Veränderungsrate eines Kalenderjahres keine gesicherte Prognose ableiten lässt, wie hoch diese Veränderung in fünf oder zehn Jahren sein wird. Besonders problematisch wird das aber, wenn hohe Schwankungen zu kleinen Ausgangsmengen hochgerechnet werden.

Es wäre ja durchaus verlockend, aus der aktuellen Verdoppelung des Anteils von Elektroautos an Neuzulassungen hochzurechnen, in wie vielen Jahren ausschließlich Elektroautos zugelassen werden. Immer wieder versuchen uns Zahlentrickser mit dieser Methode zu unterschiedlichsten Themen zu »informieren«. Leider sind derartige Hochrechnungen nicht aussagekräftiger als der Blick in die Glaskugel. Denn auch wenn sich die Zahl der Neuzulassungen von Elektroautos im letzten Jahr verdoppelt hat (es gibt ja auch bloß wenige) – irgendwann ist der Anteil der Elektroautos an den Neuzulassungen so hoch, dass eine Verdoppelung schon rein rechnerisch nicht mehr möglich ist (unter der Annahme, dass die Zahl an Neuzulassungen insgesamt unverändert bleibt oder nur leicht steigt). Solche Veränderungsraten sinken daher zwangsläufig im Laufe der Zeit und mit der Vergrößerung der Ausgangsmenge (also mit dem Ansteigen des Anteils von Elektroautos an Neuzulassungen). Prognosen, die derartige aktuelle Veränderungen fortschreiben, übertreiben meist maßlos. Der tatsächliche Fortschritt folgt weit langsamer. Deshalb sind solche Wunschprognosen meist kaum glaubwürdiger als Prophezeiungen aus der Glaskugel.

• ‹

Der Trick mit der großen Zahl

Ist eine Zahl erst einmal groß genug, entzieht sie sich unserer Vorstellungskraft. Unserem Gehirn fehlt die Fähigkeit, in großen Maßstäben zu abstrahieren. Der Mensch braucht anschauliche Vergleiche und Bezugsgrößen, um große Zahlen begreifen zu können.

Nicht umsonst brechen Medien und Wissenschaftler besonders große Zahlen gerne auf einfache Bezugsgrößen wie Fußballfelder und Badewannen herunter. Wer kann sich schon unter 60.000 Quadratkilometern etwas vorstellen, um die unsere Regenwälder weltweit jährlich durch menschliche Vernichtung schrumpfen? Das entspricht übrigens einer Fläche von 35 Fußballfeldern, die alle zwei Minuten verloren geht oder – noch weiter heruntergebrochen – einer Vernichtungsrate von einem Fußballfeld alle dreieinhalb Sekunden, das ganze Jahr hindurch, 24 Stunden täglich.[20] Diese »kleine« Zahl macht jenes Drama begreifbar, das die große Zahl unkonkret, abstrakt und letztendlich harmlos erscheinen hat lassen.

Wer uns hingegen große Zahlen wie unverdauliche Brocken hinwirft, führt uns – absichtlich oder auch nicht – schnell in die Irre. Auf vier Milliarden Euro sei der Gewinn 2015 gefallen, meldete der BASF-Konzern. In den Medien war schnell von einem »Schrumpfkurs« und Einsparungen die Rede. Muss man vielleicht bei den Mitarbeitern sparen, um den Aktionären einen ordentlichen Gewinn zu sichern? Der deutsche Statistikprofessor Gerd Bosbach hat sich die Mühe gemacht und die unvorstellbar hohe Zahl von vier Milliarden Euro auf anschauliche Bezugsgrößen zerlegt. Ein Marathonläufer könnte mit den vier Milliarden entlang seiner 42,2 km langen Laufstrecke nicht nur ein lückenloses Band aus 50-Euro-Scheinen legen. »Er müsste an jeder Stelle zwischen Start und Ziel 270 Scheine aufeinanderstapeln! Knapp 300.000 Stapel mit jeweils 270 Scheinen!«, rechnet Bosbach vor. Jeder einzelne Mitarbeiter erwirtschaftet für die BASF-Aktionäre im Konzerndurchschnitt einen Gewinn von 35.500 Euro im Jahr.[21] Ist der Jahresgewinn des BASF-Konzerns mit diesen Zahlen erst einmal gedanklich fassbar gemacht, taugt er nur äußerst beschränkt als Rechtfertigung für Einsparungsmaßnahmen.

Schnür dir dein Wunschpaket

Bei manchen Zahlen ist für jeden was dabei. Es kommt bloß darauf an, was man aus ihnen macht. Das mag praktisch sein, wenn man ein bestimmtes Ziel verfolgt. Das kann aber auch ziemlich daneben gehen, wenn man erwischt wird. Oder wenn einem möglicherweise auch gar nicht bewusst ist, dass der eigene Datensatz zwei völlig verschiedene Interpretationsweisen möglich macht.

Wie schnell man damit zwischen die Mühlräder eines ordentlichen Medienwirbels kommen kann, musste die Stadt Wien erleben, die 2017 ihre jährliche Liste der beliebtesten Vornamen für Neugeborene veröffentlicht hat – möglicherweise ganz ohne sich der verschiedenen Interpretationsmöglichkeiten der Ausgangsdaten zu dieser Liste bewusst zu sein. So sah die veröffentlichte Liste aus:

1. David
2. Maximilian
3. Alexander
4. Paul
5. Lukas
6. Leon
7. Elias
8. Tobias

Kurz darauf warf die größte österreichische Boulevardzeitung, die *Kronen Zeitung*, der Stadt Wien vor, die Folgen »des seit Jahren dokumentierten verstärkten Zuzugs aus arabischen Ländern« zu vertuschen. »Auf der offiziellen Liste der beliebtesten Kindernamen der Stadt Wien findet sich kein Mohammad – in der internen Version des Magistrats, die nicht an die Medien geschickt wird, aber sehr wohl«.[22] Diese »interne Version« (die, nebenbei erwähnt, auf einer Webseite der Stadt Wien ebenfalls öffentlich abrufbar war) beruhte auf demselben Datensatz der Statistik Austria und hatte folgende Reihung:

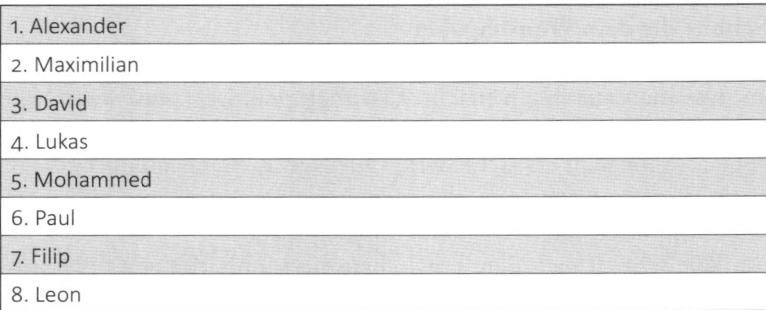

1. Alexander
2. Maximilian
3. David
4. Lukas
5. Mohammed
6. Paul
7. Filip
8. Leon

Was war passiert? Wie können zwei Listen, die sich beide auf dieselben Ausgangsdaten beziehen (Vornamen der 2016 in Wien

Neugeborenen), derart voneinander abweichen? War eine der beiden Listen falsch? Oder hat gar die Stadt Wien absichtlich ihre Liste gefälscht? Die Erklärung ist simpel: Von vielen Namen gibt es unterschiedliche Schreibweisen. Namenslisten können der Schreibweise der Namen entsprechend oder phonetisiert, also nach dem Klang, erstellt werden. Der Schreibweise nach sind »Klemens« und »Clemens« oder »Andreas«, »Andrew«, »Ander«, »Andris« und »Andrée« jeweils verschiedene Namen, phonetisiert werden sie zu »Clemens« beziehungsweise »Andreas« zusammengefasst. Auch zu »Mohammed« existieren mit »Mohamed«, »Muhammad« oder »Mohammat« verschiedene Schreibweisen, die alle unter einem Namen zusammengefasst werden können.

Die Stadt Wien hat eine alleine der Schreibweise nach differenzierende Liste erstellt. Die von der *Kronen Zeitung* zitierte Version fasst hingegen verschiedene Namensschreibweisen phonetisiert zusammen. Beide Vorgehensweisen sind legitim. Beide Listen beruhen auf denselben Daten. Und beide Listen wurden nach anerkannten Methoden sauber erstellt. Dennoch kommen beide Listen zu unterschiedlichen Ergebnissen. Der Unterschied liegt schlicht darin, dass eine Liste sehr feine Unterschiede berücksichtigt und selbst bei geringer Abweichung in der Schreibweise Namen nicht einem anderen, ähnlich klingenden Namen zuordnet, sondern eine neue Namenskategorie eröffnet. So landet der erste »Aleksandar« nach 99 »Alexander« nicht bei diesen, um sie im Rennen um Platz 1 auf der Liste zu unterstützen, sondern weit abgeschlagen im Schlussfeld der Liste. Die andere Liste schnürt Pakete und fasst Namen zusammen. In dieser Liste unterstützt »Aleksandar« alle bisherigen »Alexander«, so wie »Muhammad« die Anzahl der »Mohammed« vermehrt.

Die Entscheidung für die eine oder die andere Art der Zählung bleibt dem Zählenden überlassen. Es ist weder besonders seriös noch besonders unseriös, sich für die eine oder andere Zählweise zu entscheiden. Aber mit dieser Entscheidung lässt sich das Zählergebnis entscheidend beeinflussen. Und je nach Intention des Zählenden kann dieser damit eine Botschaft verbinden oder unterschwellig Ängste schüren. Spätestens dann wird diese Vorgehensweise problematisch. Zum Beispiel wenn man sie nutzt, um unterschwellig die Islamisierung Wiens herbeizuschreiben – bei gerade einmal 124 neugeborenen »Muhammads«, »Mohammeds« und »Mohammads« in einer Stadt mit mehr als 1,7 Millionen Einwohnern.

Das funktioniert natürlich nicht nur mit Namenslisten, sondern bei allen Statistiken, deren Rohdaten sich auf unterschiedliche Weise bestimmten Kategorien zuordnen lassen. Auch deshalb gilt es, Statistiken und Reihungen nicht uneingeschränkt zu vertrauen. Oft bestimmt sich ihr Ergebnis nämlich nach den Paketen, die der Bearbeiter aus den Rohdaten schnürt – und diese Pakete können durchaus auch Wunschpakete sein.

> •

Zahlentricks aufdecken

Leider lässt sich auch mit echten Zahlen gut tricksen. Manche Zahlentricks sind schwer durchschaubar. Um alle Zahlentricks aufzudecken, müsste man sich mit Statistik und Mathematik ziemlich gut auskennen. Viele Tricks lassen sich aber recht einfach aufdecken, wenn man wachsam bleibt und Scheinlogik kritisch hinterfragt:

- **Keine Angst vor großen Zahlen**: Wer uns anlügen will, weiß ganz genau, dass wir uns große Zahlen schlecht vorstellen können. Wer sich nicht anlügen lassen will, versucht deshalb, große Zahlen in »Maßeinheiten« herunterzurechnen, die man sich vorstellen kann. Fast jede Zahl lässt sich auf Fußballfelder, Badewannen oder übereinandergestapelte Kirchtürme umrechnen;
- **Stay cool**: Horrormeldungen über extreme Steigerungsraten wirken auf den ersten Blick recht beeindruckend. Alarm zu schlagen ist aber trotzdem meist unangebracht. Hohe Steigerungsraten und starke Schwankungen deuten meist auf niedrige relative Zahlen und winzige Anteile an einem großen Ganzen hin. Solche Veränderungen sind dann meist weniger beeindruckend, als es zunächst scheint (zum Beispiel wenn hinter der Verdoppelung von tödlichen Haiangriffen eine Steigerung von einem auf zwei Todesopfern steht). Wer sich gerne fürchtet, hinterfragt die absoluten Zahlen hinter solchen Horrormeldungen nicht. Alle anderen fragen nach den Gesamtzahlen.

- **Wechsle die Seiten**: Jede Zahl hat zwei Seiten. Und das große Ganze hat immer 100 Prozent. Ein Nachhilfeinstitut, das mit der Behauptung wirbt, dass 70 Prozent aller Schüler, die ein Schuljahr wiederholen müssen, keine außerschulische Lernunterstützung erhalten, gesteht – ohne es zu wollen – auch zu, dass 30 Prozent aller durchgefallenen Schüler trotz Nachhilfe nicht aufgestiegen sind. Eigentlich keine gute Werbung. Aber um das zu erkennen, müssen wir auch mal den Blickwinkel wechseln.

- **Finde das Wunschpaket**: Wer Listen erstellt, kann die Reihung oft beeinflussen, indem er Pakete schnürt (zum Beispiel ähnlich klingende Vornamen zusammenfasst). Geschickt geschnürte Wunschpakete führen zum Wunschergebnis. Das funktioniert nicht nur mit Namen, sondern zum Beispiel auch mit Einkommen. Wer beweisen will, dass bei uns ohnehin nur wenige Menschen arm sind, kann die Prozentzahl der armen Menschen auf dem Papier ganz einfach reduzieren. Dazu muss man nämlich bloß die Grenze zwischen »arm« und »nicht arm« möglichst tief ansetzen. Wer uns das Gegenteil beweisen will, setzt diese Grenze möglichst hoch an.

Klar lassen sich damit nicht alle Tricks erkennen. Aber mit diesem Trick finden wir fast immer heraus, ob Skepsis angebracht ist:

- **Finde den Nutznießer**: Fast jede Nachricht nützt irgendwem. Manche wollen uns mit Zahlen etwas verkaufen (zum Beispiel das Nachhilfeinstitut, das uns mit Zahlen zur fehlenden Nachhilfe bei schlechten Schülern alarmieren will). Andere wollen mit Zahlen etwas besser darstellen oder das eigene Versagen verbergen (zum Beispiel eine Behörde, die die Armutsgrenze bewusst tief ansetzt, um auf dem Papier möglichst wenig Arme im eigenen Verantwortungsbereich zu haben). Wieder andere wollen das Interesse einer bestimmten Gruppe durchsetzen (zum Beispiel der Wanderreiseveranstalter, der in seinem Katalog mit der Verdoppelung tödlicher Haiangriffe vor Badereisen warnt).

Wenn von der Nachricht gerade jene Institution profitiert, die auch die Zahlen erhoben hat (bzw. dieser nahesteht), dann sollten die Alarmglocken schrillen.

In all diesen Fällen ist die Nachricht nicht zwangsläufig falsch. Wer glaubt, gar nichts mehr glauben zu können, landet rasch im Eck der absurden Verschwörungstheorien. Blindes Vertrauen ist aber ebenso unangebracht. Vertrauen ist gut, Kontrolle ist besser – das gilt nicht nur gegenüber Mitmenschen, sondern auch gegenüber den scheinbar so knochentrockenen, objektiven Zahlen.

15. Darf ich alles glauben, was ich im Fernsehen sehe?

Pöbelnde Stiefväter, inszenierte Seitensprünge, erfundene Polizeieinsätze und immer ganz viel Drama mit dabei: Im Fernsehen wird heutzutage mehr geschummelt denn je zuvor. Doch nicht nur gestellte Pseudo-Dokumentationen spielen mit der Glaubwürdigkeit. Auch in vermeintlich »wahren« Dokumentationen im Fernsehen geht es nicht immer ganz mit der Wahrheit zu.

Dass im Fernsehen mitunter die Realität abgebildet wird, ist nichts Neues. In den vergangenen Jahren nahm die Zahl an Doku-Soaps, Scripted-Reality-Formaten und Reality-Shows aber massiv zu.

Es war der Quotenbringer des Jahres 1957. Millionen amerikanischer Fernsehzuseher verfolgten gebannt, wie der Kandidat Charles Van Doren in der Quizshow »Twenty-One« eine Frage nach der anderen richtig beantwortete.

Van Doren galt als Superhirn, war der erste Superstar der amerikanischen Fernsehgeschichte, wurde auf dem Titelblatt des *Time Magazine* abgebildet – bis sich herausstellte, dass der Produzent ihm zuvor alle Antworten auf die Quizfragen gegeben und das vermeintliche Superhirn auch Schauspielunterricht genommen hatte, um zu lernen, wie er vor der Beantwortung einer schweren Frage besonders ratlos und nachdenklich wirkt. So hatte Amerika schon in den 1950er-Jahren seinen ersten großen Fernseh-Fakeskandal.

Derart spektakuläre Betrügereien sind selten, aber auch sie kommen im Fernsehen vor. Heute lassen wir uns aber meist viel offener anlügen. Und könnten es auch jederzeit wissen, wenn wir wollen. Jeden Nachmittag bombardieren private Fernsehsender ihre Zuseher mit offenen Lügengeschichten – und kaum einer stört sich daran. **Scripted Reality** nennt sich das Format, aus dem viele äußerst beliebte Nachmittagssendungen sind. Übersetzt bedeutet das »Realität nach Drehbuch«. Die Sendungen heißen »Berlin Tag & Nacht«, »Auf Streife«, »Die Schulermittler«, »Verdachtsfälle« oder »Blaulicht Report« und gaukeln den Menschen Realität vor. Diese Sendungen arbeiten mit Mitteln des Dokumentarfilms, die Geschichten, die sie erzählen, sind aber frei erfunden und die Darsteller nicht tatsächlich Betroffene, sondern Laienschauspieler.

Wie sehr im Fernsehen, speziell bei privaten Sendern, gelogen wird, enthüllte vor einigen Jahren die ARD-Sendung »Panorama«. In einem Beitrag mit dem Titel »Lügenfernsehen« zeigte das Magazin, dass bei der damaligen RTL-Serie »Unterm Hammer« ein Haus gar nicht, wie in der Sendung vorgespielt, versteigert worden war. Die Auktion war nur für das Fernsehen gestellt, obwohl im Beitrag behauptet wurde, das Haus habe einen neuen Besitzer und die früheren Besitzer seien jetzt endlich schuldenfrei.

Bei der Nachmittagssendung »Die Schulermittler« zum Beispiel, in der Schauspieler so tun, als seien sie Schulsozialarbeiter, wird zwar vom Sender wenige Sekunden lang darauf hingewiesen, dass es sich nicht um echte Fälle handelt. Allerdings sieht nicht jeder immer die ganze Sendung, und es gibt auch Menschen, die überzeugt sind, dass solche Sendungen die Realität darstellen. Die Sendung »Panorama« zitierte im Jahr 2011 auch eine Studie des deutschen Meinungsforschungsinstituts Ipsos, nach der 16 Prozent der Befragten meinten, die Handlungen in diesen Sendungen seien echt, weitere 39 Prozent wussten es nicht. Nur 45 Prozent waren überzeugt, dass es sich um gestellte Szenen handelte.[23]

Doku-Soaps und »echtes« Leben

Ein weiteres Genre, mit dem uns das Fernsehen »Realität« vorgaukelt, sind die sogenannten »Doku-Soaps«, eine Wortneuschöpfung aus Dokumentation und soap opera. Bei diesen Dokumentar-Seifenopern werden Menschen von der Kamera in bestimmten Situationen begleitet, beim Hausbau, beim Finden der neuen Liebe oder auch bei der Geburt eines Kindes. Da werden Häuser von Wohnprofis neu eingerichtet, man ist live dabei, wenn Menschen in einem neuen Land beruflich Fuß fassen und scheitern, wenn der Bauer endlich eine Frau findet oder Teenager selbst Kinder bekommen.

Dabei sieht man aber natürlich nicht das »normale« Leben, sondern eine Auswahl der dramatischsten und überraschendsten Szenen: der große Eklat, der Zusammenbruch, das große Glück, wenn die Wohnung neu dekoriert oder das Geschäft im neuen Heimatland eröffnet ist. Denn die ungefilterte Normalität würde das Fernsehpublikum schnell langweilen.

Bei manchen dieser Formate geht es vor allem darum, die teilnehmenden Personen bloßzustellen. Wie in einer Freakshow kann sich das Publikum daran ergötzen, dass die Sozialhilfe-Familie, die in ihrer Plattenbauwohnung haust, tatsächlich so dumm ist, wie man es sich immer dachte. So bekommen die Zuseher ihre eigenen Vorurteile am Bildschirm bestätigt. Wie weit Sender gehen, zeigte der deutsche Satiriker Jan Böhmermann. Seiner Sendung »Neo Magazin Royale« gelang es, zwei Schauspieler in die RTL-Sendung »Schwiegertochter gesucht« einzuschleusen. Diese Sendung präsentiert »einsame Männer, die noch bei Mama wohnen und sich nach der großen Liebe sehnen«, wie RTL schreibt. Die beiden vom »Neo Magazin Royale« engagierten Schauspieler spielten den alkoholkranken Vater Robin und seinen Sohn René, der 21 Jahre alt ist, offensichtlich einen äußerst niedrigen Intelligenzquotienten hat, der Schildkröten sammelt und noch nie eine Freundin hatte. Das Magazin mietete dafür extra eine Wohnung in einem Plattenbau an und stattete sie so aus, dass sie jedem Klischee entsprach, das man über schlecht gebildete Sozialhilfeempfänger haben konnte. Die beiden Schauspieler schafften es als »René und Robin« in die Sendung. RTL verlangte von den Kandidaten, eine eidesstattliche Versicherung zu unterzeichnen, dass sie nicht geistig beeinträchtigt seien. Für zehn bis dreißig Drehtage zahlte RTL den Teilnehmern 150 Euro. Für die Sender haben solche Sendungen einen großen Vorteil: Sie sind um ein Vielfaches günstiger und schneller zu produzieren als echte Dokumentationen.

Zur seit Jahren beliebten Sendung »Frauentausch«, bei der zwei Frauen aus möglichst unterschiedlichen Welten für eine bestimmte Zeit ihre Familien tauschen, gibt es sogar ein Gerichtsurteil. Eine Kandidatin der Sendung wehrte sich gerichtlich gegen eine neuerliche Ausstrahlung einer Folge, in der sie auftrat. Das Berliner Landesgericht gab ihr recht. Der Produktionsfirma von »Frauentausch« könne »nicht verborgen geblieben sein, dass die Klägerin intellektuell schnell überfordert ist und offensichtlich keinerlei Erfahrung im Umgang mit Medien hatte«, urteilte das Gericht. Aus diesem Grund hätte sie ausdrücklich darauf hingewiesen werden müssen, dass sich die Produktionsfirma die nachträgliche Bearbeitung der Aufnahmen vorbehält und dies dazu führen kann, dass Familienmitglieder lächerlich gemacht und verspottet werden.[24]

Solche Sendungen sind weniger ein Begleiten in Alltagssituationen als vielmehr ein Vorführen von Menschen wie früher auf dem Jahrmarkt. Auch die sogenannten »Realityshows« funktionieren nach diesem Prinzip.

Realityshows: die zusammengeschnittene Realität

Bekannte »Realityshows« sind zum Beispiel »Big Brother«, das »Dschungelcamp« (»Ich bin ein Star, holt mich hier raus«) oder »Germany's Next Topmodel« (GNTM) mit Heidi Klum.

Auch hier wird den Zusehern vermittelt, die Sendung zeige die Realität, allerdings wird bei solchen Shows auch nichts dem Zufall überlassen. Bei GNTM beschwerten sich Nachwuchs-Models, dass sie von den Sendungsverantwortlichen ganz bewusst zu gewissen Typen zurechtgeschnitten wurden. Denn auch durch die Auswahl der Szenen, die man zeigt, und jene, die nicht ausgestrahlt werden, werden Fernseherzählungen in eine bestimmte Richtung gelenkt.

> •

Castings – wie alles begann

Castingshows sind keine neue Fernseherfindung, sondern im Grunde ein alter Hut. Bereits in den 1950er-Jahren feierte die ARD große Erfolge mit ähnlichen Formaten, die Sendungsnamen wie **Wer will, der kann – die Talentprobe für jedermann** oder **Toi Toi Toi – Der erste Schritt ins Rampenlicht** trugen.

Damals nannte man die Sendungen aber nicht Castingshows, sondern Talenteshow. Schon damals durfte neben einer Jury auch das Publikum mitbestimmen, wer der Sieger ist. Allerdings nicht per Anruf, sondern Sieger wurde, wer den meisten Applaus im Studio bekommen hatte. Der Sieger bekam einen Vertrag mit der Rundfunkanstalt.

In den 1960er-Jahren gab es dann den **Talenteschuppen,** in dem junge Sänger erstmals auf der Fernsehbühne stehen konnten. Die Sendung wurde in Deutschland bis 1985 ausgestrahlt.

Ein großer Boom, der bis heute anhält, wurde aber im Jahr 2000 mit der Sendung **Popstars** gefolgt von **Deutschland sucht den Superstar** ausgelöst.

In Österreich lief ab 1980 die Fernsehsendung **Die große Chance**, in der Talente aus Österreich präsentiert wurden.

Auf den neuen internationalen Trend zur Castingshow sprang

Österreich 2002, zwei Jahre nach Deutschland, mit der Musik-Castingshow **Starmania** auf.

• <

Sendungen wie GNTM haben auch direkte Auswirkungen auf ihre – meist jungen – Zuseher, speziell auf die Zuseherinnen. Eine Studie des Internationalen Zentralinstituts für das Jugend- und Bildungsfernsehen (IZI) kam zu folgendem Schluss: »Der Gedanke, zu dick zu sein, ist bei GNTM-Seherinnen signifikant häufiger präsent. Während der Gedanke bei Topmodel-Seherinnen durchschnittlich bei 64 Prozent vorkommt, findet er sich bei den Nie-Seherinnen nur bei 41 Prozent. Besonders bei denen, die ›immer‹ GNTM sehen, ist er mit 69 Prozent besonders deutlich ausgeprägt. Besonders stark zeigt sich dieser Unterschied bei den 13-jährigen Mädchen: Fast drei Viertel (73 Prozent) der 13-jährigen Topmodel-Seherinnen hatten schon den Gedanken, zu dick zu sein, aber nur 45 Prozent der 13-jährigen Nicht-Seherinnen.«[25]

Auch im Dschungelcamp ist es bei Weitem nicht so wild, wie uns das Fernsehen verspricht. Als Abenteuer aus dem »gefährlichsten Dschungel der Welt« wurde diese Sendung zu Beginn angekündigt. Tatsächlich ist das Dschungelcamp künstlich angelegt, zum Schutz der Kameras ist es teilweise mit Planen abgedeckt, Sicherheitspersonal kontrolliert ständig, dass ja kein giftiges Tier in die Nähe der Prominenten gelangt, und »Dr. Bob«, der sich um die Gesundheit der Dschungelcampbewohner kümmert, ist gar kein Arzt.

Plattgefahren oder vom Wolf gerissen – auch »echte« Dokus schummeln

Aber auch die echte Dokumentation im Fernsehen bildet nur selten die Wirklichkeit ab, sondern meistens nur einen Ausschnitt davon. Wie der Spielfilm hat auch der Dokumentarfilm ein Drehbuch und arbeitet mit dramaturgischen Mitteln. Das beginnt bei der Auswahl der Protagonisten und der Szenen bis hin zum Einsatz dramaturgischer Mittel, wie etwa Einspielungen aus dem Off oder Regieanweisungen, die der Dokumentation eine bestimmte Richtung geben. Und sobald ein Kamerateam dabei ist, verändert sich die Realität.

Ein Dokumentarfilm erfindet aber im Gegensatz zu Scripted Reality nicht die Wirklichkeit, sondern macht sich auf die Suche nach der Wahrheit und versucht diese mit filmischen Mitteln nachzuzeichnen. Doch auch da wird manchmal nachgeholfen. Besonders schwer haben es die Tierfilmer. Sie sitzen oft tage- oder gar wochenlang in ihren Zelten und nichts passiert. Weil gerade Tierfilme-Drehs teuer und aufwendig sind, wurde immer wieder getrickst, verriet der bekannte Tierfilmer Chris Palmer vor einigen Jahren. Bei einer Dokumentation über Wölfe habe sein Team ein totes Tier, das es am Straßenrand gefunden habe, auf das Set gelegt, um so zu suggerieren, das Wolfsrudel habe gerade eine Beute gerissen. Außerdem seien die Wölfe keine Wildtiere gewesen, sondern für die Arbeit vor der Kamera trainierte Tiere. Auch die Höhle, in der sie angeblich lebten, war ein Nachbau. In einer seiner Dokumentationen über die Walwanderung von Hawaii bis nach Alaska erzählte der Tierfilmer seinem Publikum die Geschichte von einer Walmutter »Misty« und ihrem Jungen »Echo«, das auf dieser gefährlichen Reise vom Filmteam begleitet wurde. Allerdings waren die beiden Wale, die vor Hawaii gefilmt wurden, ganz andere als die beiden, die in Alaska vor die Kamera schwammen. »Misty« und »Echo« gab es in Wirklichkeit nie.

Besonders frech war aber ein Tierfilmer in einer 2012 vom ZDF ausgestrahlten Dokumentation über das wilde Deutschland. Er gab in einer Szene dressierte slowakische Wolfshunde als echte Wölfe aus.

Es schadet also nicht, auch dann kritisch zu bleiben, wenn man den Fernseher aufgedreht hat, und möglichst viel von dem, was über die Glotze flimmert, zu hinterfragen.

16. Warum gilt immer die Unschuldsvermutung?

Die Unschuldsvermutung ist jedem Medienkonsumenten schon einmal untergekommen. Fast alle Berichte über Straftaten enden mit dem Zusatz: »Es gilt die Unschuldsvermutung«. Manchmal steht noch nicht fest, ob der Verdächtige die Straftat, über die berichtet wird, auch tatsächlich begangen hat. Dann ist der Hinweis auf die Unschuldsvermutung verständlich. Aber auch in Berichten über Straftaten, bei denen die Täterschaft klar scheint, finden wir den Hinweis auf die Unschuldsvermutung. Das kommt manchen Menschen lächerlich vor.

Die Unschuldsvermutung schützt jede und jeden Einzelnen von uns vor einer elementaren Bedrohung. Denn in den Verdacht, eine Straftat begangen zu haben, kann man schnell einmal kommen, auch wenn man sich immer brav an die Gesetze hält. Die Unschuldsvermutung soll Personen, die mit strafrechtlichen Vorwürfen konfrontiert sind, vor Vorverurteilungen und Schuldzuweisungen schützen.

Das Recht auf ein faires Verfahren

Kein Mensch soll als schuldig gelten, bevor in einem rechtsstaatlich einwandfreien Verfahren seine Schuld nicht zweifelsfrei bewiesen ist.

Die Unschuldsvermutung ist ein im Völkerrecht und in internationalen Verträgen abgesichertes Menschenrecht (siehe Kasten). Viele Staaten – unter anderem auch Deutschland, Österreich und die Schweiz – haben die Unschuldsvermutung auch in ihrem nationalen Recht festgeschrieben.

> Jeder Mensch, der einer strafbaren Handlung beschuldigt wird, ist solange als unschuldig anzusehen, bis seine Schuld in einem öffentlichen Verfahren, in dem alle für seine Verteidigung nötigen Voraussetzungen gewährleistet waren, gemäß dem Gesetz nachgewiesen ist.
> Art. 11 Abs. 1 der Allgemeinen Erklärung der Menschenrechte der Vereinten Nationen von 1948

> Jede Person, die einer Straftat angeklagt ist, gilt bis zum gesetzlichen Beweis ihrer Schuld als unschuldig.
> Art. 6 Abs. 2 Europäische Menschenrechtskonvention (EMRK)

Jeder Angeklagte gilt bis zum rechtsförm-
lich erbrachten Beweis seiner Schuld als
unschuldig.

Art. 48 Abs. 1 der Grundrechtecharta der Europäischen Union

••<

Deshalb ist die Unschuldsvermutung verletzt, wenn ein Amtsträger vor diesem Zeitpunkt schuldzuweisende Äußerungen macht. Der Europäische Gerichtshof für Menschenrechte (EGMR) hat beispielsweise Litauen wegen der Verletzung der Unschuldsvermutung verurteilt, weil der litauische Generalstaatsanwalt in einem Interview noch vor dem Gerichtsverfahren von »sicheren Beweisen für die Schuld« eines früheren Ministers im Zusammenhang mit Betrugsvorwürfen gesprochen hat. Aber nicht nur Richter und Staatsanwälte sind Amtsträger in diesem Sinn. Auch andere staatliche Behörden, die Polizei und Laienrichter müssen die Unschuldsvermutung berücksichtigen. In einem vielbeachteten Gerichtsverfahren in Wien wurde eine Laienrichterin sofort ausgetauscht, nachdem sie in einer Verhandlungspause Unverständnis geäußert hatte, warum der Prozess noch so lange dauere. Für sie sei ohnehin bereits offensichtlich, wie die Angeklagten »gewirtschaftet« hätten.

Bestandteil der Unschuldsvermutung ist auch, dass die Anklagevertretung (die Staatsanwaltschaft) die Schuld des Verdächtigen beweisen muss (und nicht der Verdächtige seine Unschuld). Alle Zweifel haben sich zugunsten des Angeklagten auszuwirken. Diesen Grundsatz nennt man »in dubio pro reo« – im Zweifel für den Angeklagten. Gelingt der Schuldbeweis nicht eindeutig, gilt der Angeklagte als unschuldig. Auch wenn der Verdacht an sich bestehen bleibt (aber eben nicht bewiesen wird).

Die Unschuldsvermutung beschränkt sich aber nicht nur auf das Gerichtsverfahren selbst. Nach Ansicht des EGMR ist der Staat im Ganzen dafür verantwortlich, dass Strafverfahren nicht in einem Klima bereits erfolgter Vorverurteilungen und Schuldzuweisungen durch die Medien und die Öffentlichkeit stattfinden.[26] Denn auch Richter sind Menschen. Wer monatelang täglich in der Zeitung liest, wie brutal ein Verdächtiger eine Straftat begangen habe, kann später kaum unvoreingenommen in dieser Sache urteilen. Das fällt schon Berufsrichtern schwer, die in ihren Auswahlverfahren psychologische Tests durchlaufen mussten und eine strenge Ausbildung absolvieren. Umso schwieriger ist das für Laienrichter, die zufällig ausgesucht werden und dann ohne besondere Ausbildung als »ganz normale Menschen« über Schuld und Unschuld des Angeklagten entscheiden müssen.

Deshalb muss der Staat Gesetze erlassen, die gewährleisten, dass die Medien sachlich und möglichst fair über Straftaten berichten. Außerdem sind Berichte verboten, die Vorverurteilungen in die Welt setzen oder fördern. In Deutschland geschieht das über den Pressekodex, der die Unschuldsvermutung auch auf die Medien ausdehnt.

> •

Pressekodex des deutschen Presserats zur Unschuldsvermutung

Ziffer 13: Unschuldsvermutung
Die Berichterstattung über Ermittlungsverfahren, Strafverfahren und sonstige förmliche Verfahren muss frei von Vorurteilen erfolgen. Der Grundsatz der Unschuldsvermutung gilt auch für die Presse.

Richtlinie 13.1 – Vorverurteilung
Die Berichterstattung über Ermittlungs- und Gerichtsverfahren dient der sorgfältigen Unterrichtung der Öffentlichkeit über Straftaten und andere Rechtsverletzungen, deren Verfolgung und richterliche Bewertung. Sie darf dabei nicht vorverurteilen. Die Presse darf eine Person als Täter bezeichnen, wenn sie ein Geständnis abgelegt hat und zudem Beweise gegen sie vorliegen oder wenn sie die Tat unter den Augen der Öffentlichkeit begangen hat. In der Sprache der Berichterstattung ist die Presse nicht an juristische Begrifflichkeiten gebunden, die für den Leser unerheblich sind.
Ziel der Berichterstattung darf in einem Rechtsstaat nicht eine soziale Zusatzbestrafung Verurteilter mit Hilfe eines »Medien-Prangers« sein. Zwischen Verdacht und erwiesener Schuld ist in der Sprache der Berichterstattung deutlich zu unterscheiden.

Richtlinie 13.2 – Folgeberichterstattung

Hat die Presse über eine noch nicht rechtskräftige Verurteilung eines Betroffenen berichtet, soll sie auch über einen rechtskräftig abschließenden Freispruch bzw. über eine deutliche Minderung des Strafvorwurfs berichten, sofern berechtigte Interessen des Betroffenen dem nicht entgegenstehen. Diese Empfehlung gilt sinngemäß auch für die Einstellung eines Ermittlungsverfahrens.

Richtlinie 13.3 – Straftaten Jugendlicher

Bei der Berichterstattung über Ermittlungs- und Strafverfahren gegen Jugendliche sowie über ihr Auftreten vor Gericht soll die Presse mit Rücksicht auf die Zukunft der Betroffenen besondere Zurückhaltung üben.

• <

Die Unschuldsvermutung soll aber Medien nicht daran hindern, wahrheitsgemäß zu berichten. Medien dürfen daher ungehindert über Straftaten berichten. Aber sie dürfen keine strafrechtlichen Wertungen vornehmen, zum Beispiel indem sie jemanden als Schuldigen oder Täter bezeichnen, ohne darauf hinzuweisen, dass diese Person noch nicht rechtskräftig verurteilt ist. Denn urteilen, ob ein Beschuldigter eine Straftat tatsächlich begangen hat, dürfen in einem Rechtsstaat nur unabhängige Gerichte.

Hat der Verdächtige die Tat hingegen schon gestanden, gilt die Unschuldsvermutung für die Medien nicht mehr (sehr wohl aber noch für das Gericht und andere staatliche Behörden). In allen anderen Fällen endet die Unschuldsvermutung erst mit dem rechtskräftigen Schuldspruch.

Immer wieder verkehren manche Medien – insbesondere Boulevardzeitungen – den Hinweis auf die Unschuldsvermutung ins genaue Gegenteil. Sie berichten reißerisch und erwecken den Eindruck der bereits bewiesenen Täterschaft. Einen formelhaften Hinweis auf die Unschuldsvermutung bauen sie so in ihre tendenziösen Berichte ein, dass die Leser diesen Hinweis als Schuldbeweis verstehen können. Dieses Problem hat auch die Rechtsprechung erkannt (siehe Kasten) und festgelegt, dass Medien die Unschuldsvermutung umfassend zu wahren haben. Ob das der Fall ist, beurteilen Gerichte am

Gesamteindruck des Beitrags. Bloße Floskeln nach dem Motto »Im Übrigen gilt die Unschuldsvermutung« unterhalb eines klar schuldzuweisenden Medienberichts sind da zu wenig.

> ....

Oberster Gerichtshof (Österreich), 13.7.2010, 4 Ob 64/10i
Denn gerade die Leser einer Boulevardzeitung sind es gewohnt, diesen Hinweis [gemeint: Es gilt die Unschuldsvermutung; Anm.] im Zusammenhang mit einem behaupteten strafbaren Verhalten zu lesen, und zwar nicht selten dort, wo der Verfasser damit eher das Gegenteil aussagen will.

.... <

Verletzen Medien die Unschuldsvermutung, kann das unangenehme Konsequenzen haben. Denn der vorverurteilte Verdächtige hat dann einen Schadenersatzanspruch gegen den Medieninhaber. In Österreich bestimmt Paragraf 7b Mediengesetz, dass Personen, über die vor der rechtskräftigen Verurteilung so berichtet wird, als seien sie bereits überführt, eine Entschädigung von bis zu 20.000 Euro zusteht.

Das ist auch richtig so, denn letztendlich schaffen Medien, die sich nicht an die Unschuldsvermutung halten, einen Pranger, den die Betroffenen ihr Leben lang nicht mehr verlassen können. Jörg Kachelmann war einst Deutschlands berühmtester Wettermoderator – bis ihn seine Ex-Freundin der Vergewaltigung beschuldigte. Medien berichteten über den Fall, nicht alle vorurteilsfrei, manche reißerisch. Im Gerichtsverfahren verstrickte sich die Ex-Freundin in Widersprüche. Das Gericht sprach den Moderator vom Vorwurf der Vergewaltigung im Zweifel frei (in dubio pro reo). Die deutsche *Bild*-Zeitung titelte: »Freispruch, aber« und zeigte ihren Lesern klar, was sie von der Sache hält. Das Stigma des Vergewaltigers wird Jörg Kachelmann sein Leben lang begleiten, trotz Freispruch …

17. Wie erkenne ich Fake News?

Wer im Internet surft, ist regelmäßig mit Unwahrheiten und Lügengeschichten konfrontiert. Kennt man ein paar Tricks, ist es nicht schwer, Fake News von richtigen Informationen im Netz zu unterscheiden.

Fake News (von Englisch »fake«, gefälscht) sind nichts anderes als in Nachrichten verkleidete Lügen. Vor allem im Internet sind sie überall zu finden – und oft gar nicht so leicht zu enttarnen.

Fake News sind gefährlich. Sie können verletzen, aufhetzen, manipulieren, Rachegefühle auslösen oder sogar die gesellschaftliche Ordnung bedrohen. Gleichzeitig ist ihre Verbreitung heute dank Internet einfacher denn je. Spätestens seit dem Brexit, dem Referendum der Briten, aus der EU auszutreten, und der Wahl von Donald Trump zum US-Präsidenten sind sie in aller Munde.

Fake News sind keine Zeitungsenten. Letztere sind zwar auch Falschmeldungen. Aber Zeitungsenten werden in einer Zeitung nicht veröffentlicht, um bewusst Unwahrheiten zu verbreiten, sondern weil man sich geirrt hat oder weil schlecht recherchiert wurde.

Fake News sind hingegen ganz bewusst erzeugte Unwahrheiten. Sie werden aus verschiedenen Gründen in die Welt gesetzt: um Aufmerksamkeit und Aufregung zu erzeugen, um besonders viele Klicks auf seinen Internetseiten zu generieren, um sich in sozialen Medien wichtig zu machen, oder auch, um möglichst negative Emotionen gegen bestimmte Gruppen zu schüren: gegen Flüchtlinge, gegen Homosexuelle, gegen andere gesellschaftliche Minderheiten, gegen Medien oder ganz allgemein gegen »die da oben«. Oft zielen sie punktgenau auf tragende Säulen der aufgeklärten Gesellschaft, auf unsere Demokratie und deren Institutionen. Damit soll erreicht werden, dass die Menschen ihr Vertrauen in die Gesellschaft und die Funktionsfähigkeit staatlicher Organe verlieren. Deshalb geht es ihren Verfassern auch nicht um inhaltliche Richtigkeit. Vielmehr geht es ihnen darum, dass der Inhalt geeignet ist, Vertrauen zu zerstören, Zwiespalt zu schüren und Zweifel zu säen. Sie wollen unsere Gesellschaft erschüttern und wesentliche Errungenschaften unserer Demokratie untergraben.

> •

Ahnherr der Fake News

Im August 1835 veröffentlichte die *New York Sun* den ersten Teil einer sechsteiligen Artikelserie mit dem Titel »Neueste Berichte vom Cap der guten Hoffnung über Sir John Herschel's höchst merkwürdige astronomische Entdeckungen, den Mond und seine Bewohner betreffend«. Es handelt sich dabei um die ersten Fake News, die um den Globus gingen. Der Journalist Richard Adams Locke behauptete damals, ein britischer Astronom habe mithilfe eines besonders modernen Teleskops auf dem Mond außerirdisches Leben in Form von friedlichen »Fledermausmenschen« entdeckt. Die Nachricht von den seltsamen, menschenartigen Lebewesen auf dem Mond verbreitete sich wie ein Lauffeuer und bescherte der *New York Sun* kurzfristig die höchste Auflage weltweit – bis der Schwindel aufflog und der Journalist Locke seinen Job los war.

• <

Es gibt Fake News, die entstehen, weil irgendjemand sich wichtig machen will und böse Behauptungen in die Tasten klopft. Meist kommen diese Falschmeldungen aber nicht »von unten«, aus den Wohnzimmern gelangweilter Mitbürger. Sie werden oft von großen Institutionen entworfen und zur Unterstützung mächtiger Leute in die Welt gesetzt. Hauptinvestor des unter anderem von der ARD und der *Süddeutschen Zeitung* als Verbreiter von Fake News eingeordneten Nachrichtenportals »Breitbart News« ist der Milliardär und Hedgefonds-Manager Robert Leroy Mercer. Dieses von einem Milliardär finanzierte Nachrichtenportal unterstützte den Milliardär Donald Trump bei der US-Präsidentschaftswahl 2016. Im November 2016 zählte »Breitbart News« zu den 36 einflussreichsten Internetnachrichtendiensten der USA. Nachrichten »von unten« oder »aus der Mitte des Volks« entstehen woanders.

Ein Plan, der leider ziemlich gut funktioniert. Zumindest fand eine amerikanische Studie erst im Frühjahr 2018 heraus, dass Fake News sich viel schneller verbreiten als seriöse Nachrichten, weil sie viel stärker emotionalisieren. Sie sind so geschaffen, dass sie neben Überraschung auch starke negative Gefühle wie Ekel oder Ablehnung erzeugen.

> . . . .

Was ist Propaganda?

Fake News zu verbreiten, ist im Grunde nichts Neues. Seit es Massenmedien gibt, versuchen bestimmte Gruppen durch das systematische Verbreiten politischer oder weltanschaulicher Meinungen das öffentliche Bewusstsein zu manipulieren. Das nennt sich Propaganda. Das Ziel von Propaganda ist es, mit Lügen und Halbwahrheiten die Stimmung in einem Land oder auch nur in einer bestimmten Bevölkerungsgruppe zu instrumentalisieren. Propaganda ist daher das Gegenteil des freien Austausches von Ideen, den wir aus funktionierenden Demokratien kennen. Propaganda ist stets auch Kennzeichen von Diktaturen. Die Nationalsozialisten schalteten 1933 die Medien gleich und nützten das Radio als zentrales Propagandamittel. Heute sind es Fernsehen und Internet, die zu Propagandazwecken eingesetzt werden.

Aber nicht nur Diktaturen ködern die Menschen mittels Propaganda. Auch Demokratien sind, speziell in Kriegszeiten, vor dieser Versuchung nicht gefeit. Am 10. Oktober 1990 erzählte eine 15-jährige Hilfskrankenschwester namens »Nayirah« aus Kuwait vor dem US-Kongress unter Tränen eine furchtbare Geschichte: Irakische Soldaten hätten das Spital, in dem sie arbeitete, gestürmt, die Babys aus den Brutkästen genommen und sie zum Sterben auf den Boden gelegt. Die Welt war schockiert von der Grausamkeit der Truppen des damaligen irakischen Diktators Saddam Hussein. Die Erzählung der Krankenschwester trug wesentlich dazu bei, dass die Zustimmung in der amerikanischen Bevölkerung zur US-Intervention im Irak massiv stieg.

Später wurde öffentlich, dass die junge Frau keine Krankenschwester war, sondern die Tochter des kuwaitischen Botschafters in den USA. Ihr Auftritt war Teil einer groß angelegten Kampagne für ein militärisches Eingreifen der USA zugunsten Kuwaits und gegen den Irak. Da waren die USA aber schon längst in den Krieg gezogen.

. . . . <

Nicht alle Fake News wirken gleich stark: »Politische Fake News bilden mit großem Vorsprung die Hauptkategorie, urbane Legenden liegen auf dem zweiten Platz, gefolgt von Wirtschaft und Terrorismus. Aber auch wissenschaftliche Themen wie Impfung und Impfgegnerschaft oder Ernährung – gerade in diesem Augenblick streitet die deutsche Twitterszene wieder einmal über die angebliche Schädlichkeit von Kuhmilch – sorgen für eine große Verbreitung widerlegbarer Falschinformationen«, berichtete die *Frankfurter Allgemeine Zeitung* über die am Massachusetts Institute of Technology (MIT) erstellte Studie.[27]

Fake News sind als Falschinformationen von der Meinungsäußerungsfreiheit nicht geschützt. Deshalb darf der Staat Fake News eher beschränken als andere Meinungsäußerungen. Fake News zielen auf die Zerstörung unserer über Jahrzehnte und Jahrhunderte mühsam erkämpften aufgeklärten liberalen Demokratien und ihrer Institutionen ab. Sie werden von Leuten und Gruppierungen in die Welt gesetzt, die diesen Demokratien den Krieg erklärt haben. Unsere Demokratie muss so etwas nicht aushalten und kampflos hinnehmen. Eine wehrhafte Demokratie sollte sich gegen solche Angriffe verteidigen.

Der Teufel steckt allerdings im Detail. Anders als die Holocaustleugnung haben Fake News viele verschiedene Themen. Ihr Inhalt ist nicht immer auf den ersten Blick als wahr oder falsch erkennbar. Aber wer stellt fest, welche Nachricht echt und welche ein Fake ist? Die Einrichtung einer »Wahrheitsbehörde« wäre nicht nur demokratiepolitisch und verfassungsrechtlich äußerst problematisch. Sie widerspräche auch den Grundsäulen europäischer Demokratien.

Im Streitfall entscheiden unabhängige Gerichte, ob eine Nachricht richtig oder falsch ist. Das sollte auch so bleiben. Allerdings nimmt die Anzahl an Fake News ständig zu. Unsere Gerichte werden sich nicht um alle kümmern können. Und die gerichtliche Überprüfung erfolgt immer nur im Nachhinein. Sie ist deshalb meist langsamer als die Personen, die Fake News verbreiten. Hat ein Gericht festgestellt, dass eine Nachricht bloßer Fake ist, ist es meist schon zu spät. Letztendlich kostet die gerichtliche Überprüfung von Fake News auch Geld – und zwar dem Opfer der Lüge. Denn Gerichte werden in solchen Angelegenheiten nicht von selbst aktiv. Zuerst muss das Opfer Anzeige erstatten oder klagen. Dafür benötigt man einen Rechtsanwalt und muss Gerichtsgebühren zahlen.

Die gerichtliche Überprüfung kann daher nicht alle Probleme lösen, vor die uns Fake News stellen. Deshalb sind wir hier alle gefordert: Aufklären und Gegenargumentieren hilft.

> •

Fake News schnell erkennen

Oft ist es gar nicht so einfach zu erkennen, ob eine Meldung wahr ist oder ob uns jemand Falschnachrichten unterschiebt. Es gibt aber ein paar Faustregeln, die es leichter machen, Fake News zu identifizieren:

- **Die Quelle suchen:** Ist im Artikel angegeben, woher die Information stammt? Ist diese Quelle seriös? Ist es möglich, diese Quelle zu kontaktieren und sich die Information bestätigen zu lassen? Oft sind Fake News als Augenzeugenberichte geschrieben oder es wird die Freundin eines Freundes zitiert, der etwas ganz Schlimmes passiert sei. Keine besonders glaubwürdige Quelle!

- **Den Urheber suchen:** Was ist das für eine Seite, auf der ich die Nachricht entdecke? Was wird dort sonst veröffentlicht? Gibt es ein Impressum? Oft hilft es auch, nachzusehen, wem die Domain, also die Internetseite, gehört. Je anonymer die Nachricht erscheint, desto mehr sollte man sie in Zweifel ziehen.

- **Nach dem Datum suchen:** Ist genau angegeben, wann und wo sich der Vorfall ereignet hat? Wird das Datum im Text veröffentlicht? Sind die wesentlichsten W-Fragen (Wer? Wann? Was? Wo? Warum?) nicht beantwortet, ist dies ein Hinweis darauf, dass es sich um keine recherchierte Nachricht handelt.

- **Nach Gleichem suchen:** Passiert tatsächlich irgendwo auf der Welt etwas ganz besonders Schlimmes, so ist es ziemlich unwahrscheinlich, dass nur ein einziges Portal darüber berichtet. Deshalb am besten mittels Suchmaschine nachsehen, ob und welche seriösen Medien ebenfalls über den Vorfall berichtet haben.

- **Nach Superlativen suchen:** Wird in der Nachricht übertrieben? Werden die Dinge nur schwarz-weiß dargestellt? Das ist stets ein Indiz dafür, dass es sich um Fake News handelt.
- **Nach der Meinung suchen:** Hält sich der Autor an die journalistische Regel, Fakten von Meinungen zu trennen, oder ist die Nachricht sehr meinungslastig geschrieben?
- **Nach Bildern suchen:** Fake News funktionieren in vielen Fällen nach einem simplen Schema: Es werden Bilder genommen und völlig verfälscht mit einer ganz neuen, falschen Botschaft in einem anderen Zusammenhang dargestellt. Oft ist es möglich, über Suchmaschinen den ursprünglichen Zusammenhang herauszufinden.
- **Nach Expertenmeinungen suchen:** www.hoaxsearch.com ist eine Internet-Suchmaschine, die sich auf das Aufspüren von Falschnachrichten spezialisiert hat. Hier kann mittels Suchwort herausgefunden werden, ob man es mit einem Fake zu tun hat.

18. Wieso sind Fake News so interessant?

Fake News, so hört man, verbreiten sich im Internet viel schneller als »echte« Nachrichten. Stimmt das wirklich? Und falls ja: Was macht sie so interessant, dass sie von Tausenden Menschen blitzschnell rund um den Erdball getragen werden?

Fake News sind die Speedboote der medialen Welt. Schuld sind die Durchschnittsnutzer von sozialen Medien, die die Verbreitung von Fake News beschleunigen.

Fake News reisen schneller

Als am 15. April 2013 im Zielbereich des Boston-Marathon zwei Rucksackbomben explodierten, gingen die Wogen hoch. Zu Betroffenheit, Zorn und Trauer über einen hinterhältigen Angriff auf eine friedliche Sportveranstaltung, der letztendlich drei Todesopfer und 264 Verletzte forderte, mischte sich zumindest für die Bostoner auch noch Ungewissheit – immerhin waren die beiden Attentäter noch tagelang auf der Flucht, auf der sie einen weiteren Polizisten töteten. Klar, dass zu diesem tragischen Ereignis auch im Netz aufgeregt Nachrichten ausgetauscht wurden. Beim Kurznachrichtendienst Twitter wurden alleine zu diesem Attentat Millionen Tweets abgesetzt. Forscher haben diese Kurznachrichten später analysiert. Das Ergebnis: Ein Drittel aller Tweets war frei erfunden.

Was die Forscher außerdem herausfanden: Falsche Nachrichten erreichen viel mehr Menschen als richtige Informationen. Inhaltlich richtige Tweets erreichen selten mehr als 1000 Menschen. Ein Prozent der falschen Nachrichten hat hingegen routinemäßig bis zu 100.000 Empfänger. Außerdem werden Fake News mit einer um 70 Prozent höheren Wahrscheinlichkeit weitergeschickt oder »retweeted«, wie es in der Twittersprache heißt. Wahre Tweets brauchen deshalb sechsmal so lange wie Fake News, um wenigstens 1500 Menschen zu erreichen.[28]

Fake News reisen also tatsächlich schneller durchs Internet als richtige Nachrichten. Wer schneller ist, hat nun mal die Nase vorn und wird öfter wahrgenommen. Aber warum ist das so?

Soziale Netzwerke: der Extraboost für Fake News

Oft werden sogenannte Social Bots, Softwareroboter, die in sozialen Medien menschliche Identitäten vortäuschen, verdächtigt, für die rasche Verbreitung von Fake News im Internet verantwortlich zu sein. Aber Social Bots beschleunigen die Verbreitung wahrer Nachrichten im selben Ausmaß wie Fake News. Würden ausschließlich Social Bots Nachrichten teilen, würden sich wahre Informationen und Fake News also gleich schnell im Internet verbreiten. Tatsächlich aber verbreiten sich Fake News schneller. Es sind die Menschen, die für diese besondere Dynamik sorgen. Es sind übrigens auch nicht die Super-User mit besonders vielen Followern, also Menschen, die ihnen in sozialen Medien folgen, die der Verbreitung von Fake News einen Extraschub geben, sondern die Durchschnittsnutzer. Es ist die Masse, die beschleunigt.

Deshalb erhalten Fake News ihre problematische Dynamik oft in sozialen Netzwerken. Dort hat das Teilen von Inhalten einen doppelten Effekt: Nicht nur führt jedes Teilen zu einer Weiterverbreitung. Vielmehr scheint jeder Nutzer, der einen Beitrag teilt, für dessen Richtigkeit zu garantieren. Unsere Freunde sind für uns eben besonders glaubwürdig. Deshalb gehen wir davon aus, dass Inhalte und Nachrichten, die von unseren Freunden geteilt werden, vertrauenswürdig sind. Es macht einen Unterschied, ob wir eine Nachricht von einem unbekannten Nachrichtenportal erhalten oder vom besten Freund. Mit jedem Teilen gewinnt ein Beitrag auf diese Weise weiter an Glaubwürdigkeit, selbst wenn er tatsächlich erstunken und erlogen ist.

Fake News verbreiten sich also vor allem über soziale Netzwerke schnell über den ganzen Erdball. Das ist auch deshalb problematisch, weil sich bereits jetzt die große Mehrheit aller deutschen Wahlberechtigten (61 Prozent) im Internet über Politik informiert. Jeder fünfte Deutsche gibt an, sich innerhalb des Internets in sozialen Netzwerken politisch zu informieren – also gerade dort, wo Fake News besonders wuchern.[29]

Wahr oder falsch – eine Glaubensfrage

Menschen halten vor allem solche Nachrichten für glaubwürdig, die ihrer eigenen Meinung entsprechen. Auch halten wir jene Menschen für glaubwürdiger, die bestätigen, was in unser Weltbild passt. Menschen, die uns Dinge erzählen, die unserer Meinung zuwiderlaufen, halten wir hingegen tendenziell für unglaubwürdiger.

> •

Sind die Republikaner wirklich so blöd?
Es war ein Zitat, das im vergangenen US-Wahlkampf für
viel Gelächter unter Donald Trumps politischen Gegnern
sorgte:»Wenn ich antrete, dann als Republikaner. Sie sind
die dümmste Wählergruppe im Land. Sie glauben alles auf
Fox News. Ich könnte lügen, und sie würden es immer noch
glauben. Ich wette, meine Ergebnisse wären unglaublich.«
Dieses angebliche Zitat aus einem Interview mit dem *People
Magazine* wurde im Wahlkampf hervorgekramt und auf Twitter
tausendfach geteilt. Wer könnte sonst so blöd sein wie die
Republikaner und einen Grobian wie Donald Trump ins Präsi-
dentschaftsrennen schicken, lautete die Botschaft.
Allerdings waren nicht die Republikaner, sondern diejenigen,
die den Tweet verbreiteten, die Blöden: Das Zitat war frei
erfunden, im Jahr 1998 hatte das *People Magazine* nicht einmal
ein Interview mit Donald Trump.

• <

Wir verarbeiten Nachrichten also nicht neutral, sondern vor dem
Hintergrund unserer persönlichen Meinung. Das bedeutet nicht,
dass wir Nachrichten, die nicht unserer Meinung entsprechen, nicht
akzeptieren und uns eines Besseren belehren lassen können. Aber es
kostet uns Überwindung, solche Nachrichten als richtig zu akzeptieren. Mit anderen Worten: Wir halten eher eine erfundene Wahrheit
für glaubwürdig, wenn sie unserem Weltbild entspricht, als eine
echte Nachricht, die das nicht tut.

> •

Der Backfire-Effekt
Als Backfire-Effekt bezeichnen Politikwissenschaftler das
Phänomen, dass neue Fakten, die einer politischen Überzeugung widersprechen, diese erst recht verfestigen können. Wenn
Menschen einer politischen Ideologie anhängen, ist es deshalb
oft schwer, sie von (inhaltlich richtigen) Fakten zu überzeugen,
wenn diese nicht ins eigene Weltbild passen.

Wer beispielsweise behauptet, dass die Kriminalitätsraten steigen (was sie pauschal nicht tun), lässt von seinem Irrtum oft auch nach dem Hinweis auf Statistiken nicht ab, die tatsächlich einen Rückgang der Kriminalität zeigen, sondern kontert mit der Behauptung, dass die Statistik gefälscht sei.
Die Konfrontation mit Fakten führt bei solchen Menschen zum Gegenteil des Angestrebten – sie verfestigen ihre falsche Ansicht weiter und argumentieren noch beharrlicher mit Scheinargumenten.
Bei Menschen, die in ihrer politischen Ideologie bereits sehr verfestigt sind, sind sachliche Argumente daher oft nutzlos oder sogar kontraproduktiv. Soll man Fake News also unwidersprochen hinnehmen? Nein. Denn zwischen der Gruppe, die ohnehin richtig informiert ist, und der Gruppe, die sich von ihren falschen Vorstellungen nicht abbringen lässt, gibt es noch eine dritte Gruppe – jene Menschen, die nicht so gut Bescheid wissen, aber für sachliche Argumente empfänglich sind. Diese Gruppe muss man mit sachlicher Information vor dem Fake-News-Sumpf und den Krawallmachern retten.

• <

Diese Bequemlichkeit der eigenen Meinung gegenüber hält uns in jenen Medien gefangen, die unsere Meinung bestätigen. Wir lesen die Zeitung, deren Leitlinie unserer politischen Grundeinstellung entspricht, informieren uns im Internet auf ebensolchen Seiten und posten in Onlineforen, in denen andere User unseren Standpunkt bestätigen. Wir halten uns also in solchen medialen Räumen auf, die unser Weltbild füttern, spiegeln und bestätigen – »Echokammern« nennen das die Medienwissenschaftler. Abweichende Meinungen nehmen wir gar nicht mehr wahr – nicht, weil wir sie ignorieren, sondern weil wir sie erst gar nicht zu Gesicht bekommen. Die Algorithmen, mit denen soziale Netzwerke entscheiden, welche Beiträge anderer Nutzer in unseren Timelines sichtbar sind, verstärken dieses Problem. Information hat dann nichts mehr mit Objektivität, mit »wahr« oder »falsch« zu tun, sondern wird zur Glaubensfrage. Wir bekommen nur mehr jene Informationen serviert, die in unser Weltbild, zu unserem Glauben passen.

Menschen, die in Echoblasen gefangen sind, sind für andere Meinungen oder für andere politische Parteien kaum mehr erreichbar. Besonders ausgeprägt ist dieses Phänomen übrigens bei AfD-Anhängern. Unter ihnen informieren sich nicht etwa (dem Durchschnitt aller deutschen Wähler entsprechend) 20 Prozent in sozialen Netzwerken über Politik, sondern 36 Prozent. Bei AfD-Anhängern rangieren soziale Netzwerke als politische Informationsquelle sogar noch vor Print- und Onlineauftritten etablierter Medien und Regionalzeitungen.[30] Gleichzeitig sind AfD-Anhänger im Internet besonders diskussionsfreudig. Während sich deutschlandweit nur jeder zehnte Internetnutzer aktiv an politischen Diskussionen im Netz beteiligt, trifft das auf 15 Prozent der AfD-Anhänger zu. Deren Meinungen findet man also überproportional häufig in Onlinediskussionen.[31]

> •

Welche Medien die Deutschen als besonders anfällig für Fake News einschätzen
Mehr als die Hälfte aller Deutschen (54 Prozent) ist der Meinung, Fake News habe es schon immer gegeben. Aber die deutschen Wahlberechtigten schätzen manche Informationsquellen als anfälliger für Fake News ein als andere:

Facebook	61 Prozent
Twitter	55 Prozent
YouTube	51 Prozent
Boulevardzeitungen Online	42 Prozent
Boulevardzeitungen Print	39 Prozent
Zeitungen und Nachrichtenmagazine Online	21 Prozent
Zeitungen und Nachrichtenmagazine Print	14 Prozent

Bei einer Umfrage der Wirtschaftsprüfungs- und Beratungsgesellschaft PwC verorteten sogar 79 Prozent der Befragten Fake News zu politischen Themen am ehesten bei Facebook. Im öffentlich-rechtlichen Fernsehen rechnen dieser Umfrage zufolge nur 9 Prozent mit Falschmeldungen, bei kostenpflichtigen Tages- oder Wochenzeitungen sogar nur 5 Prozent.

• ‹

Besser fühlen mit Fake News
Welcher Kollege mit wem eine heimliche Beziehung hat, welchem Klassenkollegen wieder einmal etwas total Peinliches passiert ist und wer schon wieder weniger in die Gemeinschaftskassa geworfen hat als alle anderen – das hat uns auch vor Facebook, WhatsApp und Twitter schon brennend interessiert. Viele Wissenschaftler gehen davon aus, dass uns Menschen unsere Leidenschaft für Klatsch und Gerüchteküche angeboren ist. Schließlich war seit der Urzeit unser Überleben auch davon abhängig, dass wir wichtige, manchmal auch verheimlichte Informationen möglichst rasch bekommen. Der Mensch ist also schon evolutionär bedingt hungrig nach Informationen. Die müssen eben nicht zwangsläufig hochseriös und wissenschaftlich sein, um uns zu interessieren – auch die Geschichte über den Bürokollegen, der sich wieder einmal bei der Chefin beliebt machen will, ist hochgradig interessant. Letztendlich unterscheiden sich das Internet und seine Fake News also gar nicht so sehr vom echten Leben.

Klatsch und Tratsch sind vor allem dort wichtig, wo Menschen nicht alles selbst beobachten können. Dort sind sie darauf angewiesen, dass andere ihre Informationen bereitwillig mit ihnen teilen. Das tun sie meist nur zu gerne. Denn Menschen gewinnen an sozialem Status, wenn sie neue Informationen weitergeben. Sie werden als Insider angesehen. Das stärkt ihr Ansehen, selbst wenn sie bloß Insider in der Teeküche der Lohnverrechnungsabteilung sind. Kurzum: Wer tratscht, verbessert seinen Status.

Das Geschäft ist simpel – Infos gegen Ansehen. Ganz nebenbei schafft das Tratschen ein Wir-Gefühl zwischen Informanten und Informiertem. Das funktioniert natürlich auch im Netz. Dass wir Informationen gerne teilen und weitergeben, ist uns also angeboren. Und es erfüllt unterschiedlichste soziale Funktionen:
•   Mit Klatsch und Tratsch steht auch die noch so graue Maus einmal im Mittelpunkt, solange die News, die sie bietet, bloß interessant genug sind.

- Das Tratschen hinter dem Rücken anderer verbündet. Wer Tratsch empfängt und weitertratscht, gehört zu einem geheimen Zirkel.
- Tratsch unterhält. Der graue Schulalltag wird mit dem Pausenklatsch über den neuen Lehrer, der am Wochenende im Freibad auf dem Sprungbrett ausgerutscht ist, gleich viel bunter.
- Tratsch schützt. Wer die Meute mit kleinen Boshaftigkeiten über einen Arbeitskollegen beschäftigt, reduziert die Gefahr, selbst zum Opfer zu werden.

Wen wundert es bei all diesen Vorteilen, dass wir alle empfänglich für Gerüchte oder Fake News sind und diese bereitwillig weitertragen – egal ob im Sportverein oder im Internet.

> •••

Fünf Zutaten für erfolgreiche Fake News

1. Je einfacher Fake News sind, desto besser wirken sie. Wissenschaftler haben in einer Studie Probanden miteinander spielen lassen, wobei es bei diesem Spiel möglich war, sich gegenseitig zu beschenken. Über manche besonders großzügigen Spieler verbreiteten sie anschließend das Gerücht, diese Spieler seien besonders geizig. Die Mitspieler haben diese Gerüchte geglaubt, obwohl sie zuvor im direkten Spiel und in eigener Erfahrung die diskreditierten Spieler als großzügig erlebt haben.

2. Gute Fake News gehen mit der Zeit. Je mehr Fake News mit einem aktuellen Thema zu tun haben und den Zeitgeist treffen (zum Beispiel die Zuwanderung), desto häufiger werden sie aufgegriffen, geglaubt und weitergetragen.

3. Fake News müssen uns ärgern, wütend machen, schockieren oder erstaunen. Je mehr uns eine Nachricht berührt, desto eher tragen wir sie weiter – egal ob sie stimmt oder nicht. Wut funktioniert am besten.

4. Am besten gelingt der Start mit ein paar leichtgläubigen Geburtshelfern. Leicht beeinflussbare Personen prüfen Nachrichten nicht so genau, sondern teilen sie in der Erregung rasch. So verbreiten sich die Fake News schnell. Sind sie erst einmal weit genug verbreitet, werden sie zu

Selbstläufern. Und je mehr sie geteilt werden, desto glaubwürdiger werden sie.

5. Je länger sich Fake News halten, desto richtiger werden
sie – zumindest für die Adressaten. Das Rezept ist alt und
simpel: Du musst den Leuten den Mist nur oft genug
erzählen, irgendwann glauben sie jeden Quatsch.

• ‹

Wut erzeugt Klicks

Forscher haben herausgefunden, dass wir vor allem solche Nachrichten weiterverbreiten, die Emotionen auslösen. Deshalb gehen zum
Beispiel besonders oft Artikel viral, die erfreutes Staunen auslösen.
Die Erregung über den positiven Neuigkeitswert verleitet uns dazu,
auch anderen von den aufregenden Neuigkeiten zu berichten. Im
echten Leben tun wir dies, indem wir unsere Freunde anrufen, mit
Arbeitskollegen tratschen oder im Schulhof darüber sprechen; in
sozialen Netzwerken retweeten, teilen oder liken wir die aufregende
Neuigkeit.

Leider beschränkt sich dieser Effekt aber nicht auf positive Emotionen. Der Politologe Timothy Ryan hat in den USA politische
Werbungen auf Facebook getestet, indem er politische Werbung zu
ein und demselben Thema (die vom damaligen US-Präsidenten ange-
strebte Gesundheitsreform) verschieden gestaltet hat. Einmal hat er
seine Botschaft so verpackt, dass sie Wut provoziert, einmal so, dass
sie Besorgnis auslöst, und ein drittes Mal hat er sie neutral gestaltet.
Das Ergebnis: Die wütend machende Botschaft hatte doppelt so viele
Zugriffe wie die neutral gestaltete Botschaft desselben Inhalts. Die
Besorgnis hervorrufende Gestaltung hatte keinen besonders aktivie-
renden Effekt. Auch in anderen Studien schnitt Wut besonders gut
ab, wenn es um die Aktivierungswirkung zur Weiterverbreitung von
Nachrichten ging. Internetbeiträge, die Wut auslösen, haben eine
30 Prozent höhere Wahrscheinlichkeit, in die Liste der meistverbrei-
teten Artikel zu kommen. Wer will, dass seine politischen Anliegen
möglichst viele Menschen erreichen, muss also Wut auslösen.[32]

Wie leicht es ist, mit vermeintlichen Aufregernachrichten viele
Menschen zu erreichen, hat 2017 eine Forschergruppe der Universität
Hohenheim nachgewiesen. Einen Monat lang publizierten sie selbst

erfundene Fake News auf ihrer Webseite »der-volksbeobachter.de«.
Den Namen der Webseite haben sie bewusst an den *Völkischen Beobachter*, das Hetzblatt der Nationalsozialisten, angelehnt, um jene notorisch wütende Bevölkerungsgruppe zu erreichen, die sich in den rechtspopulistischen Netzwerken herumtreibt. Mit gezielten »Likes« und Kommentaren über gefakte Profile konnten sich die Wissenschaftler innerhalb weniger Wochen ein breites Netzwerk aufbauen.
In der nächsten Stufe ihres Experiments erfanden die Wissenschaftler Nachrichten, die von vorne bis hinten falsch waren und durch einfache Recherchen leicht widerlegbar gewesen wären. In der Fake-Nachricht »Gratis Sex für Asylanten – Landratsamt zahlt« ging es beispielsweise um eine erfundene Prostituierte, die Asylwerber auf Kosten der öffentlichen Hand bedient haben soll. In Bad-Eulen, einem Ort, den es gar nicht gibt!
Diese Meldung erreichte innerhalb von nur vier Tagen über 11.000 Menschen. Selbst Fehler wie der nichtexistente Ort und eine erfundene, an nationalsozialistische Diktion erinnernde Nachrichtenquelle haben die Menschen beim Teilen, Kommentieren und Weiterverbreiten dieser Fake News nicht gestört. Auch andere, an Satire erinnernde Nachrichten wurden im Rahmen dieses Experiments ungeprüft und ungehemmt verbreitet. So fanden unter anderem auch Meldungen wie »Name missfällt: Grüne wollen Café ›Mohrenkopf‹ schließen« ihren Weg an die aufgeregte Öffentlichkeit.
Das klingt alles nach ziemlich viel Arbeit. Immerhin mussten die Forscher eine Webseite erstellen, Fake-Profile anlegen, über diese Fake-Profile ein Netzwerk mit vielen »Gleichgesinnten« gründen und pflegen sowie Fake News erfinden und unter die Leute bringen. Tatsächlich war der Zeitaufwand für all dies ziemlich überschaubar. Gerade einmal sechzig Arbeitsstunden wendeten die Forscher für die Durchführung dieses Experiments auf.
Schließlich deckten die Wissenschaftler den Schwindel auf und beendeten ihr Experiment mit einem Hinweis auf die Gefährlichkeit von Fake News. Damit erreichten sie aber – obwohl ihnen noch dasselbe Netzwerk wie wenige Tage zuvor zur Verfügung stand – weit weniger Personen als mit ihren erfundenen Hetznachrichten. Das Resümee der Forscher: Obwohl sämtliche Fake News bereits mit

wenig Recherche zu entlarven gewesen wären, wurden offenbar nur sehr wenige Personen stutzig.[33]

Die Verbreitung von Fake News im Netz ist ziemlich einfach und ohne besonderen Aufwand zu bewerkstelligen. Wer übrigens glaubt, dass Fake News vor allem bei Personengruppen mit niedriger formaler Bildung verfangen, denkt zu kurz. Der Leiter des Experiments präsentierte in einer Vorlesung etwa hundert seiner Studierenden eine Mischung aus Fake News und echten Nachrichten. Das Ergebnis: Auch die Studierenden lagen mit ihren Einschätzungen mehrheitlich daneben.

Die motivierten Verbreiter

Emotionen, eigene Überzeugungen, soziale Bestätigung – das alles sind Gründe, um Nachrichten weiterzugeben. Besonders hohe Motivation zur Weiterverbreitung von Nachrichten haben Menschen, die bereits sehr fest in einem bestimmten Weltbild verankert sind, das ihrer Meinung nach nicht jenes öffentliche Gewicht erhält, das es ihrer Überzeugung nach verdienen würde.

Dabei kommt es offenbar nicht darauf an, ob diese Nachrichten richtig sind, sondern bloß, dass sie das eigene Weltbild stützen. Der deutsche Kulturwissenschaftler und Journalist Michael Seemann hat die Verbindungen von Personen untereinander untersucht, die in sozialen Netzwerken Fake News weiterleiten. Dabei hat er zu zwei exemplarisch untersuchten Fake News herausgefunden, dass über 80 Prozent aller Nutzer, die diese Fake News verbreitet haben, auch die Richtigstellung in ihrer Timeline hatten. Diese Nutzer wussten also (oder hätten recht einfach wissen können), dass es sich bei den von ihnen verbreiteten Nachrichten um Fake News handelt. Er fand auch heraus, dass die meisten Nutzer, die die Richtigstellung zu diesen Fake News weiterverbreiteten, die eigentliche Falschnachricht gar nie in ihrer Timeline hatten. Die Gruppe der Fake-News-Verbreiter und jene der Richtigsteller sind also offenbar kaum miteinander vernetzt.

Seemann hat weiter herausgefunden, dass Fake-News-Verbreiter thematisch stark fokussiert sind – und zwar vor allem auf das von ihnen negativ empfundene Migrationsthema. Hingegen haben die Richtigsteller keine einheitliche politische Agenda.[34]

Die Fake-News-Verbreiter haben den Richtigstellern damit vieles voraus, was zur Weiterleitung von Nachrichten motiviert: ein gefestigtes politisches Weltbild, das Nachrichten nach Bestätigung sortiert und dem Weltbild widersprechende Informationen aussortiert, sowie starke, vor allem negative Emotionen, die sie zum Handeln aktivieren. Zudem beschränken sie sich im Wesentlichen auf ein Thema, das sie immer wieder trommeln. Das alles fehlt den Aufdeckern und Richtigstellern. So betrachtet ist es kein Wunder, dass Fake News an allen Ecken und Enden des Internets zu finden sind.

>• •

Das Netzwerkdurchsetzungsgesetz

Seit 1. Oktober 2017 gilt in Deutschland das Netzwerkdurchsetzungsgesetz (NetzDG). Es richtet sich gegen Hass, Hetze und Fake News in sozialen Netzwerken. Der Gesetzgeber will mit dem NetzDG soziale Netzwerke dazu zwingen können, Hassreden rascher aus dem Internet zu entfernen. Es richtet sich gegen Internetdienste mit mindesten zwei Millionen Mitgliedern und Inhalten, die nicht journalistisch-redaktionell gestaltet werden.

Das NetzDG schreibt solchen Internetanbietern unter anderem vor, Beschwerden unverzüglich zu prüfen und offensichtlich rechtswidrige Inhalte innerhalb von 24 Stunden zu löschen. Der gelöschte Inhalt muss zu Beweiszwecken mindestens zehn Wochen gespeichert werden.

Bei Verstößen gegen das NetzDG drohen Geldstrafen bis zu fünf Millionen Euro.

Kritiker des NetzDG befürchten Zensur. Soziale Netzwerke würden im Zweifelsfall Inhalte eher löschen, auch wenn sie zum Beispiel zulässige Satire enthalten. Der Journalist Harald Martenstein bezeichnete den Gesetzestext als »Erdoganismus in Reinkultur«. Ein Bündnis aus Wirtschaftsverbänden, Bürgerrechtlern, Wissenschaftlern und Juristen warnte vor »katastrophalen Folgen für die Meinungsfreiheit« durch das NetzDG.

• •<

19. Sind Fake News gefährlich?

Beim Brexit, bei der Wahl von Donald Trump zum US-Präsidenten und selbst bei der deutschen Bundestagswahl 2017 fürchteten manche eine massive Fake-News-Welle. Fake News beeinflussen Wahlen und sind gefährlich für unsere Demokratie, sagen viele. Selbst eine Schießerei mitten in Washington sollen diese bewusst falschen Nachrichten bereits ausgelöst haben. Aber wie gefährlich sind Fake News tatsächlich?

Seit es soziale Medien gibt, ist jeder
sein eigenes Nachrichtenportal. Jeder
von uns kann Nachrichten, wahr oder
erfunden, in die Welt setzen und mit
etwas Geschick auch effektiv verbreiten.
Die Hürde einer Eingangsprüfung ist weggefallen. Und es ist viel schwieriger,
Nachrichten, Lügen und Gerüchte zu ihrem
Ursprung zurückzuverfolgen.

Die Konsequenz ist eine nie dagewesene Schwemme an Lügen,
Gerüchten, Erregung und Aufregung, die öffentliche Stimmungen
schafft. Für den Einzelnen ist es fast unmöglich, aus der verwirren-
den Vielfalt an echten Nachrichten und Fake News herauszufiltern,
was wahr und was falsch ist.

Warum Information für eine Demokratie wichtig ist
Das vergangene Jahrzehnt hat die Medienwelt auf den Kopf gestellt.
Jahrhundertelang konnte Nachrichten nur effektiv verbreiten, wer
entsprechende Verbreitungsmechanismen, Vertriebswege, besaß –
zum Beispiel, weil er Zeitungsverleger war oder einen Radiosender
betrieb. Das traf auf verhältnismäßig wenige Menschen zu, was zwei
wesentliche Effekte hatte: erstens suchen diese Menschen jene Nachrichten, die sie tatsächlich veröffentlichen, aus einem Überangebot
an Nachrichten aus, die an sie herangetragen wurden. Das geschah –
zumindest bei seriösen Nachrichtenportalen – durch eine Redaktion,
die Nachrichten noch vor ihrer Veröffentlichung auf ihren Nachrichtenwert und auf ihre inhaltliche Richtigkeit prüfte. Um öffentlich
verbreitet zu werden, musste eine Nachricht also die Hürde einer
redaktionellen »Eingangsprüfung« überspringen. Und zweitens war
der Urheber beziehungsweise derjenige, der sie in Umlauf brachte,
verhältnismäßig leicht feststellbar. Wer beim Lügen ertappt wurde,
musste mit Konsequenzen rechnen.

Solange es bloß um die neuesten Skandale von Stars und
Sternchen geht, Kochrezepte oder Sportergebnisse, mag die Unter-
scheidung zwischen Nachrichten und Fake News zwar lästig, aber
nicht besonders beunruhigend sein. Gefährlich wird es aber, wenn

Falschinformationen politischen Inhalt haben oder sogar eine politische Absicht verfolgen. Denn eine funktionierende Demokratie braucht informierte Wähler. Ohne entsprechende Information können die Wähler nämlich keine vernünftige Entscheidung treffen. Das zeigt sich am einfachen Beispiel eines gemeinnützigen Vereins, der sich auflöst und darüber abstimmen will, wie der Restbetrag aus der Vereinskassa verwendet werden soll. Die Mitglieder diskutieren zwei Varianten: das Geld wird – Variante eins – einem anderen Verein gespendet oder – Variante zwei – unter den Vereinsmitgliedern aufgeteilt. Aus der Sicht der Vereinsmitglieder ist natürlich Variante zwei verlockender, das Ergebnis der Abstimmung scheint gewiss. Allerdings fehlt den Mitgliedern eine wesentliche Information: Das Vermögen eines gemeinnützigen Vereins bei seiner Auflösung einfach an seine Mitglieder zu verteilen, ist verboten. Es hat zahlreiche unangenehme Konsequenzen, von Steuernachzahlungen, Haftungen bis hin zu möglichen gerichtlichen Strafverfahren für die Beteiligten. Mit dieser Information ausgestattet, wäre es eben doch vernünftiger, sich für die erste Variante zu entscheiden.

Dieses Beispiel zeigt: Wähler brauchen für ihre Entscheidung Information. Nur wer richtig informiert ist, kann eine vernünftige Entscheidung treffen.

Fake News und Politik

Der russische Generalstabschef Waleri Gerassimow hat schon 2013 erklärt, dass politische Ziele nicht mehr mit konventioneller Feuerkraft zu erreichen seien, sondern durch den breit gestreuten Einsatz von Falschinformation. Diese Erklärung veranschaulicht den Unterschied von Fake News zu Falschmeldungen, die – etwa aufgrund unvollständiger Recherche – unabsichtlich falsch veröffentlicht werden. Fake News sind frei erfundene Falschmeldungen, die bewusst gestreut werden, oft mit politischer Absicht.

Wie das funktionieren kann, hat das Moskauer Staatsfernsehen 2016 in Deutschland mit dem »Fall Lisa« demonstriert. Das 13-jährige deutsch-russische Mädchen war einen Tag lang verschwunden. Wieder aufgetaucht, behauptete es, von »südländischen Männern« entführt und vergewaltigt worden zu sein. Zwar stellte sich bald heraus, dass das gelogen war. Das Mädchen hatte schlicht die Nacht bei ihrem Freund verbracht. Aber da war die falsche Geschichte über die vermeintliche Vergewaltigung durch Asylwerber längst über soziale Medien und das russische Staatsfernsehen verbreitet worden. Schließlich warf sogar der russische Außenminister den deutschen Behörden vor, Fakten zu vertuschen. So sollte die flüchtlingsfreundliche Politik von Angela Merkel verunglimpft und das Vertrauen in deutsche Behörden erschüttert werden.

Ein Bericht der US-Demokraten kommt zum Ergebnis, dass alleine Russland in der jüngeren Vergangenheit die Wahlen in 19 europäischen Ländern durch Fake News zu manipulieren versucht haben soll. Der Facebook-Jurist Colin Stretch hat in einer Anhörung vor dem US-Kongress angegeben, dass im amerikanischen Präsidentschaftswahlkampf 2016 etwa 126 Millionen Amerikaner mit russischen Fake-News-Inhalten auf Facebook-Profilen konfrontiert worden sind. Hinzu kommen zwanzig Millionen Instagram-Nutzer.

> •

Wahlkampf-Fake und Pizzagate
Unter dem Schlagwort»Pizzagate« wurde im US-Präsidentschaftswahlkampf 2016 gezielt das Gerücht verbreitet, im Hinterzimmer einer Pizzeria in Washington agiere ein Kinderpornoring und in diesen kriminellen Geheimzirkel sei auch das Wahlkampfteam der demokratischen Präsidentschaftskandidatin Hillary Clinton verwickelt. Nach Einschätzung des Nachrichtensenders CNN erfuhren mehrere Millionen Menschen von diesen Fake News. So absurd das für europäische Ohren klingt: In den USA gab es tatsächlich Leute, die dieses Gerücht nach vielen Endloswiederholungen für wahr hielten.
Am 4. Dezember 2016 drang ein mit einem Sturmgewehr bewaffneter Mann aus North Carolina in die Pizzeria ein und schoss um sich. Er wollte die angeblich dort festgehaltenen Kinder befreien. Auch wenn niemand verletzt wurde, zeigt der Vorfall, wie gefährlich Fake News und Lügen sein können.
Der wahre Kern an Pizzagate: Clintons Wahlkampfteam hat in der Pizzeria ein paarmal Pizza bestellt. Kinderpornoring gab es aber dort keinen.

• <

Fake News sind überall
Fake News sind nicht auf soziale Netzwerke beschränkt. Eine Befragung der Landesanstalt für Medien Nordrhein-Westfalen unter 1011 Internetnutzern hat ergeben, dass mehr als die Hälfte (59 Prozent) aller Internetnutzer über 14 Jahre schon mit Fake News in Berührung gekommen sind – auf Webseiten, in Blogs, in sozialen Netzwerken und Onlineforen. Nur 16 Prozent der Befragten gaben an, noch nie eine Meldung im Internet gesehen zu haben, die sie zumindest in Verdacht hatten, erfunden zu sein.

Jüngere Nutzer erkennen Falschmeldungen offenbar eher als ältere. Denn in der Gruppe der 14- bis 24-Jährigen geben 77 Prozent an, schon einmal Fake News gesehen zu haben. Insgesamt scheinen vor allem Frauen und ältere Nutzer Nachrichten im Internet tendenziell unkritischer gegenüber zu stehen.[35]

ICH HABE PERSÖNLICH SCHON (VERMUTETE) FAKE NEWS IM INTERNET GESEHEN					
(auf 100 Prozent fehlende Angaben = Ich weiß nicht)					
	Häufig	Ab und zu	Selten	Noch nie, aber schon die Vermutung gehabt	Noch nie und auch noch nie vermutet
Frauen	6	24	21	25	18
Männer	11	32	22	21	13
14 bis 24 Jahre	13	35	29	14	8
25 bis 44 Jahre	13	33	21	20	12
45 bis 49 Jahre	8	29	17	23	17
60 Jahre und älter	4	19	23	28	21

Aber Fake News gibt es nicht nur im Internet. Mehr als die Hälfte aller Menschen schätzt für sich selbst, öfter als dreimal täglich zu lügen. Gelogen wird also nicht nur in der Politik. Und auch in der Politik sind Lügen keine Erfindung der sozialen Netzwerke. Schon

Otto von Bismarck, der erste deutsche Kanzler (1815 bis 1898), hat festgestellt, dass nie so viel gelogen werde wie »vor der Wahl, während des Krieges und nach der Jagd«.

Allerdings ist es die schiere Masse an Lügen und Fake News, die uns vor neue Herausforderungen stellt. Und die durch Social Bots automatisch verbreitet wird. Facebook selbst schätzt den Anteil solcher Konten auf 10 Prozent. Das wären 270 Millionen falsche Nutzer, die es alleine dazu gibt, um Lügen möglichst weit zu verbreiten.

Doch Fake News dienen nicht immer politischen Zielen, selbst wenn sie scheinbar politische Inhalte haben. Im Jänner 2017 stiftete eine Nachricht aus Dortmund Aufregung: Der österreichische *Wochenblick*, eine Regionalzeitung mit Naheverhältnis zur FPÖ, die bereits mit der Pauschalverunglimpfung und Diskriminierung von Ausländern aufgefallen ist,[36] berichtete über einen »Mob von mehr als 1000 Männern«, der in der Silvesternacht 2016 mit Feuerwerkskörpern auf die Polizei geschossen haben soll. Syrer hätten den »islamischen Kampfruf ›Allahu Akbar‹« gerufen »und die Feuerwehr musste einen Kirchenbrand löschen«.[37] Tatsächlich war die Nachricht schwer überzeichnet. Und sie stammt nicht aus Dortmund, sondern aus Amerika. Urheber der Aufregermeldung war die US-amerikanische Propagandaplattform breitbart.com. Diese will offenbar auch deutschsprachige Rechtspopulisten erreichen. Deutsche Medienvertreter vermuten, dass Breitbart diese Silvester-Fake-News gestreut hat, um Marktanteile zu erobern.[38] Manchmal geht es also gar nicht um die Rettung des Abendlandes, sondern bloß ums Geld.

Was Fake News gefährlich macht
Viele Menschen stehen dem Vordringen von Fake News besorgt gegenüber. Fast jeder zweite Deutsche hält Fake News für eine ernsthafte Bedrohung für die Demokratie.[39] Und tatsächlich sind Fake News gefährlich für unsere demokratische Gesellschaft.

Fake News sind gefährlich, weil sie unser Vertrauen in die etablierten Medien aushöhlen. Viele Menschen empfinden derzeit eine Krise unserer westlichen Demokratien und fühlen sich durch laufende politische Ereignisse und gesellschaftliche Umbrüche verunsichert (zum Beispiel durch die für uns Einzelne schwer durchschaubare Globalisierung). Die etablierten Medien werden in dieser diffusen Empfindung von vielen Menschen als Teil des Problems eingeordnet und leiden unter einem Vertrauensverlust. Diese Schwäche nützen politische Akteure, um diese Medien als »Lügenpresse« zu denunzieren und den Vertrauensverlust zu verstärken. Gleichzeitig bauen diese Akteure neue Medienkanäle auf, mit denen sie alternative »Wahrheiten« verbreiten. Sie erobern mit ihren Lügen Marktanteile auf Kosten der etablierten Medien, deren Glaubwürdigkeit sie mit gezielten Unwahrheiten untergraben.

Dabei übernehmen etablierte Medien eine wichtige Aufgabe in jeder Demokratie. Als »vierte Gewalt« (vgl. Kapitel 2 »Wer ist die vierte Gewalt?«) wachen sie über den Staatsapparat, decken Missstände auf und kontrollieren die Mächtigen. Das können sie, weil sie selbst mächtig sind. Ihre Macht besteht darin, dass ihre Leser, Zuhörer, Zuseher gleichzeitig die Wähler derer sind, die sie kontrollieren. Decken Medien Machtmissbrauch auf, wenden sich die Wähler von den betroffenen Politikern ab. Das setzt aber voraus, dass ihnen die Wähler vertrauen. Fehlt dieses Vertrauen und glauben die Wähler den etablierten Medien nicht mehr, können diese noch so viele Missstände aufdecken. Ihre Berichte haben keinen Einfluss mehr auf die Wähler. Stattdessen haben die Mächtigen Narrenfreiheit.

Fake News sind auch gefährlich, weil sie aufhetzen. Gezielt verbreitet, kippt die Stimmung – gegen Minderheiten, Flüchtlinge, Politiker, rechtsstaatliche Institutionen. Im schlimmsten Fall führen sie zu Gewalt – siehe Pizzagate. Fast neun von zehn Deutschen gehen davon aus, dass Fake News zu Diskriminierung und Benachteiligung von Minderheiten führen.

Wie problematisch Fake News sind, haben die deutschen Wähler inzwischen klar erkannt:[40]

	Stimme voll und ganz zu und Stimme eher zu	Stimme eher nicht zu und Stimme ganz und gar nicht zu
Fake News können zur Diskriminierung von Einzelpersonen führen	89,9 Prozent	5,3 Prozent
Fake News können zur Diskriminierung von Gruppen führen	88,8 Prozent	6,1 Prozent

Durch Fake News können Wahlen beeinflusst werden	83,2 Prozent	8,1 Prozent
Durch Fake News wird es schwierig, Nachrichten zu vertrauen	84,5 Prozent	6,5 Prozent
Populisten gewinnen aufgrund von Fake News an Zustimmung	76,4 Prozent	13,5 Prozent
Fake News tragen zur Verbreitung von Verschwörungstheorien bei	83,3 Prozent	8,5 Prozent

Auch den sozialen Netzwerken wird das Problem mit Fake News immer stärker bewusst. Nach dem Arabischen Frühling, in dessen Zuge Demonstranten in arabischen Diktaturen Twitter und Co. zur Organisation ihrer Demonstrationen verwendet haben, haben sich soziale Medien noch als Wegbereiter der Demokratie inszeniert. Inzwischen hat selbst Facebook, zumindest kommerziell auch Profiteur der Fake-News-Aufregung, eingeräumt, dass die Masse an Fake News in den Timelines seiner Nutzer eine Gefahr für demokratische Gesellschaften ist. Facebook will mithilfe von Nutzerfeedback zur Glaubwürdigkeit von Onlinequellen neue Algorithmen entwickeln, die Fake News erkennen sollen. Außerdem will Facebook in der Timeline bevorzugt Meldungen aus dem privaten Umfeld von Facebook-Nutzern anzeigen. Gleichzeitig sollen Inhalte von Medienhäusern und anderen offiziellen Accounts zurückgedrängt werden.

> ●

Fake-News-Vorrang in der Timeline?
Dass eine auf Freunde und Familie fokussierte Facebook-Timeline auch kein Garant für eine lügenfreie Zone ist, zeigt ein Vorfall aus der Slowakei.
Dort scheiterte die Polizei im Dezember 2017 beim Versuch, mittels Facebook-Posting Gerüchte über einen angeblich geplanten islamistischen Terroranschlag als Falschmeldung zu entlarven. Grundsätzlich eine berechtigte Überlegung, eine

Falschmeldung auf ebenjenen Kanälen zu enttarnen, auf denen sie verbreitet wird.

Aber die slowakische Polizei hatte keine Chance. Ihre Nachricht kam von einem offiziellen Account und wurde in den Time-lines der slowakischen Facebook-User nicht oder nur nach-rangig angezeigt. Die Falschmeldung über den Terroranschlag hingegen verbreitete sich auf Facebook in Windeseile. Sie wurde von Privatpersonen verbreitet und deshalb in den Time-lines anderer Nutzer bevorzugt angezeigt.

• ‹

Bei aller gebotenen Wachsamkeit: Zumindest auf Wahlen dürfte der negative Einfluss von Fake News – entgegen der landläufigen Meinung – beschränkt sein. Zwar hat das Medienportal Buzzfeed kurz nach der US-Präsidentschaftswahl 2016 eine Studie präsentiert, nach der prominente Fake-News-Beiträge häufiger auf Facebook geteilt wurden als die Top-Beiträge der klassischen Massenmedien.

Wissenschaftliche Studien legen aber andere Schlüsse nahe. Die Harvard University und das Massachusetts Institute for Technology (MIT) haben über 1,2 Millionen Artikel von über 25.000 Internet-seiten untersucht und herausgefunden, dass Onlinenachrichten in der Diskussion zur US-Wahl nur untergeordnete Bedeutung hatten. Fake News verbreiten sich vorrangig über Onlinedienste. Wenn diese Onlinedienste keine besondere Rolle bei der Wahlentscheidung gespielt haben, dann können das also auch Fake News nicht getan haben.[41] Immerhin eine gute Nachricht für die Demokratie.

Leider ist das aber kein Grund zur Entwarnung. Denn der im März 2018 ans Licht gekommene Datenmissbrauchsskandal um Cambridge Analytica zeigt, dass Onlineunternehmen versuchen, massiv in den Ablauf von Wahlen einzugreifen. Zwar hat Cambridge Analytica vorrangig weniger mit Fake News als mit Datenanalyse zu tun, weil es zunächst »nur« versucht hat, mit Facebook-Profildaten mehr über die persönliche Einstellung von Wählern herauszufinden und diese Wähler mit zielgruppenoptimierter Werbung zu bombar-dieren (vergleiche Kapitel 20: »Was weiß das Internet über uns?«). Ein ehemaliger Datenanalyst von Cambridge Analytica hat allerdings zugegeben, dass es dem Unternehmen darum gehe, die Vorlieben

und Schwächen der Menschen zu ergründen, um daraus maßge-
schneiderte Werkzeuge zu deren psychologischer Beeinflussung zu
entwickeln: »Danach führt man die Menschen in einen Tunnel voller
Fake News.«[42] Und zumindest nach Aufplatzen dieses Datenskandals
waren sich viele nicht mehr so sicher, ob diese Methoden nicht doch
auch Auswirkungen auf Wahlergebnisse haben können.

WO SICH DIE DEUTSCHEN ÜBER POLITIK INFORMIEREN	
Öffentlich-rechtliche Sender	71 Prozent
Tages- und Wochenzeitungen	53 Prozent
Gespräche	52 Prozent
Private TV-Sender	44 Prozent
Öffentlich-rechtliche Radiosender	43 Prozent
Webseiten und Online-News-Seiten	37 Prozent
Politische Magazine	34 Prozent
Soziale Netzwerke	23 Prozent
Politische Parteien	19 Prozent
Wahl-O-Mat	16 Prozent
Organisationen und Verbände	8 Prozent
Sonstige Quellen	1 Prozent
Gar nicht	3 Prozent

WELCHE SOCIAL-MEDIA-INFORMATIONSKANÄLE DIE DEUTSCHEN FÜR POLITISCHE INFORMATION NÜTZEN[43]	
Facebook	83 Prozent
YouTube	51 Prozent
WhatsApp	36 Prozent
Twitter	23 Prozent
Onlineforen	17 Prozent

20. Was weiß das Internet über uns?

Das Internet ist ein Fenster zur Welt. Wer auf Google die richtigen Begriffe eingibt, findet im Handumdrehen Informationen rund um den Erdball. Während wir in Europa im kalten Winter sitzen, können wir mit der Google-Streetmap virtuell auf dem Outback Highway durch Zentralaustralien fahren oder einen Sandstrand in der Karibik besichtigen. Diese und ähnliche Anwendungen verwenden wir täglich – bewusst. Viel weniger bewusst ist uns, dass das Internet umgekehrt auch ein Fenster in unsere Persönlichkeit ist. Es gibt nämlich immer mehr Unternehmen, die uns im Internet genau beobachten und auf diese Weise ziemlich persönliche Dinge über uns herausfinden.

Die virtuelle Welt wächst mit einer unglaublichen Geschwindigkeit. Das hilft uns, schnell an Informationen zu kommen. Gleichzeitig geben wir freiwillig so viele Informationen preis wie nie zuvor.

Total durchschaut: der gläserne Mensch

Die Warnung vor dem »gläsernen Menschen« ist schon mehrere Jahrzehnte alt. Schon lange fürchten Datenschützer, dass Staaten und große Unternehmen Informationen über uns sammeln, die uns schaden könnten. Dabei geht es weniger um »die eine« besonders peinliche Information, sondern darum, dass sich geschickte Datensammler durch die Kombination vieler harmloser Daten ein ziemlich genaues Bild unserer Persönlichkeit machen können. Das macht uns durchschaubar, manipulierbar, im schlimmsten Fall auch erpressbar.

Noch vor zwanzig Jahren bestand diese Sorge vor allem darin, dass verschiedene Unternehmen Daten über uns austauschen und so ein umfassendes Bild über unser Verhalten gewinnen könnten. Beispielsweise könnte unsere Hausbank Informationen über unser Einkommen beisteuern (Ist es hoch genug?), die Kreditkartenfirma über unsere Kaufinteressen (Babywindeln oder Sportgeräte?) und Reisegewohnheiten (Stubenhocker oder Weltenbummler), der TV-Anbieter über unsere Fernsehgewohnheiten (was wir sehen und wann – abends oder tagsüber, während andere arbeiten). Das klingt weit harmloser, als es ist. Wer plötzlich tagsüber Zeit zum Fernsehen hat, könnte ja arbeitslos geworden sein. Stehen dann auch noch Babywindeln und Kinderwagen anstatt der Platzgebühr für den Golfplatz auf der Kreditkartenrechnung, könnte unsere Hausbank möglicherweise nervös werden – schlechtere Einkommenssituation und höhere Lebenserhaltungskosten wegen Familienzuwachs. Den Kredit für die Anschaffung einer Wohnung bekommt man dann eben nicht mehr.

Inzwischen hat sich diese Situation zugespitzt. Es gibt Unternehmen, bei denen Datenstränge über unterschiedlichste Lebensbereiche zusammenlaufen. Diese Unternehmen müssen mit niemandem Daten austauschen, um ein genaues Bild über uns zu gewinnen. Sie erhalten diese Daten ganz ohne fremde Hilfe. Ihnen reicht unsere tägliche Mitarbeit. Der gläserne Mensch war gestern, heute ist »Big Data«.

Wie »big« ist Big Data?

Das weltweite Datenvolumen hat längst alle Grenzen der menschlichen Vorstellungskraft gesprengt. Ende 2016 belief sich das weltweite Datenvolumen auf knapp über 16 Zetabyte. Ein Zetabyte entspricht einer Trilliarde Bytes. Das ist eine Zahl mit 21 Nullen!

Derzeit verdoppelt sich die Datenmenge etwa alle zwei Jahre. Bis 2025 soll sich das weltweite Datenvolumen auf 163 Zetabytes verzehnfachen. Dann werden 163.000.000.000.000.000.000.000 Bytes an Informationen über die Menschheit abgespeichert sein.[44] Um es etwas anschaulicher zu machen: Diese Menge entspräche fast dem Vierfachen aller Wörter, die jemals von Menschen gesprochen wurden, oder dem zweihundertfachen aller Sandkörner auf allen Stränden dieser Erde.

Schon diese Datenmenge macht klar: Das Internet weiß wirklich viel über uns. Das ist die schlechte Nachricht. Die gute Nachricht ist: Gerade diese riesige Datenmenge macht es Datensammlern schwer, aus ihr zielgenau aussagekräftige Informationen über uns zu filtern. Aber viele Unternehmen arbeiten an der Entwicklung geeigneter Algorithmen, um aus diesem riesigen Datenozean die richtigen Informationen zu fischen.

> •

Cambridge Analytica: Wenn Big Data Wahlen manipuliert

Im Jahr 2013 verkündete das damals gerade gegründete Datenanalyse-Unternehmen Cambridge Analytica, aus großen Bevölkerungsdatensätzen (Big Data) Rückschlüsse auf soziale Stellung und politische Einstellung von Personen ziehen zu können. Cambridge Analytica behauptete damit nichts anderes, als aus im Internet auffindbaren Daten herausfinden zu können, welche Partei oder welchen Kandidaten jeder Einzelne von uns wählt. Das klang einigermaßen unglaublich. »Die Luftpumpen von Cambridge Analytica« titelte leicht spöttisch *Die Zeit* am 7. März 2017 und bezeichnete Gerüchte, die Unterstützung der Präsidentschaftswahlkampagne von Donald Trump durch Cambridge Analytica sei wahlentscheidend gewesen, als »reichlich übertrieben«.[45]

Ein Jahr später packte ein Whistleblower aus. So wurde bekannt, dass ein Psychologe mit einer App Persönlichkeitstests an US-amerikanischen Facebook-Nutzern durchgeführt hat – angeblich zu wissenschaftlichen Zwecken. Zu Ende dieser Tests stimmten die Testpersonen dem Zugriff auf ihre Profile und Kontakte zu. Mit dieser Zustimmung erhielt der Psychologe mit jedem Test im Durchschnitt den Zugriff auf 160 weitere Datensätze (nämlich jene der Kontakte, die einer solchen Verwendung nie zugestimmt haben). Cambridge Analytica hat diese insgesamt 50 Millionen Datensätze erworben und zur Unterstützung Donald Trumps im US-Präsidentschaftswahlkampf 2016 verwendet.

Denn Cambridge Analytica konnte nun 50 Millionen Amerikaner hinsichtlich ihrer politischen Präferenzen einteilen und mit zielgerichteter Werbung bombardieren. So erhielten klare Trump-Unterstützer beispielsweise Werbeanzeigen mit einem triumphierenden Donald Trump eingeblendet – samt Wegbeschreibung in das nächste Wahllokal. Wähler, die nicht eindeutig als Trump-Wähler eingeordnet waren, erhielten hingegen Werbungen eingeblendet, in denen besonders berühmte Personen wie Filmstars oder Sportler ihre Unterstützung für Donald Trump erklärten.

Inzwischen traut man Cambridge Analytica weit mehr zu, als bloß heiße Luft zu pumpen. Die Methoden des Unternehmens stehen im Verdacht, auch das Brexit-Votum verfälscht zu haben. Der Datenmissbrauchsskandal rund um Cambridge Analytica zeigt jedenfalls zweierlei: erstens weiß das Internet ziemlich viel von uns, und zweitens kann man mit dem, was wir oder unsere Freunde über uns preisgeben, ziemlich gefährliche Dinge drehen – beispielsweise Wahlen manipulieren.

• ‹

Womit wir bezahlen, wenn wir nichts bezahlen

Daten sind der Rohstoff des 21. Jahrhunderts. Viele Unternehmen gieren nach persönlichen Daten und Informationen über das Nutzerverhalten von Kunden, Versicherungsnehmern, Werbezielgruppen, Wählern, Konkurrenten oder von Menschen, die bei einer Bank einen

Kredit laufen haben. Je mehr Daten jemand von uns sammelt und je besser er sie interpretieren kann, desto genauer kann er unser Verhalten vorhersehen. Aber diese Daten müssen erst gesammelt werden. Das passiert inzwischen zu guten Teilen über Services, die man uns vermeintlich »gratis« zur Verfügung stellt, für deren Nutzung wir also nichts bezahlen müssen.

Wer beispielsweise einen Suchbegriff in die Suchmaschine Google eingibt, erhält Ergebnisse, ohne dafür Geld bezahlen zu müssen. Aber der Nutzer legt Google mit seinem Suchbegriff persönliche Interessen offen. Aus mehreren dieser Suchbegriffe, aus der Anzahl der Suchanfragen, aus dem Surfverhalten und der Art jener Suchergebnisse, die wir letztendlich anklicken, gewinnt Google noch weit besseren Einblick in unsere Interessen und Lebensumstände. Die daraus gewonnenen Informationen verwendet Google für Unternehmen, die ihre Werbung zielgerichtet an bestimmte Interessensgruppen richten wollen. Damit verdient Google Geld.

Im Jahr 2016 betrug das Onlinewerbevolumen in Europa insgesamt 41,8 Milliarden Euro, davon standen etwa 5,9 Milliarden Euro in Deutschland und 880 Millionen Euro in Österreich zur Verfügung. Ein bedeutender Teil des Werbekuchens entfällt auf Google. Mit jeder Verwendung der Suchmaschine füttern wir Google also mit dem Rohstoff Daten, den der Konzern in Geld verwandelt.

Ähnlich funktioniert das mit vielen Gratis-Apps. Sie sammeln unsere Daten, um sie entweder selbst zu verwenden oder zu verkaufen. Das beginnt bei persönlichen Daten wie Namen, Adressen und Geburtsdatum, die wir zum Beispiel bei Installation der App offenlegen.

Das können aber auch Daten sein, die vermeintlich harmlos bloß der bequemeren Verwendung der App dienen. Klar ist es praktisch, wenn die Wetter-App jederzeit unseren Standort orten darf, um den Wetterbericht gleich für jenen Ort anzukündigen, an dem wir uns gerade aufhalten. Was aber, wenn der App-Betreiber die Daten an ein Versicherungsunternehmen verkauft, das so feststellt, dass wir die letzten Stunden vor dem Autounfall in einem Bierlokal verbracht haben? Oder an den Privatdetektiv, der herausfinden will, ob wir unserem Ehepartner untreu wurden? Wollen wir wirklich, dass unsere Krankenversicherung die Standortdaten unserer Fitness-App erhält und feststellt, dass wir in den letzten Monaten seltener Sport betreiben und schneller außer Atem sind als früher?

Viele Apps, die wir verwenden, verwenden also umgekehrt auch uns. Das gilt insbesondere für Gratis-Apps. Denn auch Gratis-Apps benötigen für ihren Betrieb Serverleistung. Und diese Serverleistung ist nicht umsonst. App-Betreiber müssen dafür zahlen. Erhalten sie für die App-Verwendung von uns kein Geld, müssen sie das Geld dafür eben anders verdienen – zum Beispiel, indem sie unsere Daten verkaufen. Vor diesem Hintergrund ist das Sprichwort »If you're not paying for the product, you are the product« (»Wenn du für ein Produkt nicht bezahlst, bist du das Produkt«) durchaus zutreffend. Das heißt aber nicht, dass Apps, für die wir bezahlen, unsere Daten nicht an andere weitergeben. Wir werden immer öfter auch dann zum Produkt, wenn wir für die App selbst bereits mit Geld bezahlt haben.

> ●

Fitte Verräter

Anfang 2018 dürften einige führende Köpfe beim US-Militär ziemlich nervös geworden sein. Die Standorte geheimer US-Militärlager in Afghanistan und Syrien gelangten ungewollt an die Weltöffentlichkeit. Grund für das Auffliegen der Geheimlager war aber weder gegnerische Spionage noch Wikileaks. Aber wie konnte das sonst passieren?

Zunächst veröffentlichte die Fitness-App Strava ihre »World Heat Map«. Strava zeichnet Strecke, Geschwindigkeit und andere Fitnessdaten während des Joggings oder Bikens auf. Man muss bloß sein Smartphone einschalten. Die App ist bei Ausdauersportlern beliebt, weil man »Segmente« festlegen kann, auf denen jeder gemessen wird, der sie überläuft. Wer das Segment am schnellsten absolviert, wird »King of the Race« oder »Queen of the Race«. Der virtuelle Wettbewerb mit anderen Sportlern spornt an. Klar, dass die virtuellen Rennen umso spannender werden, je mehr Läufer regelmäßig über ein Segment laufen.

Die World Heat Map sammelt die Lauf- und Bikestrecken aller 27 Millionen Sportler, die weltweit Strava verwenden. Je öfter eine Strecke absolviert wurde, desto heller sticht sie auf der

Weltkarte hervor. Die Fitness-App ist vor allem in Nordamerika und Europa verbreitet, außerhalb dieser Kontinente vorrangig in großen Ballungszentren, in ländlichen Regionen und in Entwicklungsländern hingegen kaum. Dementsprechend dunkel sind Afghanistan und Syrien auf der World Heat Map. Aber ganz vereinzelt leuchten außerhalb von Kabul und Damaskus kleine Punkte hell im sie umgebenden Schwarz. Ein Aufzeichnungsfehler? Kleine Hirtendörfer, die für einen Marathon trainieren? Keines von beiden. Es sind weit vorgerückte, abgeschiedene Militärbasen in feindlicher Umgebung, in denen die Soldaten trainieren und mit eingeschalteter App immer dieselben Laufstrecken absolvieren. Die sportlichen Soldaten selbst haben ihre geheimen Militärlager verraten.

Der einzige Trost für das US-Militär: Das Problem trifft nicht die US-Army alleine. Auch geheime russische Militärstützpunkte sind durch die World Heat Map aufgeflogen.

Strava selbst warnt seine Nutzer übrigens vor einem leichtfertigen Umgang mit den Daten. Man könnte die Veröffentlichung der eigenen Laufstrecken in der World Heat Map nämlich durch entsprechende Einstellungen in der App ganz leicht vermeiden. Bloß haben die Soldaten das bisher offenbar nicht getan.

• ‹

Was wissen Google, Facebook und Co. über uns?

Fast alle Apps wollen unseren Namen, unsere Adresse und Telefonnummer abfragen. Viele Apps fragen nach dem Zugriff auf unsere auf dem Smartphone abgespeicherten Fotos, auf die Kamera, auf unser Telefonbuch (mit dem mit einem Schlag unsere gesamten Kontakte offengelegt werden) oder um die Erlaubnis, unseren Standort jederzeit lokalisieren zu dürfen.

Bereits mit diesen Daten lässt sich ein umfassendes Bild unserer Lebensgewohnheiten zeichnen. Wer unseren Standort jederzeit erheben darf, weiß, wo wir arbeiten (wahrscheinlich an jenem Ort, an dem wir uns werktags ständig aufhalten), wo wir wohnen (dort, wo wir am Abend sind), ob wir in unserer Freizeit aktiv sind, uns körperlich bewegen oder lieber zu Hause bleiben, wo wir feiern, Urlaub machen, einkaufen oder uns mit Freunden treffen …

Wer außerdem Zugriff auf unsere Kontakte hat und auch die Standortdaten mancher unserer Kontakte erheben darf, weiß auch, mit wem wir uns wann und wie oft treffen. Wer zusätzlich Zugriff auf unsere Fotos hat, weiß sogar, was wir während dieser Treffen treiben (falls wir Fotos von diesen Treffen machen). Ganz schön viel persönliche Information für jemanden, den wir nicht persönlich kennen, nie kennenlernen werden und von dem wir nicht wissen, wie er unsere Informationen verwenden wird.

> ∙∙

Standortdaten einschränken
Gerade die jederzeitige Ortung ist bedenklich. Viele Apps fragen nach dem ständigen Zugriff auf Standortdaten, selbst wenn man die App nicht verwendet.
Die Frage nach einer solchen Erlaubnis ist entlarvend. Denn dieser umfassende Zugriff ist für die Funktionsweise der App meist gar nicht notwendig. Er soll dem App-Betreiber bloß ermöglichen, möglichst viele Standortdaten von uns zu erhalten und so vollständige Bewegungsprofile von uns erstellen zu können. Die Verweigerung eines so umfassenden Zugriffs schränkt die Funktion der App meist nicht ein, verhindert aber zumindest einen ständigen Datenaustausch. Wer seine Daten ein wenig schützen will, sollte diesen permanenten Zugriff bei Nichtverwendung der App also verweigern.

∙∙ <

Ein besonders eifriger Datensammler ist Google Analytics, ein Analysewerkzeug für Webseiten. Surft man auf einer Webseite, die diese Software einsetzt, gerät man automatisch in die Netze von Google Analytics. Mehr als 80 Prozent aller deutschsprachigen Webseiten benutzen das Statistik-Tool für Webseiten inzwischen. Man kann ihm also fast nicht mehr aus dem Weg gehen.

Das Problem: Während bei vielen anderen Analysetools die gesammelten Daten auf den Servern des Webseitenbetreibers bleiben, überträgt Google Analytics eben diese Daten an den Google-Konzern – und dieser kann sie nun für eigene Zwecke verwenden. Google Analytics ist zwar gratis, aber nicht umsonst. Das Unternehmen, das

Google Analytics auf der eigenen Webseite einsetzt, zahlt das Statistik-Tool nicht mit Geld, sondern mit unseren Daten.

Der Datenhunger von Google Analytics ist beachtlich. Das Statistik-Tool sammelt unter anderem:

- Herkunft des Nutzers (Staat und Stadt);
- Sprache;
- verwendete Hardware (zum Beispiel Tablet, Smartphone, PC), Betriebssystem und Browser;
- Besucherquelle, also von wo der Nutzer auf die Webseite verwiesen wurde (zum Beispiel Facebook, Suchmaschine oder ein Link von einer anderen Webseite);
- Welche Dateien hat der Nutzer heruntergeladen, welche Videos angesehen oder Werbebanner angeklickt;
- Verweildauer auf der Webseite;
- Ob der Nutzer weitere Seiten des Webauftritts angeklickt, den Kaufprozess abgeschlossen oder die Webseite ohne Bestellung verlassen hat.

Die gute Nachricht: Google Analytics forscht nur nach dem Nutzerverhalten. Es soll die Webseitenbetreiber dabei unterstützen, ihre Webseite zu optimieren. Es hilft zum Beispiel bei der Analyse, an welcher Stelle des Bestellvorgangs kaufinteressierte Personen besonders häufig abspringen oder welche Bereiche des Webshops besonders häufig und lange besucht werden. Die Identität des Nutzers ist für diese Informationen unwichtig und wird deshalb angeblich auch nicht erhoben. Die IP-Adresse wird von Google Analytics an Google übertragen, aber nach Angaben des Konzerns weder an Dritte weitergegeben noch ausgewertet. Im besten Fall bleibt man also anonym.

Allerdings erstellt Google Benutzerprofile über alle Personen, die Google-Dienste verwenden. Zu diesen Diensten gehören nicht nur Google Analytics oder die Google-Suchseite. Haben wir auf unserem Smartphone die Standorterfassung der Google-Maps-App aktiviert, weiß Google immer, wo wir uns befinden, über Gmail kennt Google die Telefonnummern, Post- und E-Mail-Adressen unserer Freunde, die Google-Suchseite weiß, was uns aktuell beschäftigt (weil wir beispielsweise nach Krankheiten, Urlaubszielen, Stellenanzeigen oder Empfängnisverhütung googeln), auf Picasa sieht Google unsere Bilder und weiß, mit wem wir sie teilen. Unser Suchverhalten auf YouTube, das ebenfalls zu den Google-Diensten gehört, vervollständigt das Bild. Die Kombination aus all diesen Daten ergibt ein besonders komplettes Persönlichkeitsprofil von uns. So kennt Google unsere Vorlieben und Interessen. Das nützt der Konzern, um teure, personalisierte Werbung zu verkaufen. Es bleibt also dabei: Das Produkt sind wir …

Google ist nicht die einzige Datenkrake im World Wide Web. Andere Dienste sind nicht weniger datenhungrig. Wer WhatsApp benutzt, erlaubt dem zur Facebook-Gruppe gehörigen Dienst Zugriff auf die eigene Identität, die Kontakte, den Standort, SMS, Fotos, Medien und andere Dateien, die Kamera und das Mikrofon des Smartphons, WLAN-Informationen, die Geräte-ID und Anrufinformationen. Facebook speichert alles, was wir auf Facebook, WhatsApp oder anderen zur Facebook-Gruppe gehörenden Diensten (zum Beispiel Instagram) preisgeben. Es erhebt unser Surfverhalten und wertet all diese Daten zur Erstellung eines detaillierten Persönlichkeitsprofils aus. Dieses Profil enthält auch Angaben zu besonders sensiblen, höchstpersönlichen Daten (zum Beispiel unsere politische und sexuelle Orientierung). Die Facebook-Algorithmen lernen uns anhand dieser Daten treffsicherer kennen. Forscher haben herausgefunden, dass die Analyse von siebzig unserer Facebook-Likes für Facebook ausreicht, um uns besser einzuschätzen, als ein guter Freund dies könnte. Nach der Analyse von dreihundert Likes kennt uns Facebook besser als unser Lebenspartner. Wer das nicht will, darf nichts liken – auch nicht in geheimen Facebook-Gruppen.

Die verschiedenen Webdienste wissen also mehr über uns, als wir uns vorstellen können. Was das Internet über uns weiß, lässt sich damit zwar nicht abschließend beantworten. Pessimisten würden antworten: »Alles!«, Realisten zumindest »Mehr als uns lieb ist«. Ein Sprichwort besagt, dass Pessimisten die besseren Realisten sind – aber wahrscheinlich ist die Frage inzwischen ohnehin falsch gestellt. In Zeiten von Big Data muss man sich wohl eher fragen, was das Internet (noch) nicht über uns weiß.

> •

Wie finde ich heraus, welche Daten Facebook von mir nutzt?
Wer wissen will, welche seiner Daten Facebook verwendet, muss nur auf das eigene Facebook-Profil gehen. Unter »Einstellungen/Werbeanzeigen« gibt Facebook an, welche der vom Nutzer mit »Gefällt mir« markierten Seiten werberelevant sind und damit bestimmen, welche Werbung uns Facebook zeigt. Unter demselben Menüpunkt sieht man, mit welchen Werbetreibenden man in der Vergangenheit kommuniziert hat.

Unter dem Menüpunkt »Einstellungen/Werbeanzeigen/Deine Informationen« listet Facebook auf, welche Eigenschaften das Netzwerk dem Nutzer zuschreibt. Das können allgemeine Eigenschaften wie der »Beziehungsstatus« (single, verlobt, verheiratet), der angegebene Arbeitgeber, die Berufsbezeichnung oder die Ausbildung sein. Das können aber auch Informationen über die Marke des Mobilgeräts sein, von dem aus man auf den Facebook-Account zugreift (zum Beispiel »besitzt: iPhone 7«), der Geburtsmonat oder Interaktionen mit auf Facebook werbenden Unternehmen sein.

Wer noch mehr wissen will, muss sich mit einem entsprechenden Auskunftsersuchen an Facebook wenden. Denn das neue Datenschutzrecht gibt den Nutzern umfassende Auskunftsrechte über die über sie gespeicherten Daten und Nutzungszwecke. Aber dafür braucht man voraussichtlich auch nach der neuen Rechtslage – so wie schon bisher – einen besonders langen Atem.

• <

21. Wer löscht Beleidigungen aus dem Internet?

Es geht ganz schnell und kann jeden treffen: Plötzlich stehen im Internet blöde und falsche Dinge über einen und verbreiten sich wie eine Lawine. Dabei ist es auch im Internet nicht erlaubt, Lügengeschichten über andere zu veröffentlichen. Und wer mit solchen Lügen konfrontiert ist, kann sich auch wehren.

Manchmal könnte man meinen, dass es im Internet keine Persönlichkeitsrechte mehr gibt. Diskussionen in Onlineforen oder sozialen Netzwerken strotzen nur so von Beleidigungen, Unterstellungen und Lügen über andere.

Manchmal schaukeln sich selbst bei vermeintlich unwichtigen Anlässen die Emotionen hoch, Internetuser verbünden sich im vermeintlich gerechten Zorn zur gemeinsamen Rache und schimpfen massenhaft über den Übeltäter: ein Shitstorm bricht los und oft sieht sich der vermeintliche Übeltäter einer aggressiven Masse gegenüber, die ihn wütend beschimpft, bloßstellt, bedroht und eine Schmutzlawine über ihn ergießt, die in keinem Verhältnis zum Anlass steht.

Aber das Internet ist kein rechtsfreier Raum. Im Internet gilt wie im »echten Leben«: andere Menschen muss man akzeptieren. Und auch im Internet sind Beleidigungen wie im realen Leben verboten. Denn Beleidigungen und üble Nachrede sind keine Meinungen – zumindest keine, die von der Meinungsfreiheit geschützt sind …

Wie im echten Leben: Strafe und Schadenersatz
Wie im echten Leben kann sich die beleidigte Person deshalb gegen die Beleidigung wehren. Das kann natürlich geschehen, indem man den Täter zur Rede stellt – am besten persönlich in einem Gespräch oder mittels E-Mail oder einer Privatnachricht, die nur der Täter selbst lesen kann (zum Beispiel WhatsApp und Facebook Messenger). In moderierten Onlineforen kann man sich auch an die Moderatoren wenden.

Nützt das nichts, helfen oft nur rechtliche Schritte. Beleidigungen und üble Nachrede sind nämlich strafbar. Ist die Beleidigung oder die üble Nachrede tatsächlich passiert und bei Gericht beweisbar, muss der Täter eine Geldstrafe zahlen. Auch Schadenersatz bis hin zu Schmerzensgeld sind denkbar. Das kann für den Täter ganz schön teuer werden.

> •

Verboten oder erlaubt?
Die Grenze zwischen berechtigter Kritik und Beleidigung ist
manchmal fließend. Klassische Schimpfwörter sind jedenfalls
Beleidigungen, selbst wenn sie vergleichsweise harmlos sind –
wie zum Beispiel »Hornochse« oder »Esel«.
Von der Beleidigung unterscheiden Juristen die üble Nachrede
und die Verleumdung. Dabei handelt es sich um Äußerungen,
mit denen man einem anderen unehrenhaftes, verpöntes oder
verbotenes Handeln fälschlich unterstellt, zum Beispiel dass
sich ein bestimmter Lehrer zu jungen Schülerinnen hingezogen
fühlt. Die Strafbarkeit solcher Äußerungen hängt davon ab, ob
sie richtig oder falsch sind (und ob der Äußernde das beweisen
kann).
Dass der Nachbar ein Drogendealer ist, kann einmal eine
strafbare Äußerung sein (wenn der Nachbar nicht mit Drogen
handelt oder man das zumindest nicht beweisen kann), ein
andermal eine von der Meinungsäußerungsfreiheit gedeckte
Wiedergabe einer wahren Tatsache sein (wenn der Nachbar
tatsächlich Drogendealer ist und man das auch beweisen kann).
Achtung: Beweispflichtig ist der Äußernde. Ist unsicher, ob die
Behauptung des unehrenhaften, verpönten oder verbotenen
Handelns tatsächlich wahr ist, sollte man sie unterlassen!

• <

»Zurückbeleidigen« ist keine gute Taktik. Einerseits provoziert man
auf diese Weise bloß weitere Beleidigungen durch den Täter. Ande-
rerseits macht man sich so schnell selbst strafbar. Und anstatt für die
erlittene Beleidigung Schadenersatz zu bekommen, muss man dann
plötzlich selbst für die Beleidigung zahlen.

Shitstorm – ein Mitmachspiel
In einem Punkt unterscheiden sich Beleidigungen im Internet sehr
von im »echten Leben« ausgesprochenen Beleidigungen. Während
am Schulhof, am Fußballplatz, bei der Party ausgesprochene Beleidigungen meist nur von einem kleinen Kreis gehört werden, sind
sie im Internet zumindest theoretisch überall auf der Welt für jeden

sichtbar. Und wir wissen nicht, ob sie bereits von anderen weitergetragen, geteilt, gespeichert, kopiert und anderen Personen zugeschickt wurden. Das macht es besonders schwierig, Beleidigungen aus dem Internet wieder wegzubekommen. Denn wer kann schon Beleidigungen aus dem Internet löschen, wenn sie schon längst weiterverbreitet wurden? Vor allem Personen oder Unternehmen, die einer breiten Öffentlichkeit bekannt sind, müssen oft erfahren, dass Beleidigungen, Schmähkritik und Empörungswellen im Internet kaum aufhaltbar sind. Ist der Shitstorm einmal ausgebrochen, steht ihm das Opfer meist machtlos gegenüber. Privatpersonen sind üblicherweise kein Ziel großer Shitstorms. Aber manchmal verbreiten sich auch gegen Private gerichtete Beleidigungen schnell im Internet.

Schneller Sturm

Am 17. Oktober 2012 berichtete RTL über einen Rechtsstreit zwischen dem Schlagersänger Michael Wendler und Sylvia und Nadine Simbeck. Die beiden Frauen wollten auf Mallorca ein »Michael-Wendler-Fancafé« eröffnen. Michael Wendler wollte das verhindern.

Noch während der Sendung wurde die Facebook-Seite »100.000 Menschen die Michael Wendler scheiße finden« begründet. Zwei Tage nach Ausstrahlung der Sendung hatte die Seite bereits über 230.000 Fans. Am Höhepunkt des Shitstorms wuchs die Seite um 300 Fans pro Minute. Der Shitstorm gegen den Schlagersänger gilt als einer der größten im deutschen Sprachraum.

Sind Beleidigungen oder üble Gerüchte im Internet erst einmal gestreut, verbreiten sie sich also rasch. Solange das nur durch Teilen oder über Links auf die Seite geschieht, in der der Beleidiger seine Beleidigungen äußert, kann er die Beleidigung noch durch Löschen auf der eigenen Seite aus der Welt schaffen. Sobald aber andere die Beleidigung selbst wiederholen, Screenshots anfertigen oder auf eigene Seiten kopieren, verbreitet sich die Beleidigung auch weiter, nachdem sie der Beleidiger von der eigenen Seite gelöscht hat. Selbst wenn der Beleidiger seine Beleidigung aus der Welt schaffen will, ist das für ihn dann nicht mehr möglich. Für den Beleidiger ist dann unkontrollierbar, wie sich die Beleidigung verbreitet und welchen Schaden sie anrichtet. Das hat nicht nur für den Beleidigten Konsequenzen. Denn der Beleidiger muss seinem Opfer eine Entschädigung für die erlittene Beleidigung zahlen. Die ist umso höher, je mehr Menschen von dieser Beleidigung erfahren und je ernster die Folgen der Beleidigung für das Opfer sind. So kann ein Shitstorm auch für dessen Auslöser ziemlich unangenehm werden …

> •

Der unlöschbare Affenfinger

Shitstorms sind unkontrollierbar. Geschickt eingesetzt macht sie das zu ziemlich effektiven Druckmitteln, mit denen man auch legitime Ziele verfolgen und erreichen kann.

Im Jahr 2010 verbreitete die Umweltorganisation Greenpeace ein Video auf YouTube, mit dem sie den weltgrößten Nahrungsmittelhersteller Nestlé direkt angriff. Zu sehen war ein Mann, der die Verpackung eines Schokoriegels der Marke »Kitkat« aufreißt. Anstatt des Schokoriegels hält er jedoch einen blutigen Orang-Utan-Finger in der Hand. Greenpeace prangerte damit an, dass Nestlé zur Herstellung des Schokoriegels Palmöl verwendete. Die Palmölproduktion ist eine der Hauptursachen für die Vernichtung des indonesischen Regenwalds (und damit des Lebensraums der Orang-Utans). Die Botschaft des Videos: Wer Kitkat-Riegel isst, trägt Mitschuld an der Zerstörung von Regenwald und tötet Menschenaffen.

Den beginnenden Shitstorm wollte Nestlé abwenden, löschte alle negativen Kommentare auf den eigenen Social-Media-Seiten und erreichte die Löschung des Videos auf YouTube.

Das brachte den Shitstorm aber erst richtig in Schwung. Viele User empörten sich über die Verschleierungstaktik des Lebensmittelkonzerns. Das »verbotene« Video wurde rund um den Erdball auf unzähligen Webseiten und Blogs veröffentlicht. Nutzer sozialer Netzwerke teilten das Video massenhaft. Allen

Löschungsbestrebungen von Nestlé zum Trotz erwies sich der blutige Affenfinger als unlöschbar. Schließlich musste Nestlé erkennen, dass der Shitstorm zu groß und unaufhaltbar war. Letztendlich gab der Lebensmittelkonzern nach und wechselte seinen Palmöllieferanten.

•••<

Angriff aus dem Hinterhalt: anonyme Beleidigungen

Im Internet gibt es ein grundsätzliches Recht auf Anonymität. Das soll es Minderheiten, Verfolgten, Verbrechensopfern und politisch Unterdrückten ermöglichen, sich ohne Angst zu äußern. Das schützt aber auch Personen, die diese Anonymität ausnützen, um andere zu beleidigen. Aber was kann man tun, wenn man im Internet anonym beleidigt wird?

Meistens ist es sehr schwierig, den Namen des anonymen Angreifers selbst herauszufinden. Denn Internetanbieter dürfen die Daten ihrer Nutzer nicht ohne Weiteres herausgeben. Wer sich in einem Onlineforum anonym anmeldet, hat ein Recht darauf, dass seine Daten vom Forenbetreiber geschützt werden. In Deutschland gilt das sogar für den Fall, dass dieser Nutzer die Anonymität ausnützt, um über andere anonym zu schimpfen. Der Bundesgerichtshof hat entschieden, dass Seitenbetreiber selbst Personen, die sich fiesen Kommentaren anonymer Nutzer ausgesetzt sehen, den wahren Namen dieser anonymen Nutzer nicht nennen dürfen.

Allerdings sind Seitenbetreiber verpflichtet, Beleidigungen auf Aufforderung des Beleidigten zu löschen. Schlimmstenfalls kann man den Seitenbetreiber sogar klagen. Dann zwingt das Gericht diesen, die Beleidigung »zu unterlassen«. Dazu wird der Seitenbetreiber die Beleidigung löschen.

Und zu sehr dürfen auch Internetnutzer nicht auf ihre Anonymität vertrauen. Wer andere beleidigt, hetzt oder Lügen verbreitet, macht sich strafbar. Dann beginnen die Strafverfolgungsbehörden zu ermitteln. Und Polizei und Staatsanwaltschaft können beim Verdacht auf strafbare Handlungen vom Internetanbieter sehr wohl die Aufhebung der Anonymität fordern. Die Staatsanwaltschaften können sogar Hausdurchsuchungen bei Personen anordnen, bei denen sie Daten über den Namen des anonymen Straftäters vermuten.

Und tatsächlich ist man im Netz gar nicht so anonym, wie manche glauben. Denn auch wer sich unter falschem Namen oder unter einem Pseudonym im Netz anmeldet, ist identifizierbar. Jeder Internetanschluss verfügt über eine eigene IP-Adresse. Über diese IP-Adresse lassen sich anonym gepostete Kommentare auf jene Person zurückführen, die hinter dem Pseudonym steht. So haben Polizei und Staatsanwaltschaft gute Chancen, bei Straftaten denjenigen zu finden, der das Posting verfasst hat – selbst wenn der Verfasser dies anonym getan hat.

> •

Anonyme Beleidigungen: Speed kills
Provider speichern IP-Adressen nur für einen kurzen Zeitraum. Wer im Internet anonym beleidigt wird, muss deshalb schnell reagieren und – wenn es sich um eine Beleidigung im Sinne des Strafrechts handelt – die Polizei rasch einschalten. Denn hat der Provider erst einmal die Daten zu den IP-Adressen gelöscht, kann auch die Polizei den echten Namen des anonymen Beleidigers nicht mehr ermitteln.

• <

Wer von anonymen Postern beleidigt wird oder Opfer von anonymen Beschuldigungen ist, sollte sich zuallererst an den Seitenbetreiber wenden. Dieser müsste beleidigende Postings rasch löschen. Ignoriert der Seitenbetreiber diese Verpflichtung, sollte man die Polizei informieren. Liegt tatsächlich eine Straftat vor, kann die Polizei nämlich ermitteln, wer hinter der anonymen Beleidigung steht.

> •

Was tun bei anonymen Blogs?
Besonders knifflig wird es, wenn man in einem anonym geführten Blog beleidigt wird. Aber auch hier gibt es manchmal eine Lösung. Der Weg zum Blogger führt dann über den Betreiber der Blog-Plattform (Host-Provider).
In einem auf einer Blogplattform von Google betriebenen Blog warf ein anonymer Blogger einem Unternehmer unter voller Namensnennung vor, Rechnungen aus einem Sexclub mit der

Firmenkreditkarte bezahlt zu haben. Der beschwerte sich daraufhin bei Google. Denn Dienstanbieter, die Blogplattformen anbieten, müssen zwar in solchen Fällen nicht den Namen des anonymen Bloggers verraten. Sie müssen aber solche Beanstandungen an den verantwortlichen Blogger weiterleiten. Der muss dann beweisen, dass seine Behauptung richtig ist. Gelingt dem Blogger dieser Beweis nicht, muss der Dienstanbieter die beanstandete Behauptung löschen.

Im konkreten Fall hat der Blogger auf die Beanstandung nicht reagiert. Für Google war der Fall damit erledigt. Die beanstandete Behauptung hat Google nicht gelöscht. Der Unternehmer klagte und bekam beim Bundesgerichtshof schließlich Recht. Host-Provider müssen beanstandete Behauptungen nicht nur löschen, wenn dem Blogger der Beweis misslingt. Sie müssen diese Behauptungen auch löschen, wenn der Blogger nicht antwortet.[46]

Wer in einem anonymen Blog beleidigt wird, kann sich also an den Betreiber der Blogplattform wenden. Der muss dann den Blogger kontaktieren. Kann der Blogger seine Behauptung nicht beweisen oder reagiert der Blogger nicht, muss der Betreiber die Behauptung löschen. Aber Achtung: Wenn der Blogger eine Stellungnahme abgibt, erhält man diese vom Betreiber der Blogplattform zugesendet. Dann muss man selbst rasch beweisen, weshalb die beanstandete Behauptung falsch ist. Sonst sind Blogger und Blogbetreiber aus dem Schneider …

• ‹

Muss Google Beleidigungen löschen?

Noch gibt es keine Software, die Beleidigungen automatisch erkennt. Das macht es für Dienstanbieter und Seitenbetreiber schwierig, gegen Beleidigungen und andere verbotene Inhalte im Internet aktiv vorzugehen. Muss ein Dienstanbieter von sich aus Beleidigungen im Internet suchen? Oder muss er erst handeln, wenn sich ein Betroffener an ihn wendet?

Im Jahr 2012 erschienen auf einer Internetplattform Beiträge, die mehrere Personen als Rassisten bezeichneten. Hintergrund war, dass sich diese Personen islamfeindlich geäußert hatten. Auch die

Suchmaschine Google zeigte in ihren Suchergebnissen zu den betroffenen Personen die Beiträge mit dem Rassismusvorwurf an. Die betroffenen Personen fühlten sich durch die Bezeichnung als Rassisten beleidigt und verlangten von Google die Entfernung der Suchergebnisse, deren Link zu den beanstandeten Beiträgen führte. Google kam dieser Aufforderung nach. Kurz darauf tauchten die Beiträge in den Suchergebnissen der Google-Seite wieder auf. Ihr Verfasser hatte sie offenbar in ein anderes Unterforum desselben Forums verschoben, wo sie von der Suchmaschine wieder gefunden und unter einem anderen Link angezeigt wurden. Die betroffenen Personen verlangten von Google nun, zu diesem Forum gar keine Ergebnisse mehr anzuzeigen. Das hat Google abgelehnt. Die betroffenen Personen haben daraufhin geklagt. Das Oberlandesgericht Karlsruhe hat die Klage abgewiesen. Suchmaschinenbetreiber haften nur für klare Hinweise auf Rechtsverletzungen. Sie müssen das Internet aber nicht von sich aus auf Beleidigungen absuchen.[47]

Für Opfer von Beleidigungen und Hetze ist diese Entscheidung natürlich lästig. Rechnen sie damit, dass Täter ihre Beleidigungen in anderen Foren wiederholen, bleibt ihnen nur, das Internet selbst regelmäßig zu durchsuchen. Das geht meist recht einfach, indem man selbst eine Suchmaschine verwendet und nach der vermuteten Beleidigung sucht. Die gefundenen Links kann man dem Internetdienst mitteilen, der sie anschließend rasch von seinen Ergebnisseiten löschen muss.

> •

Voll angekotzt – peinliche Partyfotos löschen lassen

Wer hat noch nie über die Stränge geschlagen? Und wer hat noch nie über Fotos oder Videos gelacht, die allerlei Peinlichkeiten festhalten, auf die Sturzbetrunkene manchmal eben kommen? Blöd nur, wenn es einen selbst trifft und die globale Internetcommunity herzlich darüber lacht. Die Peinlichkeit findet sich dann für alle Ewigkeit im Internet. Der neue Arbeitgeber findet das wahrscheinlich gar nicht witzig.

An Fotos, die uns in unserem privaten Lebensbereich zeigen, haben wir Persönlichkeitsrechte. Solche Fotos dürfen ohne unsere Zustimmung nicht veröffentlicht werden. Das gilt umso mehr, wenn sie uns peinlich sein müssen, weil sie uns in unvorteilhaften Situationen zeigen.

Wer so ein Foto von sich entdeckt, sollte rasch reagieren:

- sofort einen **Screenshot** machen (zu Beweiszwecken);
- die **Person auffordern**, das Foto aus dem Netz zu entfernen (wenn man sie kennt). Das kann zunächst per E-Mail, Facebook-Nachricht oder andere Nachrichten erfolgen. Nützt das nichts, einen eingeschriebenen Brief schicken. Ist das Bild danach immer noch im Netz, sollte man schnell einen Rechtsanwalt einschalten;
- den **Internetdienst auffordern**, das Foto von der Seite zu entfernen (wenn die Person anonym ist, aber der Internetdienst bekannt ist). Manche Internetdienste haben dafür eigene Funktionen. So bietet Facebook zu jedem Foto unter »Optionen« die Auswahl »Foto melden« und »Markierung melden«. Auch Twitter bietet einen eigenen Online-Support, der in solchen Fällen Unterstützung bietet;
- einen **Webcleaner** verwenden. Manche Personensuchseiten bieten den Service, unbequeme Inhalte aus dem Internet löschen zu lassen (zum Beispiel 123people.de). Der Vorteil: Diese Webcleaner haben zu den großen Webdiensten bessere Zugänge als Einzelpersonen. Deshalb können sie oft die Löschung auch noch erreichen, wenn man als Einzelperson erfolglos war. Und sie sind weit billiger und schneller als ein Gerichtsverfahren. Der Nachteil: Solche Services kosten und es gibt keine Erfolgsgarantie. Manchmal funktioniert das Löschen besser, manchmal schlechter.

Generell sollte man alle paar Wochen das Netz durch »Ego-Googeln« auf peinliche Inhalte kontrollieren. Dabei gibt man den eigenen Namen in die Suchmaschine ein. So kann man zwar nicht verhindern, dass überhaupt Fotos von einem selbst im Internet aufscheinen. Aber man findet so zumindest alle Fotos, die mit dem eigenen Namen verlinkt sind. Und die kann man löschen lassen (siehe oben). Unverlinkte Fotos findet man mit dieser Methode nicht. Die sind zwar noch immer peinlich genug, können aber auch vom Personalchef des Unternehmens, bei dem man sich beworben hat, durch Namensgoogeln nicht gefunden werden. Und das ist immerhin nicht nichts …

• <

22. Wie funktioniert Cybermobbing?

Manchmal brechen Informationen mit voller Wucht über uns herein. Wie machtvoll Informationen sein können, welchen zerstörerischen Einfluss sie auf unseren Alltag, unsere Familie und unsere Gesundheit haben können, wird für Opfer von Cybermobbing direkt spürbar.

Mobbing, das systematische Ausgrenzen und auch öffentliche Heruntermachen einzelner Personen, gab es wohl schon immer. Fast jeder kommt während seiner Schulzeit mit Mobbing in Berührung – als Täter, Opfer, oft als schweigender Beobachter, seltener als aktiv eingreifender Helfer. Mobbing kommt aber auch unter Erwachsenen vor. Die Arbeitswelt, der Sportverein, die Kleingartensiedlung oder das Altenheim sind keine mobbingfreien Zonen.

Mobbing beginnt meist schleichend und unauffällig. Zum Beispiel, wenn immer dieselbe Person »geschnitten« und aus Gesprächen und Gemeinschaftsaktivitäten ausgeschlossen wird. Mit der Zeit entwickelt Mobbing immer mehr Wucht gegen das Opfer. Bald überschreiten die Täter die Schwelle des reinen Ausschließens und Ignorierens. Sie wenden sich aktiv gegen das Opfer, beleidigen und bedrohen es, verbreiten Lügen und Gerüchte. Schlimmstenfalls endet diese Entwicklung mit körperlicher Gewalt. Das Opfer wird verprügelt, manchmal nicht bloß ein Mal.

> •

Warum ich?
Diese quälende Frage stellen sich viele Mobbingopfer. Die Gründe für Mobbing sind unterschiedlich. Manche mobben,
- weil sie selbst gemobbt wurden und nun zu den Starken gehören wollen,
- weil sie andere rächen wollen, die gemobbt wurden,
- weil sie sich selbst unsicher fühlen und mit dem Mobbing anderen »beweisen« wollen, wie »stark« sie sind,
- weil sie mit anderen in einem Wettbewerb stehen, wer das brutalste, peinlichste, hässlichste oder sonst wie beleidigende Foto oder Video macht,
- weil sie wütend auf die Schule, einen Lehrer, die Eltern, den Arbeitgeber oder einfach »auf die Welt« sind,
- weil ihnen langweilig ist.

Diese Gründe für Mobbing sind vielfältig – und es sind längst noch nicht alle. Eines haben alle Gründe für Mobbing aber gemeinsam: Wenn man gemobbt wird, kann alles Mögliche der Anlass sein. Mit einem selbst hat dieser Grund aber nichts zu tun.

•••‹

Das »analoge« Mobbing, von vielen Schüler- und auch Erwachsenengenerationen durchlitten (oder als Täter praktiziert), ist schlimm genug. Das Opfer fühlt sich unwohl, ausgeschlossen, »geschnitten«, steht unter Stress und starkem psychischen Druck, der letztendlich – auch ganz ohne Prügel – in Gesundheitsschäden münden kann.

Smartphone und soziale Medien haben die Mobbingmöglichkeiten für die Täter massiv erweitert und setzen das Opfer noch stärker und ungeschützter Mobbing aus, als das mit »analogem« Mobbing ohnehin schon der Fall war. Cybermobbing ist besonders perfide. Täter können mit wenigen Tastendrücken Lügen, Drohungen, Beleidigungen und Peinlichkeiten weltweit verbreiten. Opfer können diesem Cybermobbing nicht entkommen. Cybermobbing erreicht die ganze Welt und folgt dem Opfer via Smartphone in die intimsten Rückzugsbereiche – Kinderzimmer, Schlafzimmer, den geheimen Lieblingsnachdenkplatz im Park. Das führt dazu, dass dem Mobbingopfer manchmal selbst ein Schulwechsel oder Umzug nichts nützt. Was einmal im Internet steht, kann auch gefunden werden. »Überreste« aus altem Cybermobbing sind oft der Anfang für neues Mobbing in der neuen Umgebung, in die sich das Cybermobbingopfer geflüchtet hat.

Was einmal im Internet landet, kann auch nicht mehr richtig gelöscht werden. Einmal hochgeladen, werden Lügen über sexuelle Orientierung oder Vorlieben, Verliebtheit in Lehrer, peinliche Fotos und Videos oft hundert- oder tausendfach angesehen, geteilt, gespeichert, verändert, beleidigend kommentiert und von Unbeteiligten neu in anderen Netzwerken, Blogs und Webauftritten hochgeladen. Selbst wenn sie der unmittelbare Täter löschen will, kann er sie nicht mehr aus der Welt schaffen. Sie sind seinem Zugriff längst entzogen ...

> •••

Wie kann ich mich vor Cybermobbing schützen?
Hundertprozentigen Schutz gegen Cybermobbing gibt es nicht.
Cybermobbing kann jeden treffen. Aber man kann Mobbern
das Mobbing leichter oder schwerer machen. Folgende Schutz-
maßnahmen legen Cybermobbern Steine in den Weg:

- Schütze deine Mailadresse und deine persönlichen
  Daten. Mache diese Informationen möglichst nie öffentlich. Mobber könnten sie verwenden, um ein Fakeprofil
  anzulegen (also ein Profil, mit dem sie ausgeben, du zu
  sein und in deinem Namen zum Beispiel peinliche Fotos,
  Unwahrheiten oder Gemeinheiten und Beschimpfungen
  hochladen).

- Schau dir deine »Freunde« in sozialen Netzwerken genau
  an. Nimm nicht jede Freundschaftsanfrage an – vor allem
  keine Anfragen von Personen, die du nicht kennst. Folge
  keinen Personen, die du nicht persönlich kennst.

- Lade selbst keine Fotos von dir hoch, auf denen du in peinlichen Situationen zu sehen bist. Denk vor dem Hochladen
  daran, dass das »lustige« besoffene Partyfoto nicht nur
  jetzt gleich von Mobbern gegen dich verwendet werden
  könnte, sondern in zehn Jahren auch deinem zukünftigen
  Arbeitgeber bei Internetrecherchen unterkommen könnte.

- Sprich in sozialen Netzwerken nicht öffentlich über deine
  Probleme. Streit, Liebeskummer, finanzielle Sorgen sind
  zutiefst privat. Sie haben ihren Platz in vertraulichen
  Gesprächen mit echten, »analogen« Freunden, Eltern,
  Vertrauenspersonen. Sie gehören aber niemals in frei
  zugängliche Bereiche des Internets (etwa in die Facebook-
  Timeline, auf Instagram, in eine WhatsApp-Gruppe oder in
  andere soziale Medien).

- Denk daran, dass deine Inhalte von anderen geteilt, gespeichert oder per Screenshot gesichert werden können.
  Das Foto, das du gerade auf deinem Instagram-Account
  hochgeladen hast, kann innerhalb von Sekunden auf der
  Schmuddelseite eines »Freundes« landen – schlimmstenfalls sogar mit deinem Namen. Auch wer etwa in einer

geheimen Facebook- oder WhatsApp-Gruppe postet, ist davor nicht geschützt.

- Du musst nicht alles öffentlich stellen, was du deinen Freunden mitteilen willst. Viele soziale Netzwerke bieten Datenschutzeinstellungen an, mit denen du die Sichtbarkeit deiner Meldungen einschränken kannst. Die Betreiber dieser Netzwerke leben davon, dass deine Meldungen möglichst viele Leute sehen. Die voreingestellten Datenschutzeinstellungen sind deshalb meist darauf ausgerichtet, dass deine Inhalte von möglichst vielen Menschen gesehen werden können. Das kannst du ändern, indem du die Datenschutzeinstellungen selbst veränderst.

- Schließlich gibt es noch immer die Möglichkeit von Privatnachrichten (PN) und E-Mails. Damit erreicht man die wichtigsten Freunde zielgerichtet, ohne dass gleichzeitig alle anderen erfahren, was einen beschäftigt, bedrückt oder ängstigt ...

· ‹

Cybermobbing ist kein seltenes Phänomen. In einer 2017 durchgeführten Studie haben zwei Fünftel aller befragten Jugendlichen bestätigt, dass in ihrem Bekanntenkreis schon einmal jemand im Internet oder per Handy fertiggemacht wurde. Mädchen (42 Prozent) haben dies häufiger mitbekommen als Buben (33 Prozent). Mit zunehmendem Alter steigt der Anteil: jeder vierte 12- bis 13-Jährige berichtet von solchen Vorfällen im Bekanntenkreis. Bei den 18-Jährigen sind es mit 46 Prozent fast doppelt so viele.[48]

8 Prozent der Befragten gaben sogar an, schon einmal selbst im Internet oder per Handy fertiggemacht worden zu sein. Hier sind Mädchen und Burschen übrigens gleich häufig betroffen. Auch das Alter macht hier keinen Unterschied. Allerdings sind Jugendliche mit formal niedrigerem Bildungsgrad (11 Prozent) eher Opfer von Cybermobbing als Gymnasiasten (6 Prozent). Legt man die Latte niedriger und fragt die Jugendlichen nicht danach, ob sie schon einmal fertiggemacht wurden, sondern »nur« ob falsche Nachrichten über sie im Internet veröffentlicht wurden, gibt jeder fünfte Jugendliche an, dass dies schon einmal der Fall gewesen sei. Am stärksten

betroffen sind die 16- bis 17-Jährigen. Von ihnen geben 24 Prozent an, dass schon einmal falsche oder beleidigende Inhalte über sie im Netz oder mit dem Handy transportiert wurden.[49]

Diese Zahlen sind beunruhigend. Denn viele Mobbingopfer leiden still (etwa 45 Prozent sprechen nicht über das erlittene Cybermobbing) und den Cybermobbern ist oft gar nicht bewusst, wie schlecht es den Betroffenen geht und wie schwerwiegend die Folgen von Mobbing sein können. Zu Beginn sind Mobbingopfer meist wütend (66 Prozent). Die dauerhaften Folgen sind aber bei jedem Menschen unterschiedlich. Viele Mobbingopfer fühlen sich hilflos (20 Prozent), leiden unter ständigem Stress, den das Mobbing bei ihnen auslöst, und können nicht mehr schlafen (18 Prozent).[50] Einige Betroffene gleiten immer tiefer ab und entwickeln schwere Angstzustände und posttraumatische Stress-Symptome,[51] Depressionen, Essstörungen oder Suizidgedanken, die manchmal sogar tatsächlich im Selbstmord des Mobbingopfers münden.

> •

Sexting

Sexting setzt sich aus »Sex« und dem englischen Wort für das Senden von SMS »Texting« zusammen. Sexting beschreibt einen Trend, von dem gerade Jugendliche immer wieder betroffen sind.

Die Betroffenen senden Fotos von intimen Momenten (oft sind es erotische Fotos oder Nacktaufnahmen) an ihren Partner oder enge Freunde. Hinter dieser Bedenkenlosigkeit stehen meist völlig harmlose Absichten. Die Fotos zwischen Pärchen und besten Freundinnen werden verschickt, um zu flirten, dem Partner zu zeigen, dass man an ihn denkt, oder als Vertrauensbeweis an die beste Freundin. Nach dem Beziehungsende oder einem Krach mit der Freundin landen die Fotos aus Rache öffentlich im Web.

Wer solche Fotos an Vertrauenspersonen versendet, sollte bedenken, dass solche Fotos immer vervielfältigt werden und veröffentlicht werden können, selbst wenn sie nur für »Freunde« freigegeben sind.

Wer solche Fotos gegen den Willen des Betroffenen veröffentlicht, macht sich strafbar. Das gilt umso mehr, wenn es sich um erotische Fotos Minderjähriger handelt.

···‹

Im Gegensatz zur Rechtslage in Großbritannien oder Österreich gibt es in Deutschland kein eigenes Gesetz gegen Cybermobbing. Auch gibt es keine staatliche Kooperation gegen Mobbing mit sozialen Netzwerken, wie beispielsweise in Frankreich, dessen Behörden mit Facebook kooperieren und Mobber der Schule verweisen (was schon alleine deshalb wichtig ist, weil sonst oft die Opfer die Schule wechseln und so die Täter indirekt belohnt werden). Französische Lehrer sind überdies angewiesen, die Blogeinträge ihrer Schüler auf Mobbing zu kontrollieren.[52]

Aber auch in Deutschland sollten sich Cybermobber nicht zu sicher fühlen. Denn Mobber bewegen sich auch nach der deutschen Rechtslage rasch im Strafrecht. Auch das deutsche Strafrecht stellt Beleidigungen (Paragraph 185 Strafgesetzbuch), üble Nachrede (Paragraph 186 Strafgesetzbuch), Nötigung und Drohungen (Paragraphen 240, 2014 Strafgesetzbuch) sowie Nachstellungen (Stalking, Paragraph 238 Strafgesetzbuch) unter Strafe. Und wer mobbt, begeht sehr rasch eines (oder gar mehrere) dieser Delikte.

Außerdem ist es strafbar, wenn man andere in sehr persönlichen Situationen fotografiert oder filmt (zum Beispiel auf der Toilette, in der Umkleidekabine oder in der Dusche). Die Verbreitung solcher Fotos und Filme ist strafbar (Paragraph 201a Strafgesetzbuch: Verletzung des höchstpersönlichen Lebensbereichs durch Bildaufnahmen). Auch Tonbandaufnahmen von anderen darf man nicht ohne Weiteres öffentlich machen (Paragraph 201 Strafgesetzbuch: Verletzung der Vertraulichkeit der Worte).

Schlussendlich trifft Mobber natürlich auch Mitschuld, wenn ihre Opfer aufgrund des hohen Leidensdrucks gesundheitliche Folgen davontragen. Erreichen die Stressfolgen eine Intensität, die mit einer Krankheit vergleichbar ist (zum Beispiel Depressionen), ist das Mobbing Körperverletzung. Der Cybermobber, der vielleicht »nur« im Internet über sein Opfer hergefallen ist, wird vom

Strafgericht nicht anders behandelt als die Schlägertruppe, die vor der Diskothek auf ihr wehrloses Opfer eingetreten hat.

Einige Staaten haben bereits spezielle Strafbestimmungen für Cybermobbing, darunter Frankreich oder die US-Bundesstaaten New Jersey und Missouri. In Österreich verbietet Paragraph 107c Strafgesetzbuch seit 2016 die »Fortgesetzte Belästigung im Wege einer Telekommunikation oder eines Computersystems«. Bestraft wird, wer über einen längeren Zeitraum »eine Person für eine größere Zahl von Menschen wahrnehmbar an der Ehre verletzt« oder »Tatsachen oder Bildaufnahmen des höchstpersönlichen Lebensbereiches einer Person ohne deren Zustimmung für eine größere Zahl von Menschen wahrnehmbar macht«. Paragraph 107c Strafgesetzbuch bestraft damit nicht nur das klassische Cybermobbing, sondern auch Sexting mit einer Freiheitsstrafe von bis zu einem Jahr Gefängnis. Führt das Mobbing zu einem Selbstmordversuch oder gar Selbstmord kann die Strafe bis zu drei Jahren Gefängnis betragen. Eine »größere Zahl von Menschen« liegt für österreichische Strafgerichte übrigens schon vor, wenn zehn Personen die bösen Nachrichten wahrnehmen können. Damit ist auch Cybermobbing in größeren WhatsApp-Gruppen von dieser Strafbestimmung umfasst. Im ersten Jahr nach Einführung dieses neuen Straftatbestandes haben die österreichischen Staatsanwälte 413 Fälle von Cybermobbing verfolgt.

Cybermobbing hat sich zu einem dauerhaft virulenten Problemfeld in Schulen und im privaten Umfeld der Jugendlichen entwickelt. Hochrechnungen aus Detailstudien gehen von einer halben Million Jugendlichen in Deutschland aus, die schon einmal Ziel von Cybermobbing waren.[53] Eine beängstigend hohe Zahl. Vor allem wenn man bedenkt, dass 18 Prozent jener Personen, die angaben, schon einmal von Cybermobbing betroffen gewesen zu sein, auch angaben, deshalb an Selbstmord gedacht zu haben.[54] Deshalb ist es wichtig, bei Mobbing rasch zu handeln und das Opfer zu unterstützen.

> ••

Was tun bei Cybermobbing?
Die gute Nachricht ist, dass man Cybermobbing nicht schutzlos ausgeliefert ist. Wer von Cybermobbing betroffen ist, kann sich aktiv dagegen wehren:

Nicht abwarten: Cybermobbing beginnt oft scheinbar harmlos. Mobbingopfer hoffen, dass das Mobbing von selbst wieder aufhört, und warten zunächst ab, wie die Sache sich entwickelt. Leider ist Mobbing immer schwieriger bekämpfbar, je länger es andauert. Deshalb sollte man dem eigenen Bauchgefühl vertrauen und rasch reagieren, wenn einem »etwas komisch vorkommt«.

Lästige Nutzer sperren: In den meisten Netzwerken und Onlinediensten kann man lästige Nutzer sperren. Zwar können auch blockierte Nutzer noch lästige Dinge über jemanden behaupten. Aber die Sperre verhindert, dass sie weiterhin Zugriff auf das Profil des Opfers haben und so an weitere Informationen gelangen, die sie für ihr Mobbing verwenden können.

Mobber melden: Die meisten Netzwerke und Onlinedienste bieten die Möglichkeit, Probleme zu melden. Je nach Betreiber tritt dieser dann mit dem Verursacher der Probleme in Kontakt (und sperrt diesen allenfalls sogar). Manchmal bekommen Mobber kalte Füße, wenn sich der Betreiber an sie wendet und sie merken, dass andere von ihren Umtrieben erfahren.

Unterstützung holen: Mobbingopfer müssen nicht alleine kämpfen. Familie und Freunde helfen oft bloß deshalb nicht, weil sie die Dimension des Problems nicht erahnen. Und schließlich gibt es Beratungsstellen, die Mobbingopfern professionell helfen.

Beweise sichern und Recht bekommen: Mobbing ist verboten. Und während man »analoges« Mobbing oft nur schwer beweisen kann, produzieren Cybermobber mit jeder Mobbinghandlung die besten Beweise gegen sich selbst. Wer Chatverläufe sichert und Screenshots anfertigt, hilft Polizei und Gerichten, den Cybermobber zu finden und das Mobbing abzustellen.

Mit anderen darüber reden: Es gibt schöne und hässliche Geheimnisse. Während manche Geheimnisse das Leben schöner machen, je länger man sie für sich behält, drücken andere auf die Lebensqualität und schlimmstenfalls sogar auf die Gesundheit. Diese Geheimnisse sollte man nicht für sich behalten, sondern mit anderen teilen – genau dafür sind Familie, Freunde und Beratungsstellen da.

Mobbingopfer sind nicht alleine. In Deutschland helfen zahlreiche Institutionen, Beratungsstellen und Vereine, zum Beispiel das Bündnis gegen Cybermobbing. Umfangreiche Informationen, Behördenadressen und Ratgeber gibt es unter: http://www.buendnis-gegen-cybermobbing.de
Die österreichische Initiative saferinternet.at bietet auf ihrer Homepage Leitfäden zu fast allen Cybermobbingproblemen zum Gratisdownload:
https://www.saferinternet.at/privatsphaere-leitfaeden/
Die Leitfäden umfassen neben Handlungsanleitungen für Probleme mit Nacktfotos und Hasspostings auch verständliche Anleitungen für Privatsphäreeinstellungen und die Meldung von Mobbingproblemen für fast alle gängigen sozialen Netzwerke und Onlinedienste, wie beispielsweise für Instagram, Facebook, Google, Twitter, Skype, WhatsApp, Musical.ly, Snapchat und andere.

• <

23. Wer zensiert das Internet?

Egal was, egal wann und egal wie. Im Netz scheint es alles zu geben, für jeden und zu jeder Zeit. Das Internet gibt jedem die Möglichkeit, seine Meinung nicht nur zu äußern, sondern sie einer breiten Öffentlichkeit mitzuteilen. Es überwindet Grenzen und bringt Informationen, Nachrichten und Bilder in die entlegensten Regionen des Erdballs. Sein Inhalt ist gewaltig und selbst für die größten staatlichen Organisationen quasi unüberblickbar.

Die Massen an frei zugänglicher Information im Netz klingt nach Freiheit und Demokratie. Viele Menschen sind heute überzeugt: Nirgendwo sind die Gedanken so frei wie im Internet. Tatsächlich finden sich aber auch im Internet Schranken, die für manche Meinungen unüberwindbar sind. Das betrifft nicht bloß Hetze, Beleidigungen und Fake-News (siehe Kapitel 17 »Wie erkenne ich Fake News?«). Die weite Welt im Internet kann manchmal ganz schön eng sein.

Die Internetfreiheit sinkt

Bereits zum siebten Mal hat das US-amerikanische Institut Freedom House 2017 seinen jährlichen »Freedom on the Net Report« veröffentlicht.[55] Und zum siebten Mal in Folge musste Freedom House feststellen, dass die Internetfreiheit weltweit gesunken ist. Freedom House hat nicht nur einen Anstieg von gezielten Desinformationstaktiken und der Unterbrechung mobiler Internetzugänge beobachtet. Immer mehr Staaten schränken Internetzugänge pauschal aus politischen oder vorgeblichen Sicherheitsgründen ein. Auffallend häufig geschehen diese Einschränkungen in Gebieten, in denen ethnische oder religiöse Minderheiten leben.

Das bedeutet aber keineswegs, dass die Einschränkung der Freiheit im Internet ein Minderheitenproblem ist. Weltweit betrachtet ist es vielmehr umgekehrt. Die große Mehrheit der Weltbevölkerung (64 Prozent) lebt in Ländern, in denen der Internetzugang stark (36 Prozent) oder zumindest teilweise (28 Prozent) eingeschränkt ist. Tatsächlich leben nur 23 Prozent der Internetnutzer in Ländern, in denen der Zugang zum Netz (weitgehend) frei ist. Die vielgepriesene grenzenlose Freiheit des Internets ist global gesehen also das Privileg einer kleinen Minderheit. Das Land mit dem freiesten Internet ist Estland. Den letzten Platz belegt China, das damit zum dritten Mal in Folge den Titel des »Worst Abusers of Internet Freedom« abgestaubt hat.

FREEDOM ON THE NET REPORT 2017
Die Top 5 der Staaten mit dem freiesten Internet
1. Estland
2. Island
3. Kanada
4. Deutschland
5. Australien
Die Schlusslichter mit den meisten Beschränkungen
63. Iran
64. Syrien und Äthiopien (ex aequo)
65. China

Anmerkung: Andere Studien sehen Eritrea und Nordkorea auf dem letzten Platz. Diese beiden Staaten hat Freedom House 2017 nicht untersucht.

Deutschland konnte sich zwar im Länderranking verbessern und verdrängte die USA aus den Top 5 der Staaten mit dem freiesten Internetzugang. Diese Verbesserung beruht aber nicht darauf, dass sich die Internetfreiheit in Deutschland im Untersuchungszeitraum verbessert hat. Sie ergibt sich vielmehr aus dem Umstand, dass die Verschlechterung und Einschränkung der Internetfreiheit in Deutschland weniger rasch voranschreitet als in den meisten anderen Ländern. Negativ für die Freiheit des Internets in Deutschland wertet Freedom House die Einführung des Netzwerkdurchsetzungsgesetzes (siehe Kapitel 18 »Wieso sind Fake News so interessant?«) und das Drängen führender Politiker auf die Einführung der Vorratsdatenspeicherung.

> •••

Facebook im Iran

Verbotene Früchte schmecken bekanntlich am besten. Denn was verboten ist, ist erst recht interessant. Das gilt insbesondere für junge Menschen. Und die Jugendlichen im Iran ticken da nicht anders als ihre Altersgenossen in anderen Staaten.

Die iranischen Behörden haben Facebook gesperrt. Selbst Ausländer, die über ihr eigenes Smartphone die Facebook-App öffnen wollen, haben auf ihren Facebook-Account im Iran keinen Zugang. Pech für ausländische Reisende.
Nicht so für junge Iraner. Die wissen genau, welche App sie aus dem App-Store downloaden müssen, um die Netzsperre zu umgehen. Und ihre Timelines unterscheiden sich kaum von den Timelines der Jugendlichen anderer Nationen. Das hat sich das iranische Regime wohl anders vorgestellt.

• <

Wie wird zensiert?

Viele Staaten versuchen, den Aufruf bestimmter Internetseiten im eigenen Land zu verhindern. Das ist nicht immer ganz einfach. Immerhin stehen die Server, auf denen viele Daten gespeichert sind, oft nicht im eigenen Land, sondern sogar auf einem anderen Kontinent. Die Methoden, mit denen Staaten den Zugriff auf missliebige Inhalte verhindern wollen, sind verschieden.

Manche Staaten konzentrieren sich erst gar nicht darauf, den Inhalt von Webseiten zu filtern. Sie regulieren, welche Personen überhaupt Zugang zum Internet erhalten sollen. Beispielsweise waren in der Vergangenheit in Turkmenistan Internetanschlüsse für Privatpersonen nur schwer zu beantragen. Gleichzeitig gab es kaum Internetcafés, sodass die meisten Turkmenen schlichtweg gar keine Möglichkeit hatten, im World Wide Web zu surfen.

Manche Staaten treiben einen sehr hohen Aufwand. In Vietnam filtert eine eigene Internetpolizei missliebige Inhalte aus dem Netz und sperrt den Zugriff auf die betroffenen Seiten. Ähnlich gehen mehrere arabische Staaten vor, die Webseiten mit Pornographie, »jüdischer Propaganda«, bildlichen Darstellungen Mohammeds und anderen Inhalten, die den religiösen, kulturellen, politischen und moralischen Werten dieser sehr konservativ-religiös geprägten Staaten widersprechen, für Nutzer auf ihrem Staatsgebiet sperren (zum Beispiel die Vereinigten Arabischen Emirate). Die Volksrepublik China betreibt mit dem Projekt »Goldener Schild« besonders großen Zensuraufwand (siehe Kasten).

Andere Staaten machen es sich einfacher. Als 2005 in Nepal König Gyanendra Bir Bikram Shah Dev an die Macht kam, zog er erst einmal den Stecker und ließ alle Internetverbindungen kappen. Mittlerweile gibt es in Nepal wieder Internetzugang. Das Regime kontrolliert das Netz aber inhaltlich und blockiert Webseiten mit unerwünschten Inhalten (zum Beispiel die Webseiten von Oppositionellen).

Nordkorea hat überhaupt sein eigenes Internet gegründet. Das nennt sich »Kwangmyong«, beinhaltet 168 Webseiten (Stand: November 2017) und ein Onlinespiel mit Staatschef Kim Jong-un. Die Inhalte dieses »World Wide Web« beschränken sich auf Nordkorea und dienen in erster Linie der Kontrolle der breiten Masse. Zugang zum »richtigen« World Wide Web hat bloß eine sehr kleine Gruppe der privilegierten Parteielite.

> ●

Projekt Goldener Schild : Internetzensur in China

In China boomt das Internet. Die Zahl der Internetuser hat sich dort innerhalb weniger Jahre auf fast 740 Millionen Nutzer verdoppelt. Alleine in China gibt es daher etwa so viele Internetuser wie Europa Einwohner hat.

Die vielen chinesischen User finden allerdings nur ein Netz mit sehr eingeschränkten Zugängen vor. Chinesische Behörden wollen das gesamte Netz kontrollieren und blockieren viele Inhalte. Twitter, Facebook, Instagram oder YouTube kann man in China nicht abrufen. Dasselbe gilt für BBC, Reuters und die chinesischsprachigen Versionen manch anderer westlichen Medien (zum Beispiel der *New York Times*).

Das geschieht einerseits durch das Blockieren von IP-Adressen. Die chinesischen Zensurbehörden führen Listen über Webseiten mit unerwünschten Inhalten und blockieren die IP-Adressen dieser Webseiten. Sie sind damit für chinesische Internetnutzer nicht aufrufbar.

Auch durchsuchen chinesische Behörden den gesamten Datenverkehr nach Schlüsselwörtern. Für Datenpakete mit bestimmten Schlüsselwörtern, deren Inhalte der chinesischen Regierung nicht passen, wird die Verbindung blockiert. Mit technischen Hilfsmitteln können chinesische Behörden auch unerwünschte Inhalte von Webseiten außerhalb des chinesischen Staatsgebiets blockieren.

Findige Programmierer haben Apps entwickelt, mit denen Chinesen diese Blockaden und Zensurinstrumente der Behörden umgehen können. Dieses Tor zur Internetfreiheit hat sich im Sommer 2017 geschlossen. Damals hat Apple die meisten dieser Apps aus seinem App-Store gelöscht. Apple begründete diese Maßnahme, mit der das Unternehmen die Zensurbestrebungen der chinesischen Behörden unterstützt, mit »neuen chinesischen Gesetzen«, gegen die man sonst verstoßen würde.

• <

Was wird zensiert

Welche Inhalte von Zensur betroffen sind, hängt meist von der ideologischen, religiösen und kulturellen Ausrichtung des Staates ab. Sehr viele, auch europäische Staaten, blockieren Webseiten mit kinderpornographischen Inhalten.

Manche Staaten gehen aber weiter und zensieren auch andere Inhalte, beispielsweise regimekritische Medienberichte. Viele autoritäre Staaten blockieren außerdem den Zugang zu sozialen Netzwerken wie Twitter, Facebook oder Instagram und Messengerdiensten. Religiös geprägte Staaten blockieren oft Webseiten mit Inhalten, die der Staatsreligion widersprechen. Saudi-Arabien behauptet von sich selbst, über 400.000 Webseiten blockiert zu haben, weil sie islamische Prinzipien verletzen. Auch Afghanistan blockiert aus religiösen Gründen Webseiten, die Themen wie Alkohol, Glücksspiel oder Pornographie beinhalten, aber auch Datingplattformen und soziale Netzwerke.

In Diktaturen blockieren Behörden oft den Zugang zu regierungskritischen Webseiten und Blogs. Manchmal reicht es für eine Blockade schon, über eine regierungskritische Demonstration zu berichten, beispielsweise in Syrien. Dort fordern die Behörden außerdem Internetcafés auf, ihre Kunden auszuspionieren. In Europa ist es vor allem Weißrussland, das systematisch den Zugang zu regierungskritischen Webseiten blockiert.

Manche unerwünschten Inhalte muten für uns exotisch an. So blockiert die Türkei Webseiten, die Beleidigungen gegen den Staatsgründer Atatürk beinhalten. Aber auch die britische Regierung hatte Blockadebestrebungen zu wenig alltäglichen Themen. Großbritannien verwendet seit 2014 Filter unter anderem gegen Seiten über Anorexie und Essstörungen, Esoterik oder die Umgehung von Internetsperren. Einen Filter gegen homosexuelle Lebensstile musste die Regierung nach Protesten wieder zurückziehen. Im Unterschied zu den Netzblockaden in autoritären Staaten handelt es sich beim britischen Filter zwar lediglich um eine automatische Voreinstellung. Der Eigentümer des Internetanschlusses kann bei seinem Provider beantragen, dass der Filter für seinen Anschluss ausgeschaltet wird. Aber wer ruft schon gerne bei seinem Internetanbieter an und beantragt persönlich die Abstellung einer Blockadeeinrichtung, die in Großbritannien umgangssprachlich »internet porn filter« genannt wird?

> •••

Private Helfer

Viele große Internetunternehmen haben sich den Schutz der Meinungsfreiheit auf die Fahnen geheftet. Man könnte meinen, dass sie sich deshalb auch verstärkt gegen Zensurmaßnahmen stellen. Und tatsächlich kontern große Internetkonzerne bei Diskussionen um Maßnahmen gegen Hass im Netz (zum Beispiel zur Meldung von Hasspostings in sozialen Netzwerken) in Europa schnell mit der Informationsfreiheit und der Behauptung, dass solche Maßnahmen Wegbereiter der Zensur seien. Wenn es aber ums Geschäft mit autoritären Regimen geht, sinkt der Eifer bei manchem Freiheitskämpfer. So zensieren beispielsweise Microsoft und Yahoo ihre Inhalte nach den Vorgaben chinesischer Zensurbehörden. Warum sich die Konzerne beugen, zeigt das Beispiel von Google. 2006 wurde bekannt, dass auch Google China seine Suchergebnisse manipuliert hatte. Die Suchergebnisse zeigten in Absprache mit chinesischen Behörden Seiten mit unerwünschten Inhalten, beispielsweise zu Tibet oder Taiwan, erst gar nicht an. Später versuchte sich Google China zu widersetzen – mit dem Ergebnis, dass nun in China alle Google-Dienste gesperrt sind. Natürlich benötigen Zensurbehörden auch jede Menge Technologie, um ein wirksames Zensur- und Blockadesystem aufzubauen. Bei diesem Geschäft naschen westliche Unternehmen kräftig mit. Der Aufdeckerplattform Wikileaks zufolge lieferte beispielsweise das US-Unternehmen Fortinet Zensursoftware an Myanmar, Syrien und den Iran.[56] Dem US-Netzwerkausstatter Cisco wird immer wieder vorgeworfen, mit chinesischen Behörden zur Überwachung von Menschen zusammenzuarbeiten. Die Organisation Human Rights Law Foundation beschuldigt Cisco, für China eine Firewall realisiert zu haben, die Inhalte im Netz zensiert und die hilft, Regimegegner ausfindig zu machen und zu überwachen.[57]

• <

Zensur bei uns

Einschränkungen der Internetfreiheit gibt es nicht nur in anderen Staaten. Auch bei uns schränkt der Staat das Internet ein und verbietet manche Inhalte. Das gilt beispielsweise für Beleidigungen, hetzerische Beiträge, Holocaustleugnung oder Cybermobbing (vgl. Kapitel 22 »Wie funktioniert Cybermobbing?«). Wenn der Staat von solchen Webseiten erfährt, können die Verfasser der Texte bestraft und gezwungen werden, die verbotenen Inhalte zu löschen.

Manche Inhalte sperren die staatlichen Behörden aber überhaupt von sich aus. In der Europäischen Union sperren staatliche Behörden mit Unterstützung von Europol Webseiten, die Darstellungen von Kinderpornographie enthalten. Mit dieser Sperre wollen die Behörden missbrauchte Kinder davor schützen, dass die Fotos und Videos über ihren Missbrauch weiter im Internet kursieren. Es gibt innerhalb der Europäischen Union sogar Bestrebungen, Mechanismen zu schaffen, die die Sperre von Webseiten mit solchen Inhalten auch außerhalb Europas ermöglichen.

Auch bestehen in der Europäischen Union Überlegungen, einen Filter zu schaffen, der Webseiten mit kriminellen Inhalten erkennt und so die gezielte Sperre dieser Webseiten ermöglichen soll.[58] Aber wo fängt Cyberkriminalität an und wo ist sie so schwerwiegend, dass sie die Einschränkung der Internet- und Meinungsäußerungsfreiheit rechtfertigt? Bei Kindesmissbrauch zweifelt wohl niemand an der guten Intention solcher Sperren. Auch mit der Sperre von Webseiten mit rechtsextremen, gewaltverherrlichenden Inhalten oder Webplattformen, die illegales Glücksspiel ermöglichen, wird die Mehrheit der Unionsbürger kein Problem haben. Es gibt aber auch Gruppen, die von den Mitgliedsstaaten die Sperre von Filesharingplattformen fordern.

Ist das Instrument zur Sperre erst einmal vorhanden und für bestimmte Inhalte gesetzlich erlaubt, melden sich viele Gruppen und Interessensvertreter, die diese Sperren auch für ihre Interessen fordern. Einzelne Bundestagsabgeordnete überlegten beispielsweise die Ausweitung solcher Sperren auf Internetseiten mit sogenannten »Killerspielen« und begründeten diese Forderung mit der Verhinderung von Amokläufen.[59] Norbert Geis, ein CSU-Politiker, forderte 2013, nicht bloß Webseiten mit Inhalten über Kindesmissbrauch zu sperren, sondern auch den Zugang zu »gewöhnlichen« Pornoseiten zu erschweren.[60] Noch ist der Gesetzgeber diesen Forderungen nicht nachgekommen. Sie zeigen aber, dass Zensur im Netz nicht nur für andere Länder ein Thema ist. Begehrlichkeiten, das Internet stark zu beschränken, gibt es auch bei uns ...

24. Darf ich meine Freunde im Internet überwachen?

Wer im Internet unterwegs ist, hinterlässt Spuren. Diese Spuren sind nicht nur für große Unternehmen oder Geheimdienste interessant. Manchmal ist das Interesse viel privater: Es ist einfach praktisch, jederzeit zu wissen, was der Freund, die Freundin gerade so treiben oder wo der Rest der Schulklasse im Moment abhängt. Auch manche Eltern träumen von einer möglichst umfassenden Kontrolle über ihre Kinder. Internet und Smartphones geben uns diese Möglichkeiten. Aber ist das auch erlaubt?

Es ist verlockend, das Internet zu benutzen, um etwas über Freunde und Familie herauszufinden. Das ist oft auch recht einfach. Manchmal reicht es schon, einen Namen zu googeln, um etwas über jemanden zu erfahren, was man noch nicht weiß. Die meisten von uns geben auf Facebook, Instagram, Twitter oder in anderen Netzwerken auch viel von sich preis. Hier den Freunden und Verwandten ein wenig hinterherzuschnüffeln, ist nicht illegal. Immerhin haben sie diese Informationen ja auch selbst veröffentlicht.

Aber man hinterlässt im Internet auch unbewusst Datenspuren. Zum Beispiel bei der Verwendung von Messenger-Diensten wie etwa WhatsApp. Solange sich nur die Freunde dafür interessieren, bleibt das meistens unproblematisch. Aber es könnte sich ja auch der Arbeitgeber für Datenspuren interessieren, die wir im Internet hinterlassen. Dass Personalchefs Bewerber im Internet scannen, ihre Namen googeln und öffentliche Facebook-Profile durchsuchen, ist mittlerweile (oft geleugneter) Standard bei der Auswahl von Bewerbern für einen Arbeitsplatz. Deshalb sollte man genau überlegen, ob man das total besoffene Partyfoto vom letzten Wochenende wirklich auf Facebook, Instagram und Co. hochlädt. Solche Peinlichkeiten kann man aber noch einigermaßen leicht vermeiden. Zumindest, solange man darauf achtet, auch auf peinlichen Fotos von Freunden nicht namentlich markiert zu werden.

Überwachung mit WhatsApp
Manche Daten gibt man hingegen völlig unbemerkt her. Wer denkt schon daran, dass jeder Abrufzeitpunkt im Messenger-Dienst WhatsApp für alle Kontakte sichtbar als »zuletzt online« mit der Uhrzeit angegeben wird? Unproblematisch? Meistens, aber nicht immer.

Ärgert sich der Chef beispielsweise darüber, dass wir morgens oft unausgeschlafen zur Arbeit kommen, braucht er bloß über einen längeren Zeitraum die Uhrzeiten dokumentieren, zu denen wir zuletzt online waren. Macht er das jeweils morgens und abends, kann er recht leicht unseren Tagesrhythmus nachvollziehen und zum Beispiel feststellen, dass wir im Durchschnitt nur sechs Stunden pro Nacht schlafen. Das funktioniert natürlich auch bei einmaligen Ausrutschern. Wer zuletzt um 4 Uhr früh online war und um 8 Uhr verschlafen ins Büro kommt, hat ziemlich sicher zu viel gefeiert und zu wenig geschlafen.

Noch bietet WhatsApp keine Einstellungsmöglichkeit an, mit der man die Anzeige des Onlinestatus verbergen kann. Das Gefahrenpotenzial dieser Sicherheitslücke hat der kalifornische Software-Entwickler Rob Heaton offengelegt. Er programmierte ein kleines Zusatzprogramm, das den Onlinestatus seiner WhatsApp-Kontakte automatisiert alle zehn Sekunden abgerufen und dokumentiert hat. Heaton hat so nicht nur Rückschlüsse auf den Tagesverlauf all seiner WhatsApp-Kontakte erhalten und analysieren können, wer wann arbeitet, zu Bett geht, in der Nacht durchschläft oder öfter aufwacht. Er hat auch herausgefunden, welche seiner Bekannten regelmäßig untereinander kommunizieren. Das geht ganz einfach, indem man jene Nutzer sucht, die häufig zu denselben Zeiten online waren. Und Heaton konnte analysieren, ob sie beruflich oder privat kommunizieren. Dazu musste er bloß nachsehen, ob diese Nutzer eher tagsüber von Montag bis Freitag oder eher abends oder am Wochenende miteinander Nachrichten austauschen. Diese Daten sind für Arbeitgeber interessant, allenfalls auch für Behörden oder Unternehmen, die gezielt Werbung machen wollen. Für diese Daten können sich aber auch eifersüchtige Partner oder im schlimmsten Fall Kriminelle interessieren. Spätestens dann wird es richtig unangenehm …

> •

Die Snap Map: Wo bist du?
Viele Apps bieten eine Funktion, mithilfe derer man den eigenen Aufenthaltsort anderen mitteilen bzw. den Aufenthaltsort anderer selbst herausfinden kann. Das ist manchmal praktisch. Snapchat beispielsweise macht es seinen Nutzern mit seiner »Snap Map« besonders leicht, Freunde jederzeit zu finden. Wischt man auf dem Startscreen der App mit zwei Fingern von den Displayrändern zur Mitte, öffnet sich eine

Karte. Auf der sieht man nicht nur, wo man selbst gerade ist. Die Snap Map zeigt auch an, wo sich alle anderen Snapchat-Kontakte gerade befinden.

Unpraktisch wird das, wenn man die falschen Snapchat-Kontakte hat. Möglicherweise wundert sich ja der Rektor oder der Chef, warum man um Mitternacht noch durch die Innenstadt zieht, obwohl man ja eigentlich krank gemeldet ist. Vielleicht findet der Ex-Freund so die Adresse des neuen Liebhabers heraus und erzählt ihm Peinlichkeiten. Oder die Zufallsbekanntschaft von der letzten Party ist Einbrecher und nützt die Snap Map, um herauszufinden, wann wir nicht zu Hause sind.

Wer Snapchat nutzt, sollte sich also zweimal überlegen, welche Kontakte er in die App aufnimmt.

• <

Ist das alles erlaubt?

Noch bietet unsere Rechtsordnung nur wenig Schutz vor solchen Bespitzelungen. Denn im Wesentlichen ist es erlaubt, sich öffentlich verfügbare Informationen zusammenzusuchen (zum Beispiel aus Google oder öffentlichen Profilen in sozialen Netzwerken). Solange man nur Google, Facebook, WhatsApp und Co. für die eigene Spionage verwendet, ist man rechtlich meist auf der sicheren Seite. Was die Freunde und Kollegen davon halten, dass man ihnen hinterherspioniert, steht freilich auf einem anderen Blatt.

Illegal werden solche Bespitzelungen aber, wenn sie automatisiert erfolgen (zum Beispiel mit dem oben beschriebenen Zusatztool für WhatsApp) oder wenn die Ergebnisse elektronisch verarbeitet oder gespeichert werden. Denn die Verarbeitung personenbezogener Daten ist nur unter besonderen Umständen erlaubt. Personenbezogene Daten sind vor allem Name, Alter, Adresse, Telefonnummer und andere Angaben, mithilfe derer man die Person identifizieren kann, von der diese Daten stammen. Für die Verarbeitung sensibler Daten benötigt der Datenverarbeiter überhaupt die ausdrückliche Zustimmung des Betroffenen. Sensible Daten sind zum Beispiel Daten über die Gesundheit, das Sexualleben, rassische oder ethnische Herkunft, politische Meinungen und religiöse Überzeugung. Wer mit elektronischer Unterstützung ohne Zustimmung seiner Freunde nach solchen Informationen schnüffelt, verletzt das Datenschutzrecht.

Verboten sind Bespitzelungen auch, wenn sie mit verbotenen Mitteln erfolgen. Beispielsweise dürfen Überwachungskameras auch im privaten Bereich nur sehr beschränkt eingesetzt werden. Verboten sind unter anderem Kameras in Umkleidekabinen, Toilettenanlagen oder Duschbereichen in Fitnessanlagen. Auch Überwachungskameras zur Bespitzelung am Arbeitsplatz oder in der Schule sind fast immer verboten. Und 2017 hat die deutsche Bundesnetzagentur eine sprechende Puppe verboten, mit der Eltern ihre Kinder bespitzeln konnten.

> •

Die kleine Spionin: My Friend Cayla
2014 war »My Friend Cayla« noch »Top 10 Spielzeug des Jahres«. Die smarte Puppe lässt sich per Bluetooth mit dem Smartphone verbinden, verfügt über ein Mikrofon, Spracherkennung und Netzwerkzugang. Über eine App kann man der Puppe Fragen stellen und mit ihr reden. Mittels Smartphone kann jeder ganz leicht durch die eingeschaltete Puppe sprechen oder auch alles in ihrer Umgebung mithören.
2017 hat die deutsche Bundesnetzagentur die Puppe verboten. Denn die Puppe kann über ihre Funkverbindung Menschen abhören und die Daten weiterleiten, ohne dass man das erkennt. »My Friend Cayla« ist damit nichts anderes als ein Spionagegerät im Sinne des Paragraph 90 des Deutschen Telekommunikationsgesetzes.
Wer die kleine Spionin gekauft hat, muss sie nachweislich zerstören. Sonst riskiert man eine Geldstrafe von bis zu 25.000 Euro.
In Österreich ist die Rechtslage übrigens nicht so streng. Dort ist Cayla erlaubt. Aber auch österreichische Datenschützer warnen vor der Puppe. Wer weiß schon, wer aller mithört, wenn die kleine Spionin wieder einmal aus dem Kinderzimmer sendet.

• <

Wie kann ich mich vor Bespitzelung schützen?
Vieles, was im Internet über uns auftaucht, haben wir selbst ins Netz gestellt. Der wichtigste Schutz gegen Bespitzelung im Netz ist daher, dass wir genau überlegen, was wir auf Facebook, Instagram und in anderen Netzwerken teilen.

In vielen Netzwerken und Messenger-Diensten können wir selbst bestimmen, ob wir Beiträge für jedermann oder nur für unsere Kontakte sichtbar machen. Und wir können uns unsere Kontakte auch selbst aussuchen. Ob man mit dem Arbeitgeber unbedingt auch auf Facebook befreundet sein will, sollte man sich genau überlegen. Auch, ob man in öffentlichen Netzwerken die eigene politische Meinung – vielleicht noch mit unbedachten Worten – in die Welt posaunen will, muss jeder für sich selbst entscheiden. Immer mitbedenken sollte man, dass einmal ins Netz gestellte Inhalte auch dann noch für andere auffindbar sein können, wenn man sie längst wieder »gelöscht« hat.

Über die eigenen Standortdaten in der Snap Map hat man nur Kontrolle, indem man sich genau überlegt, wen man in die Snapchat-Kontakte aufnimmt. Ähnlich ist das auch mit WhatsApp. Allerdings entwickelt sich WhatsApp immer mehr zum auch beruflich genutzten Nachrichtendienst. Oft kann man sich deshalb nicht aussuchen, ob man den Chef oder andere berufliche Kontakte in seine WhatsApp-Kontaktliste aufnimmt. Wer sich trotzdem vor Bespitzelung durch WhatsApp-Kontakte schützen will, muss seine Kommunikation auf möglichst viele unterschiedliche Messenger-Dienste aufteilen. Wickelt man nur mehr einen kleinen Teil der Kommunikation über WhatsApp ab, wird die Datenanalyse für den Spion ungenau, schließlich sogar so gut wie aussagelos.

25. Was müssen Blogger wissen?

Auf den ersten Blick braucht es nicht viel, um einen Blog zu gründen. Ein interessantes Thema, einen Computer mit Internetzugang, ein wenig Kreativität, etwas Leidenschaft und schon lockt das vermeintlich freie Internet, in dem alles erlaubt scheint. Tatsächlich bestehen aber auch für Blogger Regeln. Wer mit seinem Blog keine Probleme bekommen will, sollte sich an diese Vorschriften halten. Sonst kann der Spaß ziemlich teuer werden.

Auch wenn Bloggen dem ersten Anschein nach wenig mit einer Zeitung zu tun hat (kein Papier, kein Chefredakteur, kein Kaufpreis), tun Blogger in der Hauptsache nichts anderes als klassische Medien: sie verbreiten gezielt Informationen in der Öffentlichkeit. Wer das tut, fällt unter das Presserecht. Dieses unterscheidet in diesem Punkt nicht zwischen klassischen Printmedien und digitalen Publikationsplattformen. Das bedeutet: Wer bloggt, muss sich an die Regeln halten, die für Journalisten gelten.

Verbote und Grundregeln der Recherche
Auch im Internet ist nicht alles erlaubt. Verboten sind unter anderem:
- Beleidigungen;
- Verleumdungen;
- üble Nachrede;
- Berichte über Straftaten und Verurteilungen, deren Strafen der Betroffene längst verbüßt hat und an deren abermaliger Veröffentlichung kein öffentliches Interesse mehr besteht;
- die Verbreitung von Beleidigungen, Verleumdungen und üblen Nachreden, die jemand anderer äußert. Es ist in der Regel also auch verboten, darüber zu berichten, dass jemand anderer eine Beleidigung ausgesprochen hat. Erlaubt ist die Berichterstattung bei gleichzeitiger »Distanzierung« durch den Blogger. An diese Distanzierung stellt das Gesetz aber sehr hohe Anforderungen. Ein bloßes »Das ist nicht meine Meinung« reicht in der Regel nicht.

Für jede Berichterstattung gelten einige Grundregeln:
- gründlich recherchieren;
- auf eine angemessene Wortwahl achten;
- nichts weglassen;
- Berichterstattung und Werbung trennen. Werbung sollte extra gekennzeichnet werden.

Bei jeder Berichterstattung gilt es, das Informationsinteresse der Öffentlichkeit und den Schutz des Betroffenen abzuwägen. Nur wenn das Informationsinteresse überwiegt, ist die gefahrlose Veröffentlichung von Informationen möglich.

Wann ist eine Recherche gründlich?
Zu einer gründlichen Recherche gehört:
* Vollständigkeit: echte Berichterstattung versucht, vollständig zu sein. Jede Sache hat zwei Seiten – und die sollte man auch beide beleuchten. Das kann zum Beispiel bedeuten, dass man bei Berichten über eine Straftat nicht nur über den Verdacht gegen eine Person, sondern auch über entlastende Tatsachen berichten muss;
* Kontakt: die Person, über die berichtet wird, hat ein Recht darauf, sich zu äußern. Dazu sollte man diese Person kontaktieren, befragen und ihr Gelegenheit zur Äußerung geben;
* Kontrolle: Informanten, Quellen, Nachbarn, andere Medien können, aber müssen nicht unbedingt die Wahrheit berichten. Deshalb sollte ein gewissenhafter Blogger auch Informationen überprüfen, die er von anderen zugetragen bekommt;
* Transparenz: zwischen Tatsache auf der einen sowie Vermutung oder Verdacht auf der anderen Seite besteht ein großer Unterschied. Nicht nur der Verdächtigte hat Anspruch auf einen Hinweis in der Berichterstattung, was bereits bewiesen und was bloß unbewiesener Verdacht ist (siehe Kapitel 16 »Warum gilt immer die Unschuldsvermutung?«). Auch der Leser hat ein Recht auf Transparenz. Blogger sollten also immer klar darauf hinweisen, wenn berichtete Geschehnisse bloß auf Verdächtigungen oder unbestätigten Gerüchten beruhen.

Wie gehe ich mit Bildern und Texten von anderen um?
Für den Umgang mit fremden Bildern und Texten gibt es einige Regeln. Wer ein Bild malt, ein Foto schießt, eine Grafik gestaltet oder einen Text schreibt, ist Urheber und hat Anspruch auf Schutz seiner Urheberrechte am von ihm geschaffenen »Werk« (siehe Kapitel 12 »Was ist das Urheberrecht?«). Ist ein Werk urheberrechtlich geschützt, darf es nur mit Zustimmung des Urhebers veröffentlicht werden.

Fremde Fotos oder andere Werke eines Dritten darf man also auch in Blogs nur verwenden, wenn man den Urheber um Erlaubnis gefragt hat. Viele Fotografen und Agenturen versehen ihre Fotos mit einer unsichtbaren Signatur, die es ihnen erlaubt, das Foto im Netz wiederzufinden. Wer ohne Erlaubnis fremde Fotos aus dem Netz für seinen Blog verwendet, muss deshalb damit rechnen, dass ihn der Urheber findet. Das kann dann richtig teuer werden.

Eine Ausnahme gibt es für fremde Texte. Urheberrechtlich geschützte Texte darf man nämlich ohne Einwilligung des Autors zitieren, wenn das Zitat notwendig ist, um eigene Gedanken zu belegen. Kein Zitat in diesem Sinne wäre die Wiedergabe eines Textes, bloß um sich selbst Arbeit zu ersparen. Ein Zitat ohne Einwilligung des Urhebers setzt deshalb voraus:

- Das Zitat muss notwendig sein. Der wiedergegebene Text muss so kurz wie möglich sein.
- Das Zitat muss eine Quellenangabe enthalten. Das heißt, dass der Autor genannt sein muss und angeführt sein muss, von wo der Blogger den Text entnommen hat (zum Beispiel durch Einfügung des Links auf die Webseite, von der das Originalzitat stammt).
- Es muss klar ersichtlich sein, wo das Zitat beginnt und wo es endet.

Im Zweifel ist es besser, nicht den Originalwortlaut zu verwenden (zu zitieren), sondern den Inhalt des Originaltextes in eigenen Worten wiederzugeben.

Ein Spezialfall sind Leserbriefe oder Kommentare. Diese richten sich zwar meist direkt an den Blogger. Wer einen Blogger anschreibt und sich zum Beispiel über einen Blogbeitrag beschwert, hat aber noch längst kein Einverständnis zur Veröffentlichung abgegeben. Leserbriefe und Kommentare dürfen deshalb nur veröffentlicht werden, wenn deren Absender damit einverstanden ist.

Darf ich Fotos von anderen Leuten veröffentlichen?
Auch Fotos, die man selbst gemacht hat, kann man nicht bedenkenlos veröffentlichen. Denn auch fotografierte Personen haben Rechte – das Recht am eigenen Bild. Deshalb darf man selbstgemachte Fotos, auf denen eine Person identifizierbar abgebildet ist, nur mit Einwilligung dieser Person veröffentlichen.

Von dieser Regel gibt es einige Ausnahmen:
- Fotos im Zusammenhang mit zeitgeschichtlichen Ereignissen können (meist) auch ohne Einwilligung der fotografierten Person abgebildet werden. Das trifft beispielsweise auf Politiker, die Teilnehmer einer Parteiveranstaltung, Demonstranten mit ihren Transparenten oder Polizisten bei Polizeiübergriffen zu;
- Personen, die Teil einer Versammlung sind, also zum Beispiel die Teilnehmer einer Demonstration oder Konzertbesucher, können in der Menge fotografiert und veröffentlicht werden;
- Personen, die bloß »Beiwerk« sind. Das sind Personen, die aus dem Bild entfernt werden könnten, ohne den Charakter des Bilds wesentlich zu verändern. Das trifft zum Beispiel auf bloß zufällige Passanten im Hintergrund einer Straßenszene zu.

Wichtig ist, dass auch bei diesen Ausnahmen die Intimsphäre der fotografierten Personen gewahrt bleiben muss. Konzertbesucher, die sich in der Öffentlichkeit erleichtern, sind zwar »Teil einer Versammlung«. Die zustimmungslose Veröffentlichung des Fotos wäre aber ein Eingriff in die Intimsphäre und als solcher verboten.

Verdachtsberichterstattung
Blogger die über einen Verdacht gegen eine Person oder ein Unternehmen berichten, sollten:
- Identifizierung vermeiden. Namentliche Nennung von verdächtigten Personen ist nur zulässig, wenn ein öffentliches Interesse daran besteht (zum Beispiel weil die Person ein bekannter Politiker ist). Sonst geht der Persönlichkeitsschutz vor – keine Namen und vor allem keine Bilder posten, mithilfe derer die Person identifiziert werden kann. Besonderen Schutz genießen Kinder und Jugendliche!
- Nur berichten, wenn ein öffentliches Interesse an der Veröffentlichung des Verdachts besteht (zum Beispiel weil der Vorwurf sehr schwerwiegend ist oder sich gegen eine prominente Person richtet).
- Nie über etwas berichten, was man bloß vom Hörensagen aufgeschnappt hat. Wer über Verdächtigungen berichtet, muss selbst recherchieren und am besten bei Behörden nachfragen.

- Darauf hinweisen, dass der Verdacht noch nicht bewiesen ist und keinesfalls die Unschuldsvermutung vergessen.
- Dem Betroffenen Gelegenheit geben, Stellung zu nehmen und den Verdacht zu entkräften – unbedingt mit dem Betroffenen Kontakt aufnehmen und dessen Rechtfertigung mitveröffentlichen.
- Auch über entlastende Tatsachen berichten (wenn es welche gibt).
- Material über die Verdachtsberichterstattung archivieren. Es kann durchaus sein, dass der Betroffene erst später gegen den Blogger vorgeht. Dann sollte man belegen können, dass man sauber recherchiert hat. Das kann man aber nur, wenn man alle Rechercheergebnisse archiviert hat. Immer daran denken: Ein sorgfältiges Archiv ist die beste Waffe gegen Angriffe und Versuche, Blogger mundtot zu machen.
- Neutral berichten. Formulierungen, die unbewiesene Verdachtsmomente als bereits richtig unterstellen (zum Beispiel »Warum hat er so grausam gemordet?«) können nicht nur dem Blogger selbst schwere Probleme bereiten. Sie können im Extremfall gemeinsam mit anderen tendenziösen Medienberichten als vorverurteilende Berichterstattung einen fairen Strafprozess im Sinne der Europäischen Menschenrechtskonvention unmöglich machen und dem Täter zur Straffreiheit verhelfen

Was muss ich beim Verlinken beachten

Vorsicht beim Setzen von Links. Blogger sollten Links nur wohlüberlegt und sparsam setzen. Das klingt gerade für das Internet absurd. Aber der Linksetzer (also derjenige, der auf seiner Webseite einen Link zu einer anderen Webseite setzt) haftet unter Umständen für den Inhalt der verlinkten Webseite.

Regeln bei Interviews und Hintergrundgesprächen

Auch bei Interviews und Gesprächen mit Informanten ist nicht alles erlaubt. Die wichtigsten Regeln sind:

- Heimliches Mitlauschen ist verboten. Eine Veröffentlichung des heimlich Erlauschten umso mehr.
- Private Gespräche sind nur für den Zuhörer bestimmt. Ihren Wortlaut darf man deshalb nur mit Zustimmung des Sprechers veröffentlichen. Eine Ausnahme besteht, wenn man sich als

Journalist zu erkennen gibt und der Sprecher schon von Beginn an mit der Veröffentlichung des Gesprächs rechnen muss.

• Heimliches Mitschneiden von Gesprächen ist verboten.

• Reden an die Öffentlichkeit (zum Beispiel von Abgeordneten, Sprechern bei Demonstrationen, Vorlesungen) dürfen zumindest ihrem Inhalt nach auch veröffentlicht werden. Die wortwörtliche Veröffentlichung einer Rede ist hingegen nur im Ausnahmefall auch ohne Genehmigung erlaubt (zum Beispiel Reden im Bundestag oder in den Landtagen).

• Nie darf ein Wortlaut sinnverändernd aus dem Zusammenhang gerissen werden.

• Besteht der Interviewpartner auf »Autorisierung« des Interviews, muss ihm der Wortlaut der Veröffentlichung noch vor Veröffentlichung zur Genehmigung mitgeteilt werden. Gleiches gilt, wenn man bereits freigegebene Passagen nachträglich verändert (zum Beispiel kürzt).

• Sinnverändernde Weglassungen oder Textänderungen sind unzulässig.

Impressum nicht vergessen!

Blogs wenden sich an die Öffentlichkeit. Und grundsätzlich sind sie auch dauerhaft eingerichtet – welcher Blogger beabsichtigt schon, den Blog gleich wieder zu löschen? Deshalb besteht auch für Blogs meist Impressumpflicht. Eine Ausnahme gilt für rein private Webseiten. Aber die wenigsten Webseiten sind nur privat. Schon ein Werbebanner oder die Absicht, mit dem Blog auch berufliche Interessen zu verknüpfen, kann ausreichen, dass ein Blog nicht mehr privat ist. Schließlich wendet sich ein Blog ja schon seiner Absicht nach an eine größere Öffentlichkeit, sodass es schwer ist, ihn als »bloß privat« zu argumentieren. Das bedeutet, dass grundsätzlich jeder Blog ein Impressum mit folgenden Mindestangaben enthalten muss:

• Vorname und Nachname des Bloggers (Achtung: ein Pseudonym oder Avatar genügen nicht);

• vollständige Anschrift, unter der der Blogger erreichbar ist (Straße, Hausnummer, Türnummer, Postleitzahl und Stadt);

- Unternehmen müssen zusätzliche Angaben machen (zum Beispiel den Standort ihrer Gewerbeausübung, die Nummer, unter der sie bei Gericht registriert sind, oder ihre Steuernummer);
- größere Medien müssen weitere Angaben machen (zum Beispiel über die grundsätzliche Ausrichtung des Mediums);

Hat man kein oder nur ein unvollständiges Impressum, drohen hohe Geldstrafen. Im Internet findet man Impressumgeneratoren, die einem bei der Erstellung des Impressums helfen.

26. Wo kann ich mich noch über Medien informieren?

Noch Fragen? Wer mehr wissen möchte, findet Antworten bei verschiedenen Initiativen, Internetseiten und auf Medienseiten, die sich mit Journalismus sowie sozialen Medien heute und in der Zukunft beschäftigen.

Safer Internet
Netz-Initiative, die Kinder und Jugendlichen (und auch Erwachsenen) ohne erhobenen Zeigefinger erklärt, wie man seine Daten im Internet am besten schützt, worauf man bei neu auf den Markt gekommenen Apps achten sollte und welche Hilfen es zum Beispiel bei Cybermobbing gibt. Safer Internet hat auch ein Quiz, in dem man seine eigene digitale Kompetenz prüfen kann, und bietet kostenlose Beratung für Menschen, die von Hass im Netz betroffen sind. Plus Extra-Informationen speziell für Lehrerinnen und Lehrer.
www.saferinternet.at

Schau hin!
Initiative für Eltern, die wissen wollen, was Kinder und Jugendliche so tun, wenn sie im Internet surfen, chatten, spielen, schauen, und wie man seinen Nachwuchs vor Gefahren schützt und ihm einen vernünftigen Umgang mit sozialen Medien vorleben kann. »Schau hin!« hat auch einen eigenen Online-Elterntest und bietet Mediencoaches, denen man im Netz Fragen stellen kann, sowie eigene Beratungsstellen.
www.schau-hin.info

Haus der Pressefreiheit
Hier findet man online die Geschichte der deutschen Presse, zahlreiche Informationen zu Pressefreiheit und Journalismus heute sowie Biografien berühmter Journalistinnen und Journalisten und eine Übersicht über die Journalismus-Ausbildungsmöglichkeiten in Deutschland.
www.hausderpressefreiheit.de

Standard-Etat
Das Online-Medienressort der österreichischen Tageszeitung *Der Standard* bietet aktuelle Informationen zu Medien und Journalismus im In- und Ausland.
http://derstandard.at/etat

Meedia
Aktuelle Informationen zu Entwicklungen im Medienbereich in Deutschland und im Ausland.
http://meedia.de

FAZ-Medien
Medienressort der *Frankfurter Allgemeinen Zeitung* mit aktuellen Artikeln zu Trends im Medienbereich.
www.faz.net/aktuell/feuilleton/medien

Kobuk
Medienkritischer Blog, der Zeitungen und auch Fernsehen in Österreich kritisch beleuchtet und Fehlleistungen dokumentiert.
www.kobuk.at

Mimikama
Onlineinitiative zur Aufspürung von Fake News und sonstiger Räubersgeschichten im Internet.
http://mimikama.at

Media-Analyse
Information über die Reichweiten der Tageszeitungen und der Wochen- und Monatszeitschriften in Österreich nach Alter, Geschlecht und Bundesland.
http://media-analyse.at

Bundesverband deutscher Zeitungsverleger
Der Bundesverband stellt auf seinem Internetauftritt zahlreiche Zahlen, Daten und Fakten zu Zeitungen in Deutschland, Medienrecht, Medienpolitik und Pressefreiheit zur Verfügung.
www.bdzv.de

Verband österreichischer Zeitungen
Stellt Marktdaten zu Österreich online und liefert auf seiner Homepage zahlreiche weitere Informationen zu Journalismus in Österreich.
www.voez.at

Zeitung in der Schule
Initiative zur Stärkung der Medienkompetenz schon ab dem Volksschulalter mit einem Angebot an Workshops an den Schulen,

zahlreichen Materialien zu Journalismus in Österreich und einem Online-Zeitungslexikon.
www.zis.at

Fluter
Jugendmagazin der deutschen Bundeszentrale für politische Bildung, in dem nicht nur, aber auch zahlreiche interessante Artikel zum Thema Internet und soziale Medien, Propaganda, Zeitungen und vieles mehr zu finden sind.
www.fluter.de

Schüler lesen Zeitung
Projekt der *Allgemeinen Zeitung* im Rhein-Main-Gebiet, mit dem Ziel, Kindern den Spaß am Zeitunglesen und Zeitungmachen zu vermitteln und ihnen in Workshops Medien näher zu bringen.
http://schueler-lesen-zeitung.de

Jugendpresse
Hier gibt es alles für junge Leute in Deutschland, die »irgendwas mit Medien« machen wollen: von den Jugendmedientagen über Workshops und Seminare, Schülerzeitungskampagnen, den Jugend-Presseausweis bis zu einem Mentorinnen- und Mentorenprogramm für journalistische Nachwuchstalente.
www.jugendpresse.de

Schülerzeitung.de
Alles, was man braucht und wissen muss, um in Deutschland eine Schülerzeitung zu machen.
www.schuelerzeitung.de

Reporter ohne Grenzen
NGO, die sich für Pressefreiheit und für all jene Journalisten einsetzt, die inhaftiert, gefoltert oder gar ermordet wurden, weil sie kritischen Journalismus betreiben. Veröffentlicht auch ein jährliches Pressefreiheit-Ranking.
Reporter ohne Grenzen Österreich : www.rog.at
Reporter ohne Grenzen Deutschland: www.reporter-ohne-grenzen.de

Medienpädagogik Praxis

Offener Medienpädagogik-Blog von Lehrern für ihre Kollegenschaft mit zahlreichen praktischen Beispielen, wie Medienkompetenz in der Schule vermittelt werden kann, vom »Jugendradio« über die Kinderzeitung, Geocaching mit Bildungsinhalten bis zum Trickfilm mit Krippenkindern gestalten.
www.medienpaedagogik-praxis.de

Medienmanual

Informationen zu Medienbildung im Unterricht mit zahlreichen Best-Practice-Beispielen und Materialien, die kostenlos heruntergeladen werden können. Jedes Jahr werden die besten und innovativsten medienpädagogischen Projekte mit dem »media literacy award« prämiert.
www.mediamanual.at

LMZ

Zahlreiche Informationen des Landesmedienzentrums Baden-Württemberg zu Medienbildung und Jugendmedienschutz.
http://www.lmz-bw.de/medienbildung.html

Kindermedienland

Zahlreiche Informationen zu allem, was Kinder, Jugendliche und auch Eltern zum Thema Medien wissen sollten. Auch viele Materialien für Lehrpersonen.
www.kindermedienland-bw.de

Mediacampus

Medienkompetenz-Projekt der deutschen Funke-Mediengruppe mit Materialien für Lehrer und verschiedenen Angeboten, zum Beispiel Redaktionsbesuche für Schulklassen.
https://mediacampus-projekt.de

Funky

Jugendredaktion der Funke-Mediengruppe, in der Jugendliche für ihre Altersgenossen Schlagzeilen machen.
https://funky.de

Jetzt
Online-Jugendmagazin der *Süddeutschen Zeitung*.
www.jetzt.de

Zeit für die Schule
Materialien für die Medienbildung in der Schule, zur Verfügung gestellt von der deutschen Wochenzeitschrift *Die Zeit*.
http://service.zeit.de/schule

KiKu
Online-Kinder- und Jugendzeitung der österreichischen Tageszeitung *Kurier*.
https://kurier.at/leben/kiku

Kinderzeitung
Die österreichische Tageszeitung *Die Presse* gibt eine eigene Wochenzeitung für Kinder heraus.
https://diepresse.com/home/kinderzeitung

Radio machen
Eine große Auswahl an Tipps und Informationen für alle, die gerne selbst Radio im Netz machen wollen.
www.radio-machen.de

Starthilfe für Blogger
Wie beginne ich einen Blog? Worauf muss ich bei der Namenswahl achten? Wie bringe ich möglichst viele Leser auf meine Blogseite? Diese und noch viel mehr Fragen beantwortet die »Blogkiste«.
http://blogkiste.com

Glossar

Algorithmus Der Begriff kommt aus der Mathematik und bezeichnet einen Rechenvorgang nach einem sich stets wiederholenden Schema.

App kommt von Englisch »application«, was auf Deutsch »Anwendung« bedeutet, und beschreibt eine Anwendungssoftware für mobile Geräte wie Smartphones oder Tablets.

E-Paper elektronische Ausgabe einer Zeitung, die im Internet gekauft und gelesen werden kann.

Europäischer Gerichtshof für Menschenrechte (EGMR) wacht über die Einhaltung der in der Europäischen Menschenrechtskonvention zugesicherten Grundrechte.

Europäische Menschenrechtskonvention oder EMRK ist ein Vertrag zwischen insgesamt 47 europäischen Staaten, mit dem sich diese verpflichten, allen Menschen grundlegende Rechte (= Grundrechte oder Menschenrechte) zu gewähren. Deutschland, Österreich und die Schweiz sind der EMRK beigetreten.

Europol ist die Strafverfolgungsbehörde der Europäischen Union. Sie unterstützt die Mitgliedsstaaten bei der Bekämpfung besonders schwerer Kriminalität und Terrorismus.

Filesharingplattformen sind Tauschbörsen im Internet, bei denen sich der Nutzer dazu verpflichtet, anderen Nutzern eine Auswahl seiner Dateien (zum Beispiel Musik oder Filme) zur Verfügung zu stellen und im Gegenzug auf Dateien anderer Teilnehmer zugreifen darf.

Gewaltenteilung bezeichnet die Verteilung der Staatsgewalt auf verschiedene Organe, konkret Legislative (Gesetzgebung), Exekutive (ausführende Gewalt) und Judikative (Rechtsprechung). Ziel der Gewaltenteilung ist es, die Machtfülle zu beschränken und Kontrolle und Ausgleich zu ermöglichen.

Grundrecht ist ein verfassungsgesetzlich gewährleistetes Recht, also ein Recht, das nicht bloß in »normalen« (einfachen) Gesetzen, sondern in der Verfassung eines Staates festgeschrieben ist. Grundrechte werden umgangssprachlich auch als »Menschenrechte« bezeichnet.

Headline Schlagzeile

`Holocaust` ist der Völkermord an 5,6 bis 6,3 Millionen Menschen, die das Deutsche Reich in der Zeit des Nationalsozialismus als Juden definierte.

`IP-Adresse` ist die Adresse in einem Computernetz, die auf dem Internetprotokoll (IP) basiert. Die IP-Adresse wird einem Gerät im Computernetzwerk zugewiesen. Sie ist eine digitale Adresse und dient dazu, Daten von einem Absender zum Empfänger zu schicken. Mit der IP-Adresse ist das entsprechende Gerät (und damit der Nutzer, der das Gerät bedient) im Internet auffindbar.

`Laienrichter` (Schöffen und Geschworene) sind Personen ohne juristische Ausbildung, die bei Straftaten mit besonders schweren Strafdrohungen eingesetzt werden. Laienrichter in der Rechtsprechung sollen das Verständnis der Bürger für die Justiz und ihr Vertrauen in staatliche Einrichtungen sicherstellen. Laienrichter werden unter den Staatsbürgern nach dem Zufallsprinzip ausgewählt.

`Messengerdienste` sind Kurznachrichtendienste, über die digital Nachrichten an Einzelpersonen oder Gruppen geschickt werden können. Bekannte Messengerdienste sind WhatsApp, Signal oder Viber.

`Paid Content` Inhalte, für die im Internet bezahlt werden muss.

`Pseudonym` ist ein vorgetäuschter Name. Das Pseudonym wird meistens verwendet, um den »echten«, bürgerlichen Namen zu verschleiern. Der (erfundene) Name, unter dem eine Person in Internetforen postet (Postingname) ist ein Pseudonym.

`Podcasts` sind Audio- oder Videodateien, die ins Internet gestellt werden. Sie sind ähnlich gestaltet wie Radio- oder Fernsehsendungen, können aber jederzeit angehört werden. Viele Podcasts kann man abonnieren. Dann erhält man eine Verständigung, wenn eine neue Datei bereitgestellt wird.

`Shitstorm` ist das lawinenartige Auftreten von Kritik und negativen Äußerungen gegen eine Person (oder ein Unternehmen) im Internet – vor allem in sozialen Netzwerken. Oft steht dieser Entrüstungssturm in keinem Verhältnis zu seinem Anlass und ist von unsachlicher Schmähkritik, Beleidigungen und Drohungen begleitet.

`Smartphone` bedeutet wörtlich übersetzt »schlaues Telefon« und bezeichnet Mobiltelefone, die internetfähig sind.

Social Bots sind Programme, die in sozialen Netzwerken menschliche Verhaltensmuster imitieren. Sie sollen vortäuschen, (menschliche) Nutzer zu sein. Oft dienen sie Marketingzwecken oder der politischen Propaganda und sollen Nachrichten möglichst weit verbreiten.

Tablet ist ein tragbarer, leichter Computer mit Touchscreen.

Torso ist ein menschlicher Körper ohne Kopf, Arme und Beine.

Üble Nachrede ist die Behauptung von Tatsachen, die man nicht beweisen kann. Wesen der üblen Nachrede ist also nicht, dass die (für eine bestimmte Person negative) Behauptung falsch ist. Sie kann durchaus richtig sein. Der Behauptende kann das aber nicht beweisen.

Verleumdung ist das absichtliche Behaupten von falschen Tatsachen.

Visits zählt die Onlinennutzer, die während eines bestimmten Zeitraums eine Internetseite angeklickt haben.

Vorratsdatenspeicherung ist die Speicherung personenbezogener Daten durch oder für den Staat, ohne dass die Daten aktuell benötigt werden. Sie werden also »auf Vorrat« gespeichert, falls sie einmal benötigt werden sollten. Von der Vorratsdatenspeicherung betroffen sind meist Telekommunikations-Verbindungsdaten. Bei der Vorratsdatenspeicherung müssen Anbieter von Telekommunikationsdiensten Verbindungsdaten aller über ihr Netz gehenden elektronischen Kommunikationsvorgänge (zum Beispiel Telefonate) speichern, ohne dass ein Anfangsverdacht oder eine konkrete Gefahr besteht.

Whistleblower sind Personen, die geheime Informationen an die Öffentlichkeit bringen. Oft verfügen Whistleblower über Insiderwissen, weil sie für die Organisation, das Unternehmen oder die Behörde, die diese Informationen geheim halten wollen, gearbeitet haben.

Anmerkungen und Literatur

1. Was sind Medien?

Verwendete Literatur

Maximilian Krause: Zahlen über Zahlen. So viele Websites gibt es auf der Welt. In: Galileo. Tv, 8.1.2016, https://at.galileo.tv/netzwelt/zahlen-ueber-zahlen-so-viele-websites-gibt-es-auf-der-welt, abgerufen am 24.3.2018

Seit 90 Jahren tönt das Radio. In: NDR, 28.10.2013, https://www.ndr.de/kultur/geschichte/chronologie/Seit-90-Jahren-toent-Radio-,radio385.html, abgerufen am 24.3.2018

Kurze Geschichte des Fernsehens. In: Zeit Online, 28.12.2006, http://www.zeit.de/2007/01/Kurze_Geschichte_des_Fernsehens, abgerufen am 24.3.2018

Willi Winkler: Als Willy Brandt es Farbe werden ließ. In: Süddeutsche Zeitung, 25.8.2017, http://www.sueddeutsche.de/medien/tv-geschichte-als-willy-brandt-es-farbe-werden-liess-1.3638858, abgerufen am 24.3.2018

Maria Fiedler: 25 Jahre WWW: Wie Tim Berners-Lee das Web erfand. In: Tagesspiegel, 6.8.2016, https://www.tagesspiegel.de/weltspiegel/sonntag/25-jahre-www-das-web-verbreitet-sich-rasend-schnell/13946806-3.html, abgerufen am 24.3.2018

6. Wie finanzieren sich Medien?

Anmerkungen

1 Siehe dazu ARD: Finanzen der ARD, http://www.ard.de/home/die-ard/fakten/finanzen-der-ard/Finanzen_der_ARD/346640/index.html, abgerufen am 27.3.2018 sowie ORF; ORF-Finanzierung, http://der.orf.at/kundendienst/gebuehren/index.html, abgerufen am 27.3.2018, eigene Berechnung

2 Zitiert nach Bundesverband deutscher Zeitungsverleger e.V.: Die deutschen Zeitungen in Zahlen und Daten 2018, www.bdzv.de/fileadmin/bdzv_hauptseite/aktuell/publikationen/2017/ZDF_2017_web.pdf, abgerufen am 27.3.2018

3 Zitiert nach Bundesverband deutscher Zeitungsverleger e.V.: Die deutschen Zeitungen in Zahlen und Daten 2018, www.bdzv.de/fileadmin/bdzv_hauptseite/aktuell/publikationen/2017/ZDF_2017_web.pdf, abgerufen am 27.3.2018

4 Siehe www.mediadb.eu/rankings/intl-medienkonzerne-2017.html, abgerufen am 17.3.2018

5   Siehe www.mediadb.eu/rankings/deutsche-medienkonzerne-2017.html, abgerufen am 17.3.2018

6   Siehe https://derstandard.at/2000060594731/Oesterreichs-groesste-Medienhaeuser-ORF-weit-vor-allen-Verlagen-und-Privatsendern, abgerufen am 27.3.2018

Verwendete Literatur

http://www.bpb.de/gesellschaft/medien/lokaljournalismus/151250/zeitungsfinanzierung

https://www.mediadb.eu/datenbanken/internationale-medienkonzerne.html

https://derstandard.at/1253808155409/Grossbritannien-Online-Werbung-ueberholt-erstmals-TV

http://www.oewa.at/news/91

https://derstandard.at/2000073305163/Werbemarkt-Print-dominiert-weiter-Online-legt-auf-14-Prozent-zu

https://www.bdzv.de/maerkte-und-daten/wirtschaftliche-lage/zeitungen-in-zahlen-und-daten

7. Was bedeutet Meinungsfreiheit?

Anmerkungen
7   EGMR, 23.9.1998, Lehideux und Onsori gegen Frankreich

9. Was ist Boulevardjournalismus?

Verwendete Literatur
Brasilien: TV. Töten für die Einschaltquote. In: Süddeutsche Zeitung, 17.5.2010, http://www.sueddeutsche.de/panorama/brasilien-tv-toeten-fuer-die-einschaltquote-1.40523, abgerufen am 20.3.2018

Felicitas von Twickel, Katja Belousova: Die Geburt der Boulevardpresse. Pulitzer versus Hearst. In: ZDF, 13.4.2012, https://www.zdf.de/kultur/aspekte/die-geburt-der-boulevardpresse-100.html, abgerufen am 20.3.2018

Jens Schröder: IVW-Blitz-Analyse Zeitungen: Bild verliert weitere 10%, Handelsblatt überholt Welt, Zeit im Plus. In: Meedia, 18.1.2018, http://meedia.de/2018/01/18/ivw-blitz-analyse-zeitungen-bild-verliert-weitere-10-handelsblatt-ueberholt-welt-zeit-im-plus, abgerufen am 20.3.2018

Arbeitsgemeinschaft Media-Analyse: ma 2018 Pressemedien I, 24.1.2018, https://www.ma-reichweiten.de, abgerufen am 20.3.2018

10. Was bedeutet öffentlich-rechtlich?

Anmerkungen

8   Zitiert nach Dominik Reinle: Hörfunk und Fernsehen in der Nazizeit, https://www1.wdr.de/archiv/rundfunkgeschichte/rundfunkgeschichte124. html, abgerufen am 26.3.2018

Verwendete Literatur

Harald Fidler: Rundfunkgebühr oder Staatsgeld. Wie Europa TV-Anstalten finanziert. In: Der Standard, 8.2.2018, https://derstandard.at/2000073834267/ Rundfunkgebuehr-oder-Staatsgeld-Wie-Europa-TV-Anstalten-finanziert, abgerufen am 26.3.2018

AfD über Rundfunk Die AfD will »schlanken Bürgerfunk«. In: Deutschlandfunk, 18.4.2017, http://www.deutschlandfunk.de/afd-ueber-rundfunk-die-afd-will-schlanken-buergerfunk.2907.de.html?dram:article_id=384015, abgerufen am 26.3.2018

Dominik Reinle: Hörfunk und Fernsehen in der Nazi-Zeit (Teil 1). In: WDR, 3.7.2005, https://www1.wdr.de/archiv/rundfunkgeschichte/ rundfunkgeschichte124.html, abgerufen am 26.3.2018

Jonas Schreijäg: Rundfunk-Debatte Was ist »Staatsfunk«? In: Tagesschau, 6.10.2017, http://faktenfinder.tagesschau.de/inland/rundfunk-107.html, abgerufen am 26.3.2018

Gesetzliche Rahmenbedingungen, http://der.orf.at/unternehmen/recht-grundlagen/gesetze/index.html, abgerufen am 26.3.2018

Zur Zukunft der öffentlich-rechtlichen Medien. Zehn zentrale Thesen, https://zukunft-öffentlich-rechtliche.de, abgerufen am 26.3.2018

11. Was sind soziale Medien?

Verwendete Literatur

Social Media Stats Austria Feb 2017 - Feb 2018. http://gs.statcounter.com/social-media-stats/all/austria, abgerufen am 28.2.2018

Social Media Institute: Übersicht aktueller Social Network Statistiken (Laufend ergänzt). http://socialmedia-institute.com/uebersicht-aktueller-social-media-nutzerzahlen, abgerufen am 28.2.2018

Benedikt Plass-Fleßenkämper/Manuel Bauer: YouTube: Starke Nutzerzahlen, neue Funktionen. In: Computerbild, 23.6.2017, http://www.computerbild. de/artikel/cb-News-Internet-YouTube-Starke-Nutzerzahlen-neue-Funktionen-18416193.html, abgerufen am 28.2.2018

N.N.: Facebook-Party in den Niederlanden: Krawalle, Chaos und Verletzte. In: Süddeutsche Zeitung, 22.9.2012, http://www.sueddeutsche.de/panorama/facebook-party-in-den-niederlanden-krawalle-chaos-und-verletzte-1.1475182, abgerufen am 28.2.2018

N.N.: Polizei warnt mit Post: So locken Urlaubsfotos auf Facebook Einbrecher an. In: Der Westen, 27.7.2017, https://www.derwesten.de/panorama/polizei-warnt-mit-witzigem-post-so-locken-urlaubsfotos-auf-facebook-einbrecher-an-id211386483.html, abgerufen am 28.2.2018

Nadine Bös: Interview mit einem Cyborg: »Ich wurde gehackt und es war gut«. In: Frankfurter Allgemeine Zeitung, 16.9.2017, http://www.faz.net/aktuell/wirtschaft/me-convention-2017/interview-mit-einem-cyborg-ich-wurde-gehackt-und-es-war-gut-15201947.html?printPagedArticle=true#pageIndex_0, abgerufen am 28.2.2018

N.N.: US-StudieSnapchat bei Jüngeren fast so beliebt wie Facebook. In: Kleine Zeitung, 1.3.2018, http://www.kleinezeitung.at/wirtschaft/5380758/USStudie_Snapchat-bei-Juengeren-fast-so-beliebt-wie-Facebook, abgerufen am 28.2.2018

14. Kann man mit wahren Zahlen lügen?

Anmerkungen

9   Justiz »politisch instrumentalisiert«. In: orf.at, 24.8.2011, http://orf.at/stories/2075438/2075437/, abgerufen am 11.11.2017

10 2016 hatten 40 Prozent aller in Österreich verurteilten Straftäter keine österreichische Staatsbürgerschaft, der Ausländeranteil an der Wohnbevölkerung ist bei fast 9 Prozent annähernd unverändert geblieben; Statistik Austria, Bevölkerung nach Staatsangehörigkeit und Geburtsland (im Internet abrufbar unter: http://www.statistik.at/web_de/statistiken/menschen_und_gesellschaft/bevoelkerung/bevoelkerungsstruktur/bevoelkerung_nach_staatsangehoerigkeit_geburtsland/index.html) sowie Statistik Austria, Gerichtliche Kriminalstatistik 2016 (im Internet abrufbar unter: http://www.statistik.at/web_de/statistiken/menschen_und_gesellschaft/soziales/kriminalitaet/index.html), abgerufen am 11.11.2017

11 European Commission (Europäische Kommission): EU budget 2015 – Financial report; Eurostat: Online-Datenbank http://ec.europa.eu/budget/financialreport/2015/lib/financial_report_2015_en.pdf abgerufen am 11.11.2017.

12 Arbeitsmarkt: Zahl der Erwerbstätigen gestiegen. In: FAZ, 3.1.2011, http://www.faz.net/aktuell/wirtschaft/konjunktur/arbeitsmarkt-zahl-der-erwerbstaetigen-gestiegen-1577237.html, abgerufen am 11.11.2017

13 Statistisches Bundesamt, Pressemitteilung Nr. 001 vom 2.1.2017, https://www.destatis.de/DE/PresseService/Presse/Pressemitteilungen/2017/01/

PD17_001_13321.html sowie Pressemitteilung Nr. 001 vom 2.1.2018, abrufbar unter https://www.destatis.de/DE/PresseService/Presse/ Pressemitteilungen/2018/01/PD18_001_13321.html), abgerufen am 25.3.2018

14   Mehr als 4 Millionen Erwerbstätige. In: Der Standard, 19.12.2011, http://derstandard.at/1324170212730/2010-Mehr-als-vier-Millionen-Erwerbstaetige-in-Oesterreich), abgerufen am 11.11.2017

15   Gerd Bosbach/Jens Jürgen Korff: Die Zahlentrickser – Das Märchen von den aussterbenden Deutschen und andere Statistiklügen, München 2017, S. 53.

16   Anzahl der Asylanträge (insgesamt) in Deutschland von 1995 bis 2018. In: Das Statistik Portal, https://de.statista.com/statistik/daten/studie/76095/ umfrage/asylantraege-insgesamt-in-deutschland-seit-1995/, abgerufen am 25.3.2018

17   Asylantragszahlen vor 1995 im Internet abrufbar: https://www.bamf.de/ SharedDocs/Anlagen/DE/Publikationen/Broschueren/bundesamt-in-zahlen-2015.pdf?__blob=publicationFile, abgerufen am 25.3.2018

18   Globale Bilanz. Hai-Angriffe erreichen Rekordhoch. In: OnlineSpiegel, 9.2.2016, http://www.spiegel.de/wissenschaft/natur/hai-angriffe-erreichen-2015-rekordhoch-weiterer-anstieg-erwartet-a-1076339.html), abgerufen am 1.3.2018

19   Neuzulassungen von Elektroautos mehr als verdoppelt. In: IWR Online, 20.10.2017, http://www.iwr.de/news.php?id=34619, abgerufen am 11.11.2017

20   Aufbauend auf FAO, Global Forest Ressources Assessment 2015, http:// www.fao.org/3/a-i4808e.pdf, abgerufen am 1.3.2018

21   Bosbach/Korff, Die Zahlentrickser – Das Märchen von den aussterbenden Deutschen und andere Statistiklügen, S. 40.

22   Was Wien verschweigt. »Mohammad« bereits auf Platz 5 der Kindernamen! In: Kronen Zeitung, abgerufen am 11.11.2017, http://www. krone.at/597817), abgerufen am 13.11.2017

15. Darf ich alles glauben, was ich im Fernsehen sehe?

Verwendete Literatur

Claudia Gerhards: Die Realität des Fernsehfakes. In: Claudia Gerhards e.a. (Hrsg.).: TV-Skandale, Konstanz 2005, S. 281ff.

Frontal 21: Ich bin ein Star, holt mich hier raus. Sendung vom 14.1.2009, www.youtube.com/watch?v=3n4iyectFiE&app=desktop, abgerufen am 28.3.2018

Nader Moinzadeh: Zoo-Soaps im TV Meine erste Banane. In: Süddeutsche Zeitung, 17.5.2010, http://www.sueddeutsche.de/kultur/zoo-soaps-im-tv-meine-erste-banane-1.794395, abgerufen am 28.3.2018

Stefanie Hildebrandt: Fieser Zuschauer-Betrug ZDF jagt Hunde als Wölfe vor die Kamera. In: Berliner Kurier, 20.4.2012, https://www.berliner-kurier.de/berlin/brandenburg/andreas-kieling-fieser-zuschauer-betrug-zdf-hunde-woelfe-kamera-4878406, abgerufen am 28.3.2018

RTL und Böhmermann: Verliebt in einen Eisenbahnfreund: In Frankfurter Allgemeine Zeitung, 13.5.2016, http://www.faz.net/aktuell/feuilleton/medien/rtl-in-erklaerungsnot-boehmermanns-verafake-14232414.html, abgerufen am 28.3.2018

Welche Sendungen schaust Du am liebsten im Fernsehen? In: Das Statistik-Portal, https://de.statista.com/statistik/daten/studie/419701/umfrage/beliebtste-fernsehgenres-von-jugendlichen-nach-geschlecht, abgerufen am 28.3.2018

Neo Magazin Royale vom 12.5.2016, https://www.youtube.com/watch?v=mG_Fyc-nyOs, abgerufen am 24.3.2018.

Maya Götz: Eine Unterrichtsstunde zu Germany's next Topmode. In: TV.Profiler, Ausgabe 01/September 2011, http://www.br-online.de/jugend/izi/deutsch/publikation/GNTM_TV_Profiler.pdf abgerufen am 28.3.2018

Anje Hildebrandt: »Doku-Soaps« – Ist alles nur geschwindelt? In: Augsburger Allgemeine, 19.7.2015, https://www.augsburger-allgemeine.de/panorama/Doku-Soaps-Ist-alles-nur-geschwindelt-id34815172.html, abgerufen am 28.3.2018

Schwiegertochter gesucht: In: https://www.rtl.de/cms/sendungen/real-life/schwiegertochter-gesucht.html, abgerufen am 28.3.2018

Anmerkungen

23 Sendung Panorama vom 7.7.2011, www.youtube.com/watch?v=hTGo5SuyjkY, abgerufen am 28.3.2018

24 Zitiert nach Anna Bok: Schlag gegen die »mediale Hinrichtung«. In: Süddeutsche Zeitung, 10.8.2012, http://www.sueddeutsche.de/medien/inszenierte-dramatik-bei-doku-soaps-schlag-gegen-die-mediale-hinrichtung-1.1437411, abgerufen am 25.3.2018

25 Maya Götz/Caroline Mendel: Der Gedanke, »zu dick« zu sein und Germany's Next Top Model. In: Televizion 28/2015/1, S. 54ff, http://www.br-online.de/jugend/izi/deutsch/publikation/televizion/28_2015-1/Goetz_Mendel-Der_Gedanke_zu_dick_zu_sein.pdf, abgerufen am 23.3.2018

16. Warum gilt immer die Unschuldsvermutung?

Anmerkungen
26   EGMR 28.10.2004, 48173/99 (Y.B. ua vs Türkei)

17. Wie erkenne ich Fake News?

Verwendete Literatur
Richard Adams Locke: Neueste Berichte vom Cap der guten Hoffnung über Sir John Heschel's höchst merkwürdige astronomische Entdeckungen, den Mond und seine Bewohner betreffend. Verlag Das kulturelle Gedächtnis, Berlin 2017

Barbara Vorsamer: PR-Agentur Hill & Knowlton: Schmutzige Sprechblasen. In: Süddeutsche Zeitung, 21.5.2010, http://www.sueddeutsche.de/politik/pr-agentur-hill-amp-knowlton-schmutzige-sprechblasen-1.179920, abgerufen am 26.3.2018

Anmerkungen
27   Andrea Diener: Falsche Nachrichten sind einfach sexy. In: Frankfurter Allgemeine Zeitung, 8.3.2018, www.faz.net/aktuell/feuilleton/medien/fake-news-vebreiten-sich-auf-twitter-schneller-als-fakten-15484467.html?printPagedArticle=true#pageIndex_0, abgerufen am 15.3.2018

18. Wieso sind Fake News so interessant?

Verwendete Literatur
YouGov, Alles Fake? Fake News aus Sicht der deutschen Wähler. Im Internet downloadbar: http://campaign.yougov.com/DE_2017_08_Political_Fake_News.html

Pro – Christliches Medienmagazin, Deutsche: Fake News gefährden die Demokratie. Im Internet abrufbar: https://www.pro-medienmagazin.de/gesellschaft/gesellschaft/2017/08/23/deutsche-fake-news-gefaehrden-die-demokratie/

Anmerkungen
28   Soroush Vosoughi/Deb Roy/Sinan Aral: The spread of true and false news online. In: Science, 9.3.2018, S. 1146-1151, http://science.sciencemag.org/content/359/6380/1146, abgerufen am 18.3.2018

29 Politisches Informationsverhalten der Deutschen: Nutzung traditioneller und neuer Medien bei der Suche nach politischen Informationen. In: YouGov, http://campaign.yougov.com/DE_2017_Informationsverhalten_der_Deutschen_Landingpage.html, abgerufen am 18.3.2018

30 »Alles Fake?« Fake News aus Sicht der deutschen Wähler. In: YouGov, http://campaign.yougov.com/DE_2017_08_Political_Fake_News.html, abgerufen am 18.3.2018

31 Politisches Informationsverhalten der Deutschen: Nutzung traditioneller und neuer Medien bei der Suche nach politischen Informationen. In: YouGov, http://campaign.yougov.com/DE_2017_Informationsverhalten_der_Deutschen_Landingpage.html, abgerufen am 18.3.2018

32 Weiterführend dazu: Ingrid Brodnig: Lügen im Netz. Wien 2017, S. 39ff.

33 ARD-Beitrag: Im Netz der Lügen – Der Kampf gegen Fake News. Ausgestrahlt am 31.7.2017. Im Internet bis 31.7.2018 abrufbar: http://www.ardmediathek.de/tv/Reportage-Dokumentation/Im-Netz-der-L%C3%BCgen-Der-Kampf-gegen-Fake/Das-Erste/Video?bcastId=799280&documentId=44858000. Eine zusammenfassende Beschreibung des Experiments findet sich auf der Webseite der Universität Hohenheim, Fake-News-Experiment, 27.7.2017, https://www.uni-hohenheim.de/alumni-news-artikel?tx_ttnews%5Btt_news%5D=36772&cHash=e9410378a2d3dfc2f9622d098246722e, abgerufen am 18.3.2018

34 Michael Seemann: Digitaler Tribalismus und Fake News. In: ctrl+verlust, 29.92017, http://www.ctrl-verlust.net/digitaler-tribalismus-und-fake-news/, abgerufen am 18.3.2018

19. Sind Fake News gefährlich?

Anmerkungen

35 Ergebnisbericht zur Wahrnehmung von Fake News, http://www.lfm-nrw.de/fileadmin/user_upload/Ergebnisbericht_Fake_News.pdf, abgerufen am 18.3.2018

36 Entscheidung des Österreichischen Presserats vom 18.10.2016 zu 2016/212

37 Sylvester in Dortmund »Allahu Akbar und Kirchenbrand«. In: Wochenblick, 1.1.2017

38 Cosima Grohmann: Falschmeldungen. »Auf den Kleinkrieg lassen wir uns nicht ein«. In: Bundeszentrale für politische Bildung, 11.1.2017, http://www.bpb.de/gesellschaft/medien-und-sport/fake-news/246764/falschmeldungen-auf-den-kleinkrieg-lassen-wir-uns-nicht-ein, abgerufen am 18.3.2018

39 »Alles Fake?« Fake News aus Sicht der deutschen Wähler. In: YouGov, http://campaign.yougov.com/DE_2017_08_Political_Fake_News.html, abgerufen am 18.3.2018

40 Umfrage zur Wirkung von Fake News in Deutschland. In: Das Statistik-Portal, https://de.statista.com/statistik/daten/studie/683367/umfrage/wirkung-von-fake-news-in-deutschland/ (auf hundert Prozent fehlende Angaben = »Ich weiß nicht«), abgerufen am 18.3.2018

41 Jonas Kaiser: Fake News: Der Lackmustest für die politische Öffentlichkeit. In: Bundeszentrale für politische Bildung, 26.4.2017, https://www.bpb.de/dialog/netzdebatte/245095/fake-news-der-lackmustest-fuer-die-politische-oeffentlichkeit, abgerufen am 18.3.2018

42 Jörg Schindler. Facebook-Datenskandal: Der Brexit – ein großer Betrug? In: Spiegel Online, 26.3.2018. http://www.spiegel.de/politik/ausland/facebook-und-brexit-christopher-wylie-zu-cambridge-analytica-a-1199880.html, abgerufen am 27.3.2018

43 Nach einer Studie des Wirtschaftsprüfungs- und Beratungsunternehmens PwC, zitiert nach Pro – Christliches Medienmagazin, Deutsche: Fake News gefährden die Demokratie. Im Internet abrufbar: https://www.pro-medienmagazin.de/gesellschaft/gesellschaft/2017/08/23/deutsche-fake-news-gefaehrden-die-demokratie/)

20. Was weiß das Internet über uns?

Anmerkungen

44 Prognose zum Volumen der jährlich generierten digitalen Datenmenge weltweit in den Jahren 2016 und 2025 (in Zettabyte); https://de.statista.com/statistik/daten/studie/267974/umfrage/prognose-zum-weltweit-generierten-datenvolumen/, abgerufen am 11.3.2018

45 Patrick Beuth: Die Luftpumpen von Cambridge Analytica. In: Die Zeit, 7.3.2017, http://www.zeit.de/digital/internet/2017-03/us-wahl-cambridge-analytica-donald-trump-widerspruch, abgerufen am 27.3.2018

21. Wer löscht Beleidigungen aus dem Internet?

Anmerkungen

46 BGH 25.10.2011, VI ZR 93/10.
47 OLG Karlsruhe, 14.12.2016, 6 U 2/15

22. Wie funktioniert Cybermobbing?

Anmerkungen

48 Medienpädagogischer Forschungsverbund Südwest: JIM-Studie 2017
– Basisstudie zum Medienumgang 12- bis 19-Jähriger in Deutschland,
November 2017, http://www.mpfs.de/fileadmin/files/Studien/JIM/2017/
JIM_2017.pdf, abgerufen am 1.3.2018

49 Medienpädagogischer Forschungsverbund Südwest: JIM-Studie 2017
– Basisstudie zum Medienumgang 12- bis 19-Jähriger in Deutschland,
November 2017, http://www.mpfs.de/fileadmin/files/Studien/JIM/2017/
JIM_2017.pdf, abgerufen am 1.3.2018

50 Prozentangaben laut einer Untersuchung der Techniker-Krankenkasse,
Meinungspuls Cybermobbing 2011

51 Laut einer Erhebung des britischen Instituts Echo aus dem Jahr 2011,
http://www.haltabuse.org/resources/stats/Cumulative2000-2012.pdf,
abgerufen am 1.3.2018

52 Evi Seibert: Wer mobbt, fliegt raus. In: swr3.de, 4.5.2011, http://blog.
mobbing-zentrale.de/allgemein/facebook-in-frankreich-wer-mobbt-fliegt-
raus-tagesschau.html

53 Medienpädagogischer Forschungsverbund Südwest: JIM-Studie 2017
– Basisstudie zum Medienumgang 12- bis 19-Jähriger in Deutschland,
November 2017, http://www.mpfs.de/fileadmin/files/Studien/JIM/2017/
JIM_2017.pdf, abgerufen am 1.3.2018

54 Ana Maria Michel: Schikane im Internet. In: FAZ 26.9.2015, http://www.faz.
net/aktuell/feuilleton/medien/jeder-fuenfte-jugendliche-wird-opfer-von-
cybermobbing-13822960.html, abgerufen am 1.3.2018

23. Wer zensiert das Internet?

Anmerkungen

55 https://freedomhouse.org/report/freedom-net/freedom-net-2017,
abgerufen am 11.1.2018

56 Jan Jirát: Der umstrittenen Pornofilter. In: Die Wochenzeitung, 3.4.2014,
https://www.woz.ch/-4d6a, abgerufen am 11.1.2018

57 Vorwurf: Cisco hilft China bei Netz-Überwachung. In: futurezone,
23.4.2011, https://futurezone.at/netzpolitik/vorwurf-cisco-hilft-china-bei-
netz-ueberwachung/24.567.411, abgerufen am 11.1.2018

58 Draft Council Conclusions on an Action Plan to implement Concerted
Strategy to combat Cybercrime. Rat der Europäischen Union, abgerufen
am 8.3.2018

59   Vorstoß von CDU-Politiker: Internetsperren für Killerspiele gefordert. In:
      taz, 19.6.2009, http://www.taz.de/!5161150/, abgerufen am 11.1.2018

60   Nicolas Fennen: CSU-Politiker Geis fordert »Porno-Filter« auch für
      Deutschland. In: netzpolitik.org, 6.8.2013, https://netzpolitik.org/2013/
      csu-poltiker-geis-fordert-porno-filter-auch-fur-deutschland/, abgerufen am
      11.1.2018

Dank

Vielen Dank an Alfred Horaczek für das Finden von Fehlern, Eva Weissenberger und Martin Zimper für ihre Tipps und Peter, Katharina, Fanny, Flora, Jasper, Lorenz und Zora für ihre Geduld.

Über die Autoren

Nina Horaczek,
geboren in Wien, Politologin, Buchautorin und Chefreporterin der Wiener Wochenzeitung »Falter«. Zahlreiche Preise, u. a.: Prof.-Claus-Gatterer-Preis (2013), Bruno-Kreisky-Preis für das politische Buch (2015) und Wissenschaftsbuch des Jahres (2016) sowie Publikationen, u. a.: »Gegen Vorurteile« (2017) und »Populismus für Anfänger« (2017).

Sebastian Wiese,
auf Wirtschaftsrecht spezialisierter Rechtsanwalt und promovierter Rechtsanthropologe. Rege Publikationstätigkeit in juristischen Fachmedien, Publikationen zu Indigenenrechten sowie zuletzt »Gegen Vorurteile« (2017). Lehrbeauftragter an der FH St. Pölten. Ausgezeichnet mit dem Bruno-Kreisky-Preis für das politische Buch (2015) und Wissenschaftsbuch des Jahres (2016).

Platz für Notizen

Platz für Notizen

Platz für Notizen

Platz für Notizen

Platz für Notizen